KB233502

하늘 향해
웃음 짓고

# 하늘 향해 웃음 짓고

한승진 지음

이담 Books

이 책을 사랑하는 아들 한벼리(2012년 2월 28일생)가 하나님 아버지의 사랑 안에서 몸과 마음이 건강하게 잘 자라기를 바라는 아비의 사랑을 담아 줍니다.

# 오랜 친구가 보내준 추천의 글

장미꽃이 만발한 꽃밭에 가면 장미 향기가 나고, 소나무 숲이 우거진 산에 오르면 온몸으로 소나무의 향기를 느낄 수 있습니다.

제가 한승진 목사를 알게 된 것은 25년 전 20대 시절, 서울 구로동에 있는 '은성교회'에서입니다. 미래에 대한 기대감과 알 수 없는 불안감에 하루하루를 살아가던 시절, 그는 자신의 작은 재주라도 남을 위하여 쓰여 지기를 희망하며 낮에는 공장이나 식당에서 일하고 밤에는 야학에서 학생들에게 공부를 가르치기도 하고 장애인회사에 나가 휠체어를 밀어주거나 그들의 이야기 상대가 되어주는 봉사활동에 적극 참여하였습니다.

사람은 살다 보면 자신의 환경에 의해 변하기 마련인데 20대나 40대 중반에 들어선 지금도 그는 천성적으로 이웃의 어려움을 외면하지 못하던 그 모습 그대로 자신의 삶 속에 한승진 목사만의 향기가 묻어납니다.

그의 진솔한 삶의 이야기인 『하늘 향해 웃음 짓고』에서는 읽는 이에게 잔잔한 감동을 주는 진솔한 삶의 사람 사는 향기가 나서 좋습니다. 좋은 글을 쓰기 위한 가식적인 모습 없이 누구나 공감하는 우리의 모습이어서 더욱 좋습니다. 교사이면서 목사이기에 교육현실의 안타까움과 기독교 교육의 문제점을 다른 누구보다 더 상세히 알지 않을까 생각합니다.

예전과는 달리 한 가정에 한 명이나 두 명의 자녀들을 두고 있는 이 시대에 부모들이 자신들 자녀의 기를 죽이지 않기 위하여 무조건적인 사랑만이 최고의 교육인양 자녀를 양육하다 보니 아이들은 이웃과 어울려 살아가는 법을 모르고 나만의 삶을 살아갑니다.

가정교육의 문제가 학교교육으로 이어지고 학교교육의 문제가 사회 전반적인 문제로 이어졌습니다. 이러한 때에 그의 책은 기독교인의 입장에서 올바른 자녀의 양육법과 기독교인의 모습을 돌아보게 합니다. 특히, 문중이나 가문을 중요시 여기는 우리에게 내 자녀 내 혈육만이 아닌 입양을 통한 삶의 기쁨을 알게 해 줍니다.

자신만 알고 있기에는 아까운 마음이 드는 좋은 책은 자신의 가장 가까운 사람에게 한번 읽어 보라고 권유하게 됩니다. 그러기에 저는 이 책을 저처럼 자신의 삶을 위하여 하루하루 헐떡이며 살아가는 사람에게, 신앙의 갈등을 겪는 기독교인들에게 추천해 주고 싶습니다.

포천에서 친구
국경희

# 책을 내면서

이 책은 하나의 주제로 처음 쓰여진 것이 아닙니다. 2012년 한 해 동안 월간 『기독교교육』에 연재한 글을 수정·보완한 것으로 햇나물처럼 처음 나온 신선함이 없는 중고품과 같은 글샘을 길어 올린 것들입니다. 그럼에도 글을 엮어 단행본을 내는 이유는 저의 소중한 아들 한벼리에게 아비의 사랑하는 마음을 담아 주고 싶은 선물의 의미를 되새기고 싶어서입니다. 지난 2012년 이 책의 토대인 글을 연재하면서 사랑하는 아들 한벼리를 아들로 맞이하는 기쁨을 갖게 되었고, 그로 인해 글쓰기에 깊이를 더할 수 있었습니다.

그러고 보니 이 책은 저로서는 10번째 단행본이 됩니다. 어쩌다 보니 나이 마흔다섯에 이런저런 글을 쓰다 보니 단행본을 10권이나 내고 있습니다. 저를 아는 분들이 더러 이런 말씀들을 해주십니다. "저는 글 한 줄도 쓰기 어려운데 목사님은 어떻게 그렇게 글을 많이 쓰세요. 참, 대단하세요." 분명 이런 말씀은 덕담으로, 칭찬과 격려인데도 부끄러운 마음에 손사래를 치곤합니다. 이건 제가 겸손해서가 아닙니다. 어쩌다 보니 매주 신문사에, 매달 잡지사에 글을 연재하고 있고, 그동안 학술논문과 수필 등으로 꾸준히 글쓰기를 해오고 있습니다만, 이건 제가 그만한 역량이 갖춰져서는 아닙니다. 그저 서툰 생각과 느낌과 다짐이지만 이를 표현하고싶은 마음에, 생각을 다듬고 정리하다 보니 하나의 글꼴을 갖추게 된 것입니다. 제가 좋아하며 동시에 늘 안타깝게 생각하는 시인의 시가 생각납니다.

### 쉽게 쓰여진 시

윤동주

창 밖에 밤비가 속살거려
육첩방(六疊房)은 남의 나라,

시인이란 슬픈 천명인 줄 알면서도
한 줄 시를 적어 볼까.

땀내와 사랑내 포근히 품긴
보내주신 학비 봉투를 받아

대학 노트를 끼고
늙은 교수의 강의를 들으러 간다.

생각해 보면 어릴 때 동무들
하나, 둘, 죄다 잃어 버리고

나는 무얼 바라
나는 다만, 홀로 침전(沈澱)하는 것일까?

인생은 살기 어렵다는데
시가 이렇게 쉽게 씌어지는 것은
부끄러운 일이다.

육첩방은 남의 나라
창 밖에 밤비가 속살거리는데,

등불을 밝혀 어둠을 조금 내몰고,
시대처럼 올 아침을 기다리는 최후의 나,
나는 나에게 작은 손을 내밀어
눈물과 위안으로 잡는 최초의 악수.

　윤동주 시인의 말대로 인생살이가 참으로 어렵고 힘들고 괴로운데 이렇게 글이 쉽게 쓰이는 건 부끄러운 일입니다. 뭐 그리 할 말이 많다고, 주절주절 써내려간 것인지요……. 사실 중년의 시기를 살아가는 저는 삶의 현실 앞에서 좌절하기도 하고 도무지 답이 없는 인간관계 때문에 신음하기도 합니다. 늘 돈에 쪼들리고, 몸과 마음은 지칠 대로 지치고, 뭘 어떻게 해야 하는지를 몰라 헤매기노 합니다. 이런 제가 뭐가 잘났다고, 뭘 안다고 삶에 대해 이러쿵저러쿵 말할 수가 있을까요? 그저 입을 다물고 침묵의 지혜를 되새겨야 하는 것을요……. 부끄러움……. 이를 잘 알면서도 굳이 글을 쓰게 된 이유는 오늘날 우리 기독교의 안타까운 모습 때문이기도 하였습니다.

　잘 아시는 바와 같이 오늘 우리 기독교는 사회적인 신뢰 속에서 추앙받는 고등종교로서의 성숙한 모습이 아닙니다. 여기저기서 기독교에 대한 비난과 질책이 쏟아지고 있습니다. 이런 현실 속에서 기독교인으로서 제가 느끼는 부끄러움과 반성, 그리고 다짐을 드러내고 싶었습니다. 그리고 비록 영글지 못한 엉성하고 서툰 시각이나마 치열하게 몸부림치면서 저 자신과 교회와 교육현장과 세상을 향해 외치고 싶은 이야기들을 전하고 싶었고, 제가 찾은 삶의 아름다움과 희망을 말하고 싶었습니다.

　글을 마치고 보니 사람됨이 미숙하고 사색의 깊이가 부족하고 글쓰기의 역량이 함량 미달이라 그런지 영 아니다 싶은 마음이 듭니다만 그럼에도 그저 부족함을 부지런함으로 채워가리라 다짐하면서, 다음의 과제로 삼고자 이렇게 책을 냅니다. 이 책에서 인용하는 성경구절은 독자들의 이해를 돕고자 알기 쉽고 읽기 쉽고 그래서 이해하기 쉬운 우리말성경으로 하였습니다.

이 지면을 빌려 어려운 교육여건에서도 그 사명을 감당하느라 노고를 아끼지 않으시는 황등중학교 변정수 교장 선생님 이하 교직원들, 같은 재단 성일고등학교 이석일 교장 선생님과 교직원들, 황등기독학원 김기성 이사장님과 이사님들, 그리고 황등교회 정동운 담임목사님과 교인들, 황등교회 아동부 김연희 부장님과 교사들께도 감사의 말씀을 전하고 싶습니다. 이번에도 책을 낼 수 있도록 해주신 한국학술정보(주) 채종준 대표님과 여러분의 노고에 감사드립니다. 또한 이 책을 만드는 과정에서 노고를 감당해주신 노동의 일꾼들께도 진심으로 감사드립니다.

끝으로 글을 연재하도록 해주신 대한기독교교육협회 엄문용 총무님과 연재 글을 게재해주신 조소연 편집기자님(지금은 예영커뮤니케이션으로 옮겨 좋은 책들을 만들고 계십니다)과 이지현 편집기자님께도 감사드립니다. 또한 매달 미완의 거친 초고를 읽어주시고 교정으로 도와주신 황등중학교 송정규 선생님과 옹색한 글모음에 추천의 글을 써주고 교정을 도와준 은성교회 청년회 시절부터의 친구 국경희와 황등교회 청년회 정대인과 서지안, 귀찮은 워드 작업을 마다하지 않고 도와준 사랑하는 딸 한사랑과 황등중학교 학생회장 김진현, 사진 작업으로 도와준 황등중학교 졸업생 석경수와 1학년 재학생 나한웅 모두에게 고마움을 전합니다.

연재 글을 쓰고 단행본으로 엮어내는 작업을 하는 동안 남편으로서, 아빠로서 정성을 다하지 못함을 이해하고 용납해 준 아내와 아이들에게 고마운 마음과 사랑을 전하고 싶습니다. 특별히 우리 집 막내 아들 한벼리를 만나고 섬기면서 양육하는 축복을 허락해주신 하나님의 은혜에 감사드립니다. 또한 벼리를 건강하게 낳아 주신 생부모님들의 은혜에도 감사드립니다.

2013년 11월
사랑하는 가족이 있어 늘 행복한
한승진

# 차례

# 송구영신예배,<br>마무리와<br>새날맞이

저는 해마다 교회에서 송구영신(送舊迎新) 예배를 드림으로 한 해를 마무리하고 새해를 맞이합니다. 12월 31일 밤 11시를 넘긴 시간에 저와 제 아내는 아이들을 독려하여 어두운 밤길을 걸어 교회에 갑니다. 이렇게 교회에 도착하면 언제나 그렇듯이 반갑게 웃음으로 맞이하시는 전도사님이 물수건과 종이 한 장을 건네주십니다. 시간이 되면 담임목사님의 집례에 따라 미리 나눠준 종이에 하나님과 나만이 아는 잘못한 일들을 하나하나 기록한 것을 가슴에 품고 참회기도를 한 후에 종이분쇄기에 넣는 시간을 갖습니다. 그리고 입구에서 받아든 물수건으로 제 옆자리에 앉은 사람의 손을 정성스럽게 닦아줍니다. 저는 이 두 가지 예식을 통해 지난 해를 반성하고 새해를 맞이하곤 합니다. 지난날에 대한 반성과 자기성찰은 분명하고 철저할수록 좋은 것 같습니다.

새해가 시작되었습니다. 새로운 해를 맞이하면서 기대도 크고 새롭게 하기로 다짐하는 일들도 많습니다. 새 달력과 새 다이어리 등 모든 것이 새롭게 시작되고 있습니다. 어릴 때나 청년 시절엔 새해를 맞이하면서 벅찬 기대감으로 기분 좋게 한 해를 시작하곤 하였습니다. 그때마다 친한 친구들이나 가족들과 즐거운 시간을 보내면서 새해 첫 해맞이를 하기도 하였습니다. 그런데 불혹의 나이를 넘기면서는 새해를 맞이하는 감회가 달라짐을 느낍니다. 한 해 두 해 흘러가는 세월을 못내 아쉬워하곤 합니다. 옛사람들도 흘러가는 세월과 백발을 막을 수가 없음을 안타까워하면서 시를 짓곤 했는데 그 마음이 지금의 제 마음인 것만 같습니다. 어느 유행가 가사에 나오는 구절처럼 가는 세월, 그 누가 막을 수 있겠습니까?

제가 이렇듯 흘러가는 세월을 아쉬워하는 건 그저 늙고 싶지 않은 것만은 아닙니다. 한 해 두 해 세월을 맞이한다는 건 그만큼 성숙해지고 어른스러워져야 하는 것을 말하는 것 같기에 새해를 맞는 제 마음이 남다른 감회에 젖어들게 하는 것입니다. 문득 제가 '나잇값'을 하면서 살고 있기는 한 것인가 하는 생각을 해보곤 합니다.

올해도 어김없이 대망의 새해가 밝았습니다만, 송구영신예배를 드리는 내내 마음이 무거웠습니다. 이토록 제 마음이 무거운 이유는 새해를 맞는 제 마음이 설렘과 기대감일 수만은 없는 우리의 현실이 마음에 가득하기 때문이었습니다. 지난해를 돌아보면 저 개인적으로도 참으로 반성할 것들이 많은 한 해였습니다. 저는 한 해를 반성하면서 자신의 잘못을 기록하라는 종이가 너무도 작아보였습니다. 그걸 기록할 시간도 턱없이 모자랐습니다. 그저 떠오르는 부끄러운 제 삶의 모습을 적어나가려니 제가 참으로 부족한 사람이구나 하는 생각에 고개를 들지 못했습니다. 지난 한 해 동안 저 자신을 바라보면서 참회 기도를 올리고 제가 쓴 부끄러운 기록을 하나님께 올려드렸습니다.

윤동주 시인은 그의 첫 시집이자 유고시집인 『하늘과 바람과 별과 시』의 첫머리 시인 '서시'에서 고백하기를, "죽는 날까지 하늘을 우러러 한 점 부끄러움이 없기를 잎새에 이는 바람에도 나는 괴로워했다"는 말로 도덕적인 자신의 삶을 되새기며 자기성찰적인 삶을 되새겼습니다. 오늘 제 삶의 자세가 이 정도는 못 된다 하더라도 자기를 반성하고 참회하는 자세는 중요한 것 같습니다.

『논어(論語)』의 「안연편(顏淵編)」에 나오는 구절입니다. 제(齊) 나라 경공(景公)이 정치에 대하여 묻자 공자가 답하기를, "임금은 임금답고, 신하는 신하답고, 아버지는 아버지답고 아들은 아들다워야 한다(君君臣臣父父子子)"고 하였습니다.

그런데 우리 기독교는 우리가 지닌 사회적 위상과 우리의 영향력에 비해 기독교답지 않은 모습들이 비춰지곤 하였습니다. 잘 아시는 것처럼 우리 기독교는 사회적 신뢰를 주지 못한 것은 물론이고, 천덕꾸러기 취급을 받거나 비도덕적인 단체로 보도되는 일들도 많았습니다. 이런 일들을 접할 때마다 작은 예수따르미로서 하나님께 기도드림이나 예배드림마저 부끄러웠습니다.

송구영신예배 시간에 제 옆 사람의 손을 닦아주면서 이런 사랑의 실천이 교회를 넘어 세상 속으로 퍼져 나가기를 기도하였습니다. 오늘 제가 정갈하게 준비한 물수건으로 다른 사람의 손을 정성을 다해 닦아준 것처럼 새해는 우리 신앙인들이 극심한 경제난과 정치적 혼란 속에서 신음하는 우리의 이웃에게 하나님의 사랑을 전하기를 소망합니다.

송구영신예배를 드리면서 이런 생각을 해보았습니다. 오늘 우리에게 하나님이 원하시는 것은 화려한 예배와 찬란한 예배당이 아닙니다. 하나님은 저를 비롯한 우리 예수따르미들이 삼가 자신의 삶을 되돌아보고 분명한 참회를 통해 새로운 출발, 새로운 다짐으로 새로운 해를 맞이하기를 원하십니다. 요한일서 1장 5-10절 말씀입니다.

우리가 그리스도에게서 듣고 여러분에게 전하는 소식은 이것입니다. 곧 하나님은 빛이시니 하나님 안에는 어둠이 전혀 없습니다. 만일 우리가 하나님과 사귐이 있다고 하면서 여전히 어둠 가운데 행한다면 우리는 거짓말하는 것이며 진리를 따라 사는 것이 아닙니다. 그러나 하나님께서 빛 가운데 계신 것처럼 우리가 빛 가운데 행하면 우리에게는 서로 사귐이 있고 하나님의 아들 예수의 피가 우리를 모든 죄에서 깨끗하게 해주십니다. 만일 우리가 죄가 없다고 말한다면 우리는 자신을 속이는 것이며 진리가 우리 안에 없습니다. 만일 우리가 우리의 죄를 자백하면 하나님은 신실하고 의로우신 분이시므로 우리 죄를 용서하시고 모든 불의에서 우리를 깨끗하게 해주실 것입니다. 만일 우리가 죄를 짓지 않았다고 말한다면 우리는 하나님을 거짓말쟁이로 만드는 것이며 하나님의 말씀이 우리 안에 있지 않습니다.

# 1월의 지혜,
# 삶의 여유

해마다 12월은 한 해를 마무리하는 달로 보냅니다. 그런데 해마다 느끼는 것은 12월엔 이런 저런 일들로 분주하게 보내다 보니 정작 정신없이 보내곤 하여 한 해를 보내면서 반성하고 성찰해보는 자기와의 시간을 갖지 못하는 아쉬움이 느껴지곤 합니다. 이런 아쉬움에 대한 상념은 저만은 아닐 것입니다. 12월 한 달 내내 마음의 여유를 갖지 못하고 속절없이 보내고 나서 뭐가 뭔지도 모르게 새해 아침을 맞이한 듯한 느낌, 얼떨떨한 마음으로 '또 새해를 맞이하고 나이만 먹어가는구나!' 하는 생각이 듭니다.

새해 아침 문득 달력에 표기된 1월에 대한 영어 단어를 보니, 'January'입니다. 늘 보던 단어인데 이 말의 의미가 마음에 와 닿습니다. 이 말은 고대 로마인들이 문을 지키는 수호신이라 여겼던 야누스의 달을 뜻하는 라틴어 '야누아리우스(Januarius)'에서 유래한 말입니다. 이는 사물의 시작을 돌보며 사람의 출입을 수호한다는 '야누스(Janus)'에서 유래한 말이기도 합니다. 야누스는 얼굴이 앞뒤로 두 개가 있어서 과거와 미래, 안과 밖을 동시에 볼 수 있다고 전해집니다. 그런 이유로 지난해와 새해를 바라볼 수 있는 1월에 이 이름을 사용했다고 합니다. 그러므로 1월은 지난해와 새해를 동시에 바라보는 달입니다. 즉, 과거와 현재를 바라보고 내일을 준비하는 달입니다.

일반적으로 사람들이 교육계에 종사하는 이들을 부러워하는 이유 중 하나가 방학이 있다는 것입니다. 그러나 사실 방학이라고 해서 마냥 쉴 수 없는 게 교육자들의 현실입니다. 학교 업무도 처리해야 하고 새 학년, 새 학기를 준비해야 하고 각종 연수나 교육으로 분주하게 보내곤 합니다. 이렇게 정신없이 보내다 보면 어느새 개학이곤 합니다.

제가 잘 아는 선생님 한 분도 방학 내내 왜 그렇게 바쁜지 제대로 쉬어본 적이 없다고 하십니다. 저도 예외는 아닙니다. 저도 십여 년을 넘게 이어온 교직생활이니 이래저래 많은 횟수의 방학을 보냈지만 제대로 쉼을 누리지는 못한 것 같습니다. 그러나 가만히 생각해보면 정신없이 바쁘게 살지는 않아도 되는데 왜 그렇게 바쁘게 살았나 싶기도 합니다. 무엇에 쫓기듯 살아온 시간들, 보이지 않는 경쟁의식으로 남에게 뒤처지지 않으려 애쓰면서 살아온 것 같습니다. 아니 남보다 더 잘나고 싶어서 이리저리 찾아다니면서 배우고 익히면서 가방끈을 늘려왔고, 남보다 유능하다는 소릴 듣고 싶어서 이것저것 자격증을 취득하는 것으로 방학을 보냈습니다.

이제 제 나이 마흔 넷입니다. 속절없이 나이만 먹어가는 듯한 아쉬움을 가만히 들여다봅니다. 이제는 좌충우돌 이리저리 치이고 헤매면서 살아온 저 자신에게 쉼이라는 복을 주고 싶습니다. 새해 아침 저를 보는 이들마다 "새해 복 많이 받으세요" 하고 인사를 건넵니다. 새해 아침 제가 누릴 복이 무엇인가 생각해봅니다. 어느 선생님이 제게 너무 일이 많은 것 같다고, 좀 쉬면서 살라고 권면하시는데 그 말씀을 애써 외면하곤 하였습니다. 그런데 가만히 보니 정말로 제가 너무 분주하게, 정신없이 살고 있는 것 같습니다. 이걸 깨닫고 나니 올해는 일을 벌이기보다는 쉬면서 보내려고 합니다.

저는 1월이 참 좋습니다. 더욱이 학교에서 아이들을 가르치는 사람이기에 누리는 특권인 겨울방학 기간이기에 더 좋습니다. 이번 1월에는 느긋하게 저 자신의 삶을 돌아보고 새날, 새 마음으로 이어갈 새해를 계획해보리라 생긱해봅니다. 지기점검과 내일을 위한 계획이라는 게 초등학교 때 꼭 해야 하는 숙제도 아닌데 좀 느긋하게 하렵니다.

1월에는 제가 꼭 해야 하는 일들 이외에는 그 어떤 일도 하지 않으면서 그냥 놀고 쉬고 할 생각입니다. 분주하게 달려온 저의 삶을 돌아보고 새롭게 달려가야 할 인생길을 위해 지금은 쉼을 만끽하렵니다. 삶의 여유가 주는 편안함, 이것이 제겐 복이 아닌가 싶습니다. 쉴 때는 푹 쉬는 것도 좋을 것 같습니다.

조선왕조를 창업한 태조 이성계의 일화입니다. 어느 날 무술을 연마하던 이성계가 목이 말라 우물터를 찾았습니다. 마침 우물터에는 마을 처녀 하나가 물을 긷고 있었습니다. 이성계는 그 처녀에게 마실 물을 청했습니다. 그러자 처녀는 표주박에 버들잎 하나를 띄워서 건네주었습니다. 물을 마시고 갈증을 푼 이성계는 왜 물에다 버들잎을 띄워 주었는지 물었습니다. 그러자 처녀는 갈증이 심한 듯하여 급히 마실까봐 서서히 마시도록 잎을 띄웠다고 대답했습니다. 이성계는 처녀의 지혜로운 마음씨에 감동하여 정을 주게 되었고, 처녀는 남편을 얻게 되었습니다. 훗날 남편은 새로운 나라를 세운 왕이 되었고, 아내는 왕후가 되었습니다.

현대인들의 삶의 특징은 너무나 조급하다는 것입니다. 무엇 때문에 바쁘게 사는지도 잘 모르면서 하루하루 분주하게 보냅니다. 오죽하면 우리나라 사람들이 가장 많이 쓰는 말로, 외국인들이 가장 쉽게 배우는 우리말이 "빨리, 빨리"라는 웃지 못 할 이야기도 있습니다. 저도 어느 순간부터인가 모르게 성급한 사람이 되어버렸습니다. 커피 자판기에 동전을 넣고는 조금의 지체되는 시간을 기다리지 못하고 종이컵이 나오는 곳에 손을 넣고 컵을 잡고 있곤 합니다. 하루 세 끼를 천천히 즐기면서 먹지 못하고 재빨리 처리해야 하는 일처럼 성급히 먹곤 합니다. 말도 빨리 하다 보니 발음이 꼬이기도 합니다. 이처럼 서두르다가 일을 그르치는 경우가 허다합니다.

밥을 지을 때도 뜸을 잘 들여야 합니다. 된장이나 고추장도 장독에서 일정기간 푹 삭아야 제 맛을 냅니다. 인간의 삶도, 진리를 찾아가는 길도 그렇습니다. 그러니 빠른 것이 좋은 것만은 아닐 것입니다. 문득 삶이란 게 요리하는 것과 비슷하다는 생각이 들었습니다. 삶의 요리에 간을 잘 맞춰야 살맛이 제대로 날 것 같습니다. 소금이 제 맛을 내려면 녹을 때까지 기다려야 합니다. 예수님의 인격이 우리의 삶에서 무르익어 제 맛을 내려면 그만큼 충분한 시간이 필요합니다. 인격수양, 진리의 길에 지름길이 없습니다. 조금씩 조금씩, 한 걸음 한 걸음 내딛으면서 자신을 돌아보는 여유와 성찰을 통한 자기점검이 필요합니다. 무엇이든지 단번에 이루어지는 것은 없습니다. 이렇게 이룬 것은 가짜이거나 부작용을 일으킵니다. 급히 먹는 밥이 체하듯이……

삶의 여유……. 생각만 해도 즐겁습니다. 그리고 보니 우리의 삶이

늘 쫓기듯 분주하게 살아가는 듯합니다. 사람의 사는 조건이란 게 늘 부족함이 있고, 경쟁이 있고, 해야 할 일들이 많습니다. 그러나 일 년에 한 달쯤은, 한 주에 하루쯤은, 하루에 한 시간쯤은 삶의 여유를 갖고 쉼을 가져보는 것도 중요할 것 같습니다. 정작 바쁘다는 이유로 동료 간의 정을 잃고, 가족의 사랑을 잃고, 자신의 건강을 잃고, 참된 자신을 잃는 건 아닌가 싶습니다. 올해는 큰 것, 많은 것을 이루려 하지 않고, 남보다 잘나고 싶은 욕망에서 자유롭고 싶습니다.

하나님은 한 해 동안 예수님 품 안에서 모든 수고와 무거운 짐과 열등감과 욕망을 다 내려놓고 쉼의 지혜를 얻기를 원하십니다. 마태복음 11장 28-30절 말씀입니다.

> 수고하고 무거운 짐을 진 모든 사람은 다 내게로 오라. 내가 너희를 쉬게 할 것이다. 나는 마음이 온유하고 겸손하니 너희는 내 멍에를 메고 내게서 배우라. 그러면 너희 영혼이 쉼을 얻을 것이다. 내 멍에는 메기 쉽고 내 짐은 가볍다.

# 새해인사, 새해 복 많이 받으세요

　새해입니다. 새해를 맞으면서 가장 많이 듣게 되고, 하게 되는 인사말이 "새해 복 많이 받으세요"입니다. 드디어 새해, 새날, 새 아침입니다. 만나는 사람마다 풍성한 축복과 덕담을 주고받으며 새해를 맞이합니다. 새해를 맞아 문득 떠올려 보는 장면이 있습니다. 요즘은 찾아보기 힘든 풍경이지만 이전에는 복조리를 팔았습니다. 이때 마을 사람들은 1년 내내 쓸 조리를 사서 안방 들어가는 문 위나 부엌 또는 방구석 위에 매달아 놓았습니다. 왜 사람들은 새해가 되면 복조리를 사서 집에 매달아 놓았을까요?

　원래 조리는 쌀에서 돌을 골라내는 구실을 하는 것입니다. 그러므로 복조리에는 분별력 있는 지혜로운 삶으로 복을 가득 받는 해가 되라는 깊은 뜻이 담겨 있습니다. 그러니 새해에도 복 받기를 바라는 간절한 마음으로 복조리를 샀던 것입니다. 이렇듯 우리나라 사람들은 복 받기를 참으로 좋아합니다.

　새해를 맞아 좋은 일만 가득하기를 바라는 마음입니다. 그러나 누구나 다 알지만, 인정하고 싶지 않은 것은 새해에도 행복과 축복만 가득할 수는 없다는 사실입니다. 때로는 원치 않는 질병과 사고를 만날 수도 있고, 하고자 하는 일이 안 풀려 고통당할 수도 있습니다. 이런 일들을 하나도 겪지 않고 한 해를 보낼 수만 있다면 얼마나 좋겠습니까만 그럴 수 없습니다. 그럼에도 복을 바라는 것은 그래도 불행보다는 행운이 가득하기를 바라는 인간적인 마음이 간절하기 때문일 것입니다.

문득 우리 조상들이 사람 사는 데 행복만 가득할 수 없음을 잘 알면서도 복조리를 만들고 필고 시고 한 것은 그저 복 받기만을 바라는 마음이 아닌 삶의 깊은 지혜가 깃들어 있는 건 아닐까 하는 생각을 해보았습니다. 이것이 바로 분별력 있는 지혜의 복일 것입니다.

오늘 문득 제가 가르치는 중학교 2학년 국어 교과서에 소개된 '조삼모사(朝三暮四)'라는 고사성어가 생각납니다. 동양의 고전인 『열자(列子)』 「황제편(皇帝編)」에 나오는 이야기입니다.

중국 춘추전국시대 송나라의 저공(狙公)이란 사람이 원숭이를 여러 마리 기르고 있었습니다. 먹이가 부족해지자 저공은 원숭이들에게 "앞으로 너희들에게 주는 도토리를 아침에 3개, 저녁에 4개로 제한하겠다"고 말했습니다. 이 말에 원숭이들은 반발했습니다. 아침에 3개를 먹고는 종일 배가 고파 못 견딘다고 투덜댔습니다. 저공은 고심 끝에 "그렇다면 아침에 4개를 주고 저녁에 3개를 주겠다"고 고쳐 말했습니다. 그랬더니 원숭이들은 좋다고 기뻐하며 이를 받아들였다고 합니다.

이 이야기는 저공이 교묘한 말장난질로 어수룩한 원숭이들을 농락해 자신은 아무런 손해도 보지 않고 사안을 해결했다는 데 초점이 맞취져 있지만, 곰곰이 이 일화를 되새겨보면 꼭 속임수라고만 해석될 일은 아니라고 여겨집니다. 바로 눈앞에 보이는 차이만 알고 결과가 같은 것을 모르는 사람을 지칭하는 비유이기 때문입니다. 열자(列子)는 조삼모사를 잔꾀를 부린다는 나쁜 의미보다는 '모든 것이 조삼모사와 같은 이치여서 지혜를 가지고 지배하면 힘들이지 않고 다스릴 수 있다'는 지혜의 개념으로 이와 같은 말을 만든 것입니다.

우리의 모습이 조삼모사의 이야기에 나오는 원숭이와 무엇이 다른가 싶은 생각이 듭니다. 사물의 본질을 보지 못하면서 눈에 보이는 현상만 보면서 주관적으로 판단하지는 않는가? 장기적인 안목이나 공동체의 이익을 보지 못하는 것은 아닌가? 그러고 보면 사람이 참 지혜로운 것 같지만 한 치 앞도 내다보지 못하는 것만 같습니다.

지금껏 살아오면서 후회되는 일이 참 많습니다. 조금만 더 신중히 생각하고 판단하고 행동하고 선택하고 결정했더라면 더 좋았을 것을, 그만 단기간의 욕심과 조급함에 눈멀고 귀먹어 실수한 적이 참 많습니다. 하기야 그렇게 실수투성이였기에 조금은 겸손해지면서 사람됨을 가꾸어왔지만 문득문득 후회되고 아쉬운 마음이 들곤 합니다. 안타깝게도 제 주위에도 이런 사람들이 참 많습니다. 한 선배는 부목사로 고생하다가 어느 교회의 담임목사 자리가 나자 자신에게 적합한 자리인지 깊이 숙고해보고 신중히 판단하라는 선배들의 조언에도 아랑곳하지 않고 기회가 자주 오는 게 아니라고 하면서 서둘러 부임했습니다. 이를 보고 저도 왠지 모를 불안감으로 바라보면서 걱정이 되곤 하였는데 결국 자신과 가족과 교회 공동체에 큰 상처를 안기고 말았습니다.

가만히 보면 정치인들도 당장의 표심과 자기이익을 위해 대의를 저버리는 어리석은 행동으로 돌이킬 수 없는 정치적 타격을 입곤 합니다. 쉽지는 않지만 조급하게 판단하지 말고 장기적으로 자신을 단련해나갔다면 더 큰 사람으로 성장할 수 있었던 사람들이 많습니다.

옛날 한(漢)나라 유향(劉向)이 지은 『설원(說苑)』 「존현편(尊賢編)」에 이런 말이 나옵니다. "호랑이의 꼬리만 보고도 그것이 너구리보다 큰 짐승임을 알고, 코끼리의 이빨만 보고도 그것이 소보다 큰 짐승임을 안다." 이전의 실수나 경험이나 다른 사람의 사례는 우리가 지혜롭게 살아가는 데 유익한 교훈을 줍니다. 잠언 26장 11절 말씀입니다.

> 개가 그 토한 것을 다시 먹듯이 어리석은 사람도 자기 어리석음을 되풀이한다.

올해는 똑같은 실수를 반복하지 않으면서 살게 되기를 다짐해봅니다. 인생은 순간순간이 선택과 결단의 연속입니다. 우리가 어떤 일을 선택할 때 지혜로운 분별력이 필요합니다. 신중을 기하는 지혜로움으로 바르게 선택하고 결단하고 행동하여 참된 복을 누리기를 바랍니다. 잠언 14장 말씀의 구절입니다.

> 거만한 사람은 지혜를 구해도 찾지 못하지만 오직 통찰력 있는 사람은 쉽게 지식을 얻는다(6절). 현명한 사람의 지혜는 생각하고 행동하게 하지만 어리석은 사람의 어리석음은 자기를 속이게 한다(8절).

> 어리석은 사람은 온갖 말을 믿으나 현명한 사람은 생각하고 그 길을 살핀다(15절).

> 지혜로운 사람은 두려워 악을 멀리하지만 어리석은 사람은 성급하고 조심할 줄 모른다(16절).

　　쉽게 화내는 사람은 어리석게 행동하고 악한 일을 꾸미는 사람은 미움을 받는다(17절).

　　우둔한 사람은 어리석음을 유산으로 받으나 현명한 사람은 지식의 면류관을 쓴다(18절).

다니엘 12장 2-3절 말씀입니다.


　　땅의 흙 속에서 자는 사람들 가운데 많은 사람이 깨어나서 어떤 사람은 영원한 생명을 받고 어떤 사람은 욕과 함께 끝없이 부끄러움을 당하게 될 것이다. 지혜로운 사람은 하늘이 밝게 빛나는 것처럼 빛날 것이고 많은 사람들을 의로 이끄는 사람은 별처럼 영원히 빛날 것이다.

# 새날,<br>새로운 세대를 위한<br>교회교육을 위하여

제게는 대학시절 스승이신 신영복 선생님의 『처음처럼』이라는 서화에세이집에 나오는 귀한 글샘이 마음 깊이 되새겨집니다.

> 높이 나는 새는 몸을 가볍게 하기 위하여 많은 것을 버립니다. 심지어 뼈 속까지 비워야(骨空) 합니다. 무심히 하늘을 나는 새 한 마리가 가르치는 이야기입니다.[1]

사람의 뼈는 몸무게의 약 18% 정도를 차지하지만, 새들의 뼈는 몸무게의 4% 정도 밖에 되지 않습니다. 그리고 새의 뼈 속은 비어있습니다. 그러나 비어 있다고 해서 칼슘이 부족한 것도 아니고, 그 뼈가 약한 것은 더욱 아닙니다. 구조적으로 아주 강하게 조직되어 있습니다. 그래서 새는 자신의 무게보다 5배 이상의 하중을 날개가 받더라도 부러지지 않고 날 수 있습니다.

여기저기에서 교회의 성장이 둔화된 것에 대해 걱정하는 목소리가

---

1) 신영복, 『처음처럼』(서울: 랜덤하우스코리아, 2007) 참조.

많습니다. 여기에 심각성을 더하는 것은 교회에서 다음 세대가 줄어들고 있다는 사실입니다. 우리 교회학교 교육이 위기를 맞고 있다는 인식은 그저 교회학교 학생 수의 감소라는 양적인 측면에서만은 아닙니다. 질적인 면에서 오늘의 교회학교는 본질적인 신앙교육이 생명력 있게 이루어지고 있는가 하는 자성의 목소리가 들려오고 있습니다. 교회학교 학생 수 감소는 무기력한 교회교육에 그 원인이 있다는 진단이 가능할 것입니다. 학생들과의 접촉점을 잃어버린 교회교육, 학생들의 문화를 담아내지 못하는 교육활동, 무엇보다도 영적인 감동이 없고 생명력을 잃어버린 예배와 분반공부로 인해 오히려 학생들을 교회 밖으로 내몰고 있다는 생각마저 들곤 합니다. 그동안 심각하게 논의되어 온 '저출산'의 문제와 함께 각 급 학교마다 실시되는 '주5일 수업제'는 교회학교 운영에 큰 부담이 될 것입니다.

교회학교 학생 수의 감소는 이제 한국교회가 신앙의 대 잇기에서 실패하고 있음을 일깨워 주는 듯하여 안타까움을 더합니다. 교회의 가장 중요한 사명 중 하나는 세대 간의 신앙의 대를 이어가는 것입니다. 릴레이 경기에서 가장 중요한 것이 바통을 다음 주자에게 정확하고 빠르게 넘겨주는 것이듯, 신앙의 경주에서도 대를 잇는 것처럼 중요한 것이 없습니다.

세월은 흘러가는 물과 같다고 하는 옛말이 가장 실감나게 느껴지는 새해 아침입니다. 그야말로 말도 많고 탈도 많던 묵은해는 영원히 오지 못할 곳으로 떠내려가 버리고, 우리 앞에는 정성을 다해 떠온 정한수(井寒水)처럼 맑고 깨끗한 생수가 주어진 듯합니다. 오늘 아침 새벽길을 가던 중 대문이 열려 있는 어느 집 앞을 지나게 되었는데, 무심코 휙 쳐다보니 어느 중년의 아주머니가 집 안마당 장독 뒤에서 물 한 대접 올려놓고 손을 비비며 뭔가를 정성스레 기도하는 모습이 보였습니다. '요즘 세상에도 이런 분이 있구나' 하는 생각을 하며 옷 깃을 여몄는데 순간 발이 멈칫했습니다. 왜냐하면 우리네 어머니들의 모습이 오버랩(overlap) 되었기 때문입니다.

아들의 입학시험, 군대 갈 때, 입사 시험 때, 손주 볼 때, 심지어 아들이 자동차를 샀을 때까지도 아들 차가 사고 나지 않게 해달라며 천지신명께 기도를 드렸던 어머니들의 모습이 떠올랐습니다. 제가 본 그 집 안주인께서도 자식의 어떤 것, 혹은 남편이나 다른 가족의 수술이 잘 되라고, 아니면 다른 무사안녕을 빌거나, 먼 길 무탈하게 다녀오라거나, 또는 어떤 시험에 합격을 기원하는 의식을 치르고 있었을 것입니다.

오늘 하루 내내 그 분의 정성스런 몸동작이 머릿속에서 지워지지 않았습니다. 첨단 스마트폰을 가지고 실시간으로 인터넷을 뒤지는 시대에 정한수 떠 놓고 전통 방식으로 마음의 바람을 기원하는 모습……. 개인의 종교적 신념이나 신앙심을 떠나서 어머니의 정성어린 기도와 바람이 마음에 각인되었습니다.

옛사람들은 모든 바람과 소원을 정한수 한 잔에 담아 앞에 두고는 빌고 또 빌어 간절한 마음을 달랬습니다. 빌고 빌면서 속에 있던 걱정과 우려도 씻어버렸으니, 이 물 한 잔은 사람의 마음을 치유하는 만병통치약 같은 것이었을 지도 모르겠습니다. 그런데 이 정한수 한 잔은 비는 사람의 정성의 크기만 달랐을 뿐, 모든 사람이 평등했습니다. 마음에 걱정이 있으면 누구든 우물 물 고이 떠서 사발에 담고는 뒷마당이든 앞마당이든 두 손 모아 빌기만 하면 되었으니, 이 치료약은 그렇게 간편하고 또 평등할 수가 없었습니다. 기도를 위한 제물을 제사상 다리 부러지도록 떡하니 차린 것도 아니고, 부자든 가난한 사람이든 누구든 물 한 그릇만 올려놓았습니다. 그 물조차도 두 그릇 세 그릇도 아니고, 두 말, 서 말도 아니고 딱 한 그릇이었으니, 오직 마음의 크기만으로 소원의 간절함을 표현했을 뿐입니다. 그래서 오래 전 어머니의 정한수 한 그릇은 진정 차별 없는 마음의 종교였던 셈입니다.

우리는 이러한 어머니의 정성과 간절한 기도 덕분에 오늘 이만큼 사는 건지도 모르겠습니다. 문득 간절한 마음의 크기를 공평하게 담아주던 정한수 한 그릇을 잃어버린 것이 우리가 마음 담을 작은 그릇조차 찾지 못해 정처 없이 헤매는 존재로 내몰린 것만 같다는 생각을 해봅니다. 이런 어머니의 마음을 잘 담아낸 시가 있습니다.


**어머니의 그륵**

정일근

어머니에게 그릇은 그륵이다
물을 담아 오신 어머니의 그륵을 앞에 두고
그륵, 그륵 중얼거려보면
그륵에 담긴 물이 편안한 수평을 찾고
어머니의 그륵에 담겨졌던 모든 것들이
사람의 체온처럼 따뜻했다는 것을 깨닫는다
나는 학교에서 그릇이라 배웠지만
어머니는 인생을 통해 그륵이라 배웠다
그래서 내가 담는 한 그릇의 물과
어머니가 담는 한 그륵의 물은 다르다
말 하나가 살아남아 빛나기 위해서는
말과 하나가 되는 사랑이 있어야 하는데
어머니는 어머니의 삶을 통해 말을 만드셨고

나는 사전을 통해 쉽게 말을 찾았다
무릇 시인이라면 하찮은 것들의 이름이라도
뜨겁게 살아 있도록 불러주어야 하는데
두툼한 개정판 국어사전을 자랑처럼 옆에 두고
서정시를 쓰는 내가 부끄러워진다

정한수 떠놓고 빌던 어머니, '그릇'을 '그륵'으로 읽으시는 어머니…… 문득 우리는 오늘 이런 어머니의 모습을 잃어버린 듯하여 안타깝습니다. 우리의 삶과 교육에 있어 중요한 것은, 얼마나 더 배웠는가기 아니라 비록 배움이 짧고 서툴더라도 사랑과 정성이 깃든 마음과 손길과 발걸음일 것입니다.

우리는 새해를 맞이해서 새로운 각오와 결심과 변신이 필요하다고 생각합니다. 역사와 사건은 묵은 것을 보내고 새것을 취하였습니다. 새해를 맞아 우리 주변에는 새로운 것으로 꽉 찼습니다. 그러나 역사와 사건에 비해 마음의 자세와 행동은 얼마나 변화되었는지요? 우리는 해마다 정월 초하루 첫 새벽만 되면 이 새로움의 결심을 반복해왔습니다. 그리고 정월 초하루 첫 주일이 되면 으레 새날의 각오와 결심을 다지면서 새롭게 하나님이 주신 사역을 감당하리라 염원했던 것이 사실입니다.

그러나 연말에 가서는 언제나 우리의 마음은 실패의 쓴 잔을 마신 기분에 사로잡히곤 하는 것이 인생의 통과의례인지도 모르겠습니다. 그 결과 많은 사건과 역사는 해가 거듭할수록 발전하는데, 우리 교회학교 현장은 퇴보의 자리를 굳히고 있는 듯하여 안타깝습니다. 우리는 앙상한 가지 모양의 교회학교를 보면서 정말 무엇이 문제였나를 살펴보아야 합니다. 새로움의 원리를 망각한 우리 자신의 각오와 결심이 이 모양 이 꼴로 만들고 말았습니다.

옛 어르신들의 말씀에 '작심삼일(作心三日)'이라는 말이 있습니다. 이 말은 제 경험상 꼭 들어맞는 말인 것 같습니다. 저 스스로 결심하고 작정해 봐야 삼 일이 지나면 언제 그랬냐는 식으로 까마득하게 잊어버린 채 그 작정은 아랑곳하지 않고 과거의 모습을 태연하게 재연하는 것이 우리의 모습입니다.

새해를 맞아 올해에는 다음 세대와 함께하는 교회의 틀을 분명히 하여 신앙의 대 잇기가 이루어지는 교육적 성과를 이루어가기를 기도해봅니다. 이것이 그저 그런 구호로만 그치지 않기 위해서는 지금까지의 교회구조에 대한 각성이 선행되어야 할 것입니다. 이제 더 이상 장년중심의 교회구조로는 다음 세대를 품에 안을 수 없습니다. 오늘날의 교회학교 교육은 상식적인 차원에서 이해되지 않는 모습들이 많이 보입니다. 이를 단적으로 말하면 19세기 교회구조 속에서, 20세기 교사가, 21세기를 살아가는 세대를 교육하는 모습일 것입니다. 이런 교회 교육현장에서 선한 것을 기대한다는 것이 어려울 지경입니다.

높이 나는 새가 뼈를 가볍게 하듯이 다음 세대와 함께하는 교회가 되려면 기존의 교회구조에서 불필요하거나 덜 중요한 것들에 대한 대대적인 성형수술과 구조조정을 감행해야만 합니다. 우선 교회구조와 재정과 조직의 민주화, 투명화를 통한 교회의 신뢰성을 회복하는 것부터 해야 할 것입니다. 이를 위해 우리 기성세대가 지닌 교회의 기득권을 내려놓고 그리스도 안에서 새로운 교회로 변화되어야 할 것입니다. 이것이야말로 새해를 맞아 우리의 교회학교가 새롭게 도약할 유일한 길일 것입니다. 오늘 우리 교회가 다음 세대를 존귀히 여김을 행함과 진실함으로 보이기 위해서는 예수 그리스도가 보이신 모습을 되새겨보고 그 마음으로 행하면 될 것입니다. 빌립보서 2장 1-11절 말씀입니다.

그러므로 그리스도 안에 무슨 격려나 사랑의 무슨 위로나 성령의 무슨 교제나 무슨 자비와 긍휼이 있거든 같은 생각을 품고 같은 사랑을 나타내며 한마음으로 같은 것을 생각함으로 내 기쁨을 충만하게 하십시오. 무엇을 하든지 이기심이나 허영으로 하지 말고 서로 겸손한 마음으로 다른 사람들을 자기보다 낫게 여기십시오. 여러분은 각자 자기 자신의 일을 돌아볼 뿐더러 다른 사람의 일도 돌아보십시오. 여러분 안에 이 마음을 품으십시오. 이것은 그리스도 예수 안에 있던 마음이기도 합니다. 그분은 본래 하나님의 본체셨으나 하나님과 동등됨을 기득권으로 여기지 않으시고 오히려 자신을 비워 종의 형체를 가져 사람의 모양이 되셨습니다. 그리고 그분은 자신을 낮춰 죽기까지 순종하셨으니, 곧 십자가에 달려 죽으신 것입니다. 그러므로 하나님께서는 그를 지극히 높여 모든 이름 위에 뛰어난 이름을 주셨습니다. 이는 하늘과 땅과 땅 아래 있는 모든 사람들이 예수의 이름 앞에 무릎을 꿇게 하시고 모든 입으로 예수 그리스도를 주라 시인하게 하셔서 하나님 아버지께 영광을 돌리게 하시려는 것입니다.

# 설날,
# 하나님의 도우심에
# 감사하며

　우리는 새해를 연이어 맞이하게 되었습니다. 새해 아침 신년인사로 "새해 복 많이 받으세요"라고 한 게 엊그제 같은데 이번에 또 새해 아침 인사를 건네게 되었습니다. 이렇듯 양력과 음력으로 새로운 해를 다시 한 번 맞이하게 되었습니다. 원래 '설'이라는 말은 '섧다'라는 말에서 유래한 것으로, 금년 한 해 동안 아무 사고 없이 잘 지내기 위해 이날 몸과 마음을 가지런히 살핀다는 의미입니다. 그러므로 설날은 단순히 먹고 마시면서 즐기기보다는 지나온 한 해를 돌아보면서 하나님과 부모님의 은혜에 감사하고, 새롭게 맞이한 한 해를 잘 보내기 위해 계획을 세우며, 가족 친지들과 화목하게 지내는 축복의 날입니다. 지난 1월 1일, 지난 한 해의 실수와 아픈 상처를 씻고 소망으로 새해를 맞았습니다. 이제 또 민족의 명절을 맞아 온 가족이 둘러 앉아 떡국을 먹고 덕담을 나누는 날을 맞이했습니다.

　설은 우리의 고향이요, 뿌리요, 전통이요, 오랜 벗님과 같습니다. 이날 많은 사람이 아무리 고생스럽더라도 고향을 찾고 부모님을 찾고 옛 친구들을 찾습니다. 우리가 사는 세상은 급속히 변하고 우리의 삶의 조건은 여기저기 분주하게 돌아다녀야만 합니다. 그런 현대인들에게 늘 그리운 부모님과 친구들과 고향이 있다는 것만으로도 고단한 삶을 이겨나갈 힘이 되는 것 같습니다.

설은 세수(歲首)·원단(元旦)·원일(元日)·신원(新元)이라고도 하며, 근신·조심하는 날이라고 해서 한문으로는 신일(愼日)이라고 쓰기도 합니다. 조선시대에 의정대신(議政大臣)들은 모든 관원을 거느리고 대궐에 나가 새해 문안을 드리고, 전문(箋文)과 표리(表裏: 거친 무명 또는 흰 명주)를 바치고 정전(正殿)의 뜰로 나가 소하(朝賀)를 올렸으며, 8도에서도 관찰사·병사(兵使)·수사(水使)·목사(牧使)는 전문과 방물(方物)을 바쳤습니다. 이날 사당에 지내는 제사를 다례(茶禮)라 하고, 아이들이 입는 새 옷을 세장(歲粧)이라고 하며, 어른들을 찾아뵙는 일을 세배라 하였습니다. 이날 대접하는 시절 음식을 세찬(歲饌)이라고 하며, 또한 이에 곁들인 술을 세주(歲酒)라고 합니다. 세찬으로는 떡국(餠湯)을, 세주로는 초백주(椒栢酒)·도소주(屠蘇酒)가 나오는데, 떡국은 손님 대접에도 쓰고 제사에도 쓰므로, 세찬에 없어서는 안 될 음식이었습니다. 또 시루떡(甑餠)을 쪄서 올려놓고 신에게 빌기도 하고, 삭망전(朔望奠)에 올리기도 하였습니다. 이런 점에서 설은 종교적인 의미로도 중요한 명절이었습니다.

1819년 김매순(金邁淳)이 한양의 세시풍속에 관해 지은 『열양세시기(洌陽歲時記)』에 보면, 설날부터 3일 동안은 길거리에 많은 남녀들이 떠들썩하게 왕래하는데, 울긋불긋한 옷차림이 빛나며, 아는 사람을 만나면 반갑게 "새해에 안녕하시오" 하고, "올해는 꼭 과거에 급제하시오", "부디 승진하시오", "생남하시오", "돈을 많이 버시오" 등 좋은 일을 들추어 하례하였다고 합니다. 이렇게 남이 바라는 바를 말하는 일을 덕담(德談)이라고 합니다.

이렇게 우리 겨레와 함께해온 설이 수난을 당해왔습니다. 일제강점기에 양력 1월 1일을 '신정(新正)'이라는 이름의 공식 명절로 지정하였습니다. 일본은 전통문화 말살정책의 일환으로 설보다는 일본 명절인 천장절(4월 29일)·명치절(11월 3일) 등을 국경일로 정해 우리 민족의 참여를 독려했습니다. 일제는 음력설을 "구식설날"이라는 뜻의 "구정"(舊正)이라 이름을 붙여 탄압을 했습니다. 심지어는 음력설을 쇠지 못하도록 섣달그믐 전 1주일 동안 떡방앗간을 돌리지 못하게 했습니다. 또 음력 설날 아침 흰옷을 입고 세배를 다니는 사람에게 검은 물이 든 물총을 쏘아 얼룩지게 하는 등 갖가지 박해를 가했습니다. 그런데도 일제는 음력설을 없애지 못했습니다. 왜냐하면 "양력설=매국", "음력설=애국"이라는 저항의식을 우리나라 사람들이 완강하게 고수했기 때문입니다.

그런데 해방 이후에도 설은 수난을 겪었습니다. 지나칠 정도로 미국 문화에 경도됐던 이승만 대통령은 철저한 양력 신봉자로서 1949년 6월 4일 신정의 사흘 연휴를 법제화했습니다. 이때 신정과 구정이 병존하면서 '이중 과세'라는 표현이 처음 등장했습니다. 박정희 대통령도 철저한 양력 신봉자로 '이중 과세'마저 용납하지 않았습니다. 그는 음력설을 완전히 뿌리 뽑을 생각으로 음력설을 공휴일에서 아예 제외해버렸습니다. 이에 따라 음력설에는 학교수업을 강행했고, 공장들은 문을 열도록 강제하기도 했습니다. 그러다가 전두환 대통령 집권시절 쿠데타로 정권을 잡은 군사정권이 그나마 민심을 붙잡기 위해서 1985년 1월 21일 구정 대신 '민속 명절'이란 이름으로 음력설을 공휴일로 지정했습니다. 이렇게 해서 이중과세가 합법화된 것입니다. 노태우 대통령 집권 시절인 1989년 2월 1일 대통령령인 '관공서 공휴일에 관한 규정'이 개정되면서 설날과 추석 연휴를 이틀에서 각각 사흘로 늘리고, 그 대신 신정 연휴는 사흘에서 이틀로 줄였습니다. 이때부터 설과 신정의 비중이 역전된 것입니다. 김대중 대통령은 1999년 1월 1일 IMF 외환위기 충격에서 헤어나지 못하던 시기에 공휴일이 많다는 이유로 대부분의 관공서는 신정 하루만 쉬고 2일부터 정상 출근히게 하였습니다. 이때부터 실질적으로 신정연휴가 폐지되고 음력설이 복권된 것입니다.

제가 어릴 적에도 국가적인 차원에서 설을 없애고 양력으로 통일하려고 했지만 결국 없애지 못하고 말았습니다. 아무리 국가적인 차원에서 없애려고 해도 국민 정서상 설은 없어지지 않았습니다. 마치 굽히지 않는 인동초(忍冬草)2)처럼 짓밟히고 무시당하면서도 많은 사람들의 사랑 속에서 살아남았습니다. 설이 이렇게 생명력 있게 살아

---

2) 인동덩굴, 인동넝쿨, 눙박나무, 겨우살이덩굴, 금은화(金銀化)라고도 합니다. 인동과(忍冬科 Caprifoliaceae)에 속하는 반상록 덩굴성 관목입니다. 우리나라 전역 산야의 숲가나 구릉지 또는 인가 주변에서 자랍니다. 줄기는 오른쪽으로 감고 올라가 길이가 3m에 이르고, 어린가지는 적갈색으로 털이 있으며 속이 비어 있습니다. 잎은 넓은 피침형 또는 난형으로 마주나며, 끝은 둔합니다. 잎은 길이 3~8㎝, 너비 1~3㎝이고, 가장자리는 밋밋합니다. 꽃은 6~7월경 잎겨드랑이에 1~2개씩 피며, 꽃잎은 길이 3~4㎝로 처음에는 흰색이지만 곧 노란색으로 변합니다. 꽃잎의 끝은 5개로 갈라지며 그중 1개가 깊게 갈라져 뒤로 말립니다. 꽃잎 안쪽에는 굽은 털이 있고, 수술은 5개, 암술은 1개입니다. 열매는 9~10월에 익는데 지름은 7~8㎜입니다. 인동과 겨우살이덩굴이란 이름은 겨울에도 줄기가 마르지 않고 겨울을 견디어내 봄에 다시 새순을 내기 때문에 붙여졌으며, 금은화란 이름은 흰 꽃과 노란 꽃이 한꺼번에 달리기 때문에 붙여졌습니다. 흔히 인동초(忍冬草)라고 불리는 것도 인동을 가리키는 것으로 곤경을 이겨내는 인내와 끈기를 일컫는 말로 쓰입니다. 꽃을 따서 빨면 꿀이 나와 어린이들이 좋아합니다. 어린가지와 잎에 갈색 털이 있는 것을 털인동, 잎 가장자리를 제외한 부분에 거의 털이 없고, 위 꽃잎이 반 이상 갈라지며 겉에 홍색이 도는 것을 잔털인동이라고 합니다. 한방과 민간에서는 잎과 꽃을 이뇨제·해독제·건위제·해열제·소염제·지혈제로 쓰며 구토·감기·임질·관절통 등에 사용합니다. 또한 인동주(忍冬酒)를 담그기도 하는데 이것은 각기병에 좋다고 하며, 목욕물에 풀어 목욕하면 습창·요통·관절통·타박상 치료에 적합하다고 하여 인삼에 버금가는 약초라고 합니다. 주요성분으로 루테올린 이노시톨과 타닌 성분이 있습니다.

남아서 우리와 함께하는 것은 여러 가지 깊은 의미를 담고 있기 때문일 것입니다.

이렇듯 설은 우여곡절을 겪으면서 우리와 함께해온 명절입니다. 예부터 설은 새해의 시작입니다. 설은 묵은해를 떨쳐버리고 새로운 계획과 다짐으로 새 출발을 하는 첫날로 아주 오래전부터 우리 민족과 애환을 함께해왔습니다.

어릴 적 설날을 맞이하던 그 설렘이 아직도 남아 있습니다. 친구들과 함께 부르던 노래도 잊히지 않습니다. "까치 까치 설날은 어저께고요, 우리 우리 설날은 오늘이래요." 설날만 되면 설빔으로 갈아입고는 부모님께 세배를 하였습니다. 그리고는 친척과 이웃과 교회 어르신들을 찾아다니며 세배하고, 덕담을 들으며, 음식을 나누어 먹는 것이 참 좋았습니다. 그리고 무엇보다도 좋았던 것은 부모님과 어르신들이 주시는 세뱃돈이 쌓여가는 재미였습니다. 아마 한 해 동안 제일 부자가 되는 날이었을 것입니다. 이렇게 아름다운 설날의 전통이 오랫동안 유지되어온 것은 역시 지나간 해를 정리하고 다가오는 해를 맞이하는 전환기의 의미가 크기 때문일 것입니다.

어릴 적, 설날 아침 떡국 한 그릇을 받아들었습니다. 나이 한 살 더 먹는 것을 무슨 벼슬이나 되는 것처럼 좋아하던 그때는… 떡국을 두 그릇, 세 그릇 열심히 먹었습니다. 그런데 어느 해인가는 떡국 한 그릇을 받아들면서 나이만큼 성숙한 사람됨으로 충만한 데까지 이르리라 결심하려니, 떡국 한 그릇 먹기가 쉽지 않았습니다. 설날에는 온 가족이 한데 모여 떡국을 먹습니다. 설날 아침 떡국을 먹는 것은 그냥 한 끼 식사가 아니라 나이를 한 살 더 먹게 되는 것을 말합니다. 어릴 적엔 그렇게 즐겨먹던 떡국이 언젠가부터는 즐겨먹고 싶지 않은 음식이 되어버렸습니다. 사실 떡국의 맛이야 변함이 없는데 떡국을 먹으면 나이를 먹는 것 같아서 애써 나이 먹기 싫음을 떡국 핑계 삼으려 함일 것입니다.

아무튼 나이 먹는다는 건 그만큼 어른이 되어 간다는 것으로 여간 부담스럽지 않습니다. 어린 시절 부모님과 어르신들에게 받아든 세뱃돈으로 주머니 두둑하던 시절은 까마득한 옛 추억이 되어버린 지 오래입니다. 이제는 제 아이들과 조카들과 찾아오는 다음 세대들에게 줘야 할 세뱃돈으로 주머니 두둑하게 준비해야만 합니다. 그럼에도 새해 아침, 오늘까지 살아온 것에 감사한 마음입니다. 제가 좋아하는 찬송가 301장(통일찬송가 460장) "지금까지 지내온 것"의 가사를 되새겨 봅니다.

지금까지 지내온 것 주의 크신 은혜라.
한이 없는 주의 사랑 어찌 이루 말하랴.
자나 깨나 주의 손이 항상 살펴주시고
모든 일을 주안에서 형통하게 하시네.

몸도 맘도 연약하나 새 힘 받아 살았네.
물 붓듯이 부으시는 주의 은혜 족하다.
사랑 없는 거리에나 험한 산길 헤맬 때
주의 손을 굳게 잡고 찬송하며 가리라.

주님 다시 뵈올 날이 날로날로 다가와
무거운 짐 주께 맡겨 벗을 날도 멀잖네.
나를 위해 예비하신 고향집에 돌아가
아버지의 품 안에서 영원토록 살리라.

하나님이 지금 여기까지 도우셨음을 고백하면서 감사 찬양을 올립니다. 사무엘상 7장 5-12절 말씀입니다.

그러자 사무엘이 말했습니다. "모든 이스라엘은 미스바로 모이라. 내가 여호와께 너희의 죄를 용서해달라고 기도하겠다." 그들은 미스바에 모여 물을 길어다가 여호와 앞에 붓고 그날 거기서 금식하며 "우리가 여호와께 죄를 지었습니다" 하고 고백했습니다. 사무엘은 미스바에서 이스라엘을 다스렸습니다. 이스라엘이 미스바에 모였다는 소식을 듣고 블레셋의 지도자들이 이스라엘을 공격하러 올라왔습니다. 이스라엘 백성들은 이 소식을 듣자 블레셋 사람들을 두려워해 사무엘에게 말했습니다. "여호와 우리 하나님께서 블레셋 사람들의 손에서 우리를 구하시도록 우리를 위해 쉬지 말고 기도해주십시오." 그러자 사무엘이 젖 먹는 양을 잡아 여호와께 번제물로 드리고 이스라엘을 위해 여호와께 부르짖었더니 여호와께서 그 기도를 들어주셨습니다. 사무엘이 번제를 드리는 동안 블레셋 사람들은 이스라엘과 싸우려고 가까이 오고 있었습니다. 그러나 그날 여호와께서 블레셋 사람들에게 큰 천둥소리를 내어 당황하게 하셨으므로 그들이 이스라엘 백성들에게 패했습니다. 이스라엘 사람들은 미스바에서 나와 벧갈 아래까지 뒤쫓아 가서 블레셋 사람들을 무찔렀습니다. 그때 사무엘이 돌을 들어 미스바와 센 사이에 두고 "여호와께서 여기까지 우리를 도우셨다"라고 말하며 그곳을 에벤에셀이라고 불렀습니다.

# 지혜로운 삶과
# 십자가의 길

집을 만드는 사람에게 지붕에 비가 떨어지지 않게 하거나 바람이 불지 않게 할 힘은 없습니다. 다만 폭풍에도 끄떡하지 않을 견고한 집을 세우는 데만 온 힘을 기울일 뿐입니다. 또한 그 집에 사는 사람이 주의를 기울인다 해도 폭풍우를 막아낼 힘은 없습니다. 따라서 집을 지을 때는 어떠한 재해에도 손상을 받지 않고 모든 것을 견뎌낼 만큼 튼튼한 집을 세우는 것만이 최상의 대비책입니다.

몸을 돌보는 일도 마찬가지입니다. 아무리 건강에 신경을 쓰고 몸 관리를 한다고 해도 더워지거나 추워지는 날씨의 변화 자체를 피할 수는 없습니다. 그저 기후의 변화에 잘 적응하고 견딜 수 있게, 건강을 유지하는 데 신경을 써야 합니다. 이렇듯 우리의 삶에서는 할 수 있는 영역과 그럴 수 없는 영역이 명확합니다. 이를 깨닫는 것이 지혜입니다. 그러니 할 수 없는 것에 불필요한 죄책감이나 열등감을 가질 필요는 없습니다. 그저 주어진 삶에 최선을 다하면 그뿐입니다. 그에 대한 결과는 우리의 몫이 아니라 하나님의 몫입니다. 이에 대한 말이 '진인사대천명(盡人事待天命)'입니다. 사람으로서 자신이 할 수 있는 어떤 일이든지 노력하여 최선을 다한 뒤에 하늘의 뜻을 받아들여야 한다는 말로 『삼국지(三國志)』의 '수인사대천명(修人事待天命)'에서 유래한 것입니다. 삼국지에서 관우가 조조를 화용도에서 놓아주고 왔을 때, 유비의 간청으로 관우를 살려준 제갈량이 유비에게 '아직 조조는 죽을 때가 안 됐기 때문에 관우로 하여금 과거 조조에게 입은 은혜나 갚으라고 유독 그를 화용도로 보낸 것'이라고 하면서, 그러나 자신은 다만 인간으로서 할 수 있는 모든 도리를 다 할 수밖에 없었다는 것을 표현한 것입니다. 이와 비슷한 우리 속담은 '하늘은 스스로 돕는 자를 돕는다'입니다.

우리 기독교인은 자기 십자가를 지고 예수님을 따라 사는 사람들입니다. 때로는 우리가 짊어지고 가는 십자가가 너무나 무겁게 느껴집니다. 그렇다고 우리가 짊어지고 갈 십자가를 없애거나 피할 수는 없습니다. 그러므로 오늘 우리에게 주어진 십자가의 고난을 어떻게 피할 것인가 하는 헛된 일에 신경 쓸 것이 아니라, 어떻게 하면 그것을 잘 견디고 이겨낼 수 있을 것인지를 생각해야 합니다. 오직 우리가 할 수 있는 최선의 길은 주어진 십자가의 길을 잘 감당할 수 있도록 기도하며 흔들리더라도 넘어지지 않는 굳건한 믿음의 반석 위에 서는 것입니다.

새에게 날개는 무거운 것이나 그것 때문에 날아가고, 배는 그 돛이 무거우나 그것 때문에 갑니다. 우리에게 주어진 십자가가 무겁고 힘들지만 그것이 있기에 우리는 예수 닮기를 실천할 수 있습니다. 우리는 각각 자기 영혼의 배를 타고 험난한 파도가 넘실대는 바다를 향해 가는 순례자들입니다. 우리가 십자가를 진다는 것은 바로 그 배에 돛을 다는 것과 같습니다. 그 돛은 짐처럼 여겨지기도 하지만, 바람을 받을 때는 배를 움직이고 파도를 헤쳐나가는 강력한 힘이 됩니다. 또한 우리가 지는 십자가는 자동차의 내비게이션과 같습니다. 마치 자동차의 내비게이션이 우리의 경험과 생각과 상황과 다르게 방향을 일러주더라도 믿고 가다 보면 어김없이 목적지에 도달하는 것과 같습니다. 내비게이션은 지금 당장의 교통상황을 넘어서는 더 높은 곳에서 더 넓게 상황을 바라보고 가야 할 길을 일깨워주기에 옳습니다. 그러므로 십자가는 우리의 경험과 생각과 상황판단을 내려놓고 하나님을 믿고 따르도록 하는 내비게이션과 같습니다. 신영복 선생님의 서화에세이집인 『처음처럼』에 이런 글샘이 있습니다.3)

> 북극을 가리키는 지남철은 무엇이 두려운지 항상 바늘 끝을 떨고 있습니다. 여윈 바늘 끝이 떨고 있는 한 바늘이 가리키는 방향을 믿어도 좋습니다. 만약 그 바늘 끝이 전율을 멈추고 어느 한쪽에 고정될 때 우리는 그것을 버려야 합니다. 이미 지남철이 아니기 때문입니다.
>
> - "북극을 가리키는 지남철" 중에서

그렇습니다. 우리의 믿음은 좌우로 치우치지 말고 오롯이 오늘 우리에게 주어진 믿음의 달려갈 길을 부단히 달려가야만 합니다. 이에 대한 성경말씀들입니다.

신명기 2장 27절 말씀입니다.

'우리가 당신 나라를 통과하게 해주십시오. 큰길로만 가고 오른

---

3) 신영복, 『처음처럼』(서울: 랜덤하우스코리아, 2007).

쪽으로나 왼쪽으로나 침범하지 않을 것입니다.

신명기 5장 32절 말씀입니다.


　그러니 너희는 너희 하나님 여호와께서 너희에게 명령하신 대로 삼가 지키라. 오른쪽이나 왼쪽으로 치우치지 말라.


신명기 17장 20절 말씀입니다.


　자기 형제를 업신여기거나 율법에서 오른쪽이나 왼쪽으로 치우치는 일이 없게 하라. 그러면 그와 그의 자손들이 이스라엘에서 자기 왕권을 오랫동안 유지할 수 있을 것이다.


신명기 28장 14절 말씀입니다.


　내가 오늘 네게 주는 그 명령들 가운데 어느 것이라도 오른쪽이나 왼쪽으로 치우치지 말고 다른 신들을 따르고 섬기는 일이 없도록 하여라.


여호수아 1장 6-7절 말씀입니다.


　강하고 담대하여라. 내가 조상들에게 주겠다고 맹세한 그 땅을 네가 이 백성들에게 유산으로 나눠 줄 것이다. 오직 마음을 강하게 먹고 큰 용기를 내어라. 내 종 모세가 네게 준 율법을 다 지켜라. 그것에서 돌이켜 좌우로 치우치지 마라. 그러면 네가 어디를 가든지 잘될 것이다.


여호수아 23장 6절 말씀입니다.

그러므로 너희는 용기백배해 좌우로 치우침 없이 모세의 율법책
에 기록된 모든 것을 지키고 실행하라.

잠언 4장 25-27절 말씀입니다.

네 눈은 앞만 똑바로 보고 다른 곳으로 시선을 돌리지 말고 네
가 발 디딜 곳을 잘 살피고 네 모든 길을 곧게 하며 확실히 행하여
라. 좌우로 치우치지 말고 네 발을 악에서 멀리하여라.

때로는 그 길을 가다가 쓰러지고 넘어지고 흔들리지만 그래도 다
시금 묵묵히 그 길을 가야합니다.

### 흔들리며 피는 꽃

도종환

흔들리지 않고 피는 꽃이 어디 있으랴
이 세상 그 어떤 아름다운 꽃들도
다 흔들리면서 피었나니
흔들리면서 줄기를 곧게 세웠나니
흔들리지 않고 가는 사랑이 어디 있으랴
젖지 않고 피는 꽃이 어디 있으랴
이 세상 그 어떤 빛나는 꽃들도
다 젖으며 젖으며 피었나니
바람과 비에 젖으며 꽃잎 따뜻하게 피웠나니
젖지 않고 가는 삶이 어디 있으랴

우리가 천국에 들어갈 수 있는 것은 우리가 성공적인 믿음생활을
해냈기 때문이 아닙니다. 험난한 세상살이에 상하고 찢기고 흐느껴
우는 우리를 불쌍히 여기시어 우리를 감싸 안으시는 하나님의 그 크

신 사랑으로 우리의 허물에도 눈감아 주신 것입니다. 요한일서 1장 5-10절 말씀입니다.

우리가 그리스도에게서 듣고 여러분에게 전하는 소식은 이것입니다. 곧 하나님은 빛이시니 하나님 안에는 어둠이 전혀 없습니다. 만일 우리가 하나님과 사귐이 있다고 하면서 여전히 어둠 가운데 행한다면 우리는 거짓말하는 것이며 진리를 따라 사는 것이 아닙니다. 그러나 하나님께서 빛 가운데 계신 것처럼 우리가 빛 가운데 행하면 우리에게는 서로 사귐이 있고 하나님의 아들 예수의 피가 우리를 모든 죄에서 깨끗하게 해 주십니다. 만일 우리가 죄가 없다고 말한다면 우리는 자신을 속이는 것이며 진리가 우리 안에 없습니다. 만일 우리가 우리의 죄를 자백하면 하나님은 신실하고 의로우신 분이시므로 우리 죄를 용서하시고 모든 불의에서 우리를 깨끗하게 해 주실 것입니다. 만일 우리가 죄를 짓지 않았다고 말한다면 우리는 하나님을 거짓말쟁이로 만드는 것이며 하나님의 말씀이 우리 안에 있지 않습니다.

그러기에 천국에서는 하나님께 감사와 찬양을 올려드릴 수밖에 없습니다. 한 믿음으로 한 마음으로 한 길을 걸어간 바울 사도의 신앙고백입니다. 빌립보서 3장 12-21절 말씀입니다.

나는 이미 얻었거나 이미 온전해진 것이 아닙니다. 나는 그것을 붙잡으려고 좇아갑니다. 이는 나도 그리스도 예수께 붙잡혔기 때문입니다. 형제들이여, 나는 그것을 붙잡았다고 생각하지 않습니다. 그러나 이 한 가지만은 말할 수 있는데, 곧 뒤에 있는 것은 잊어버리고 앞에 있는 것을 붙잡으려고 그리스도 예수 안에서 하나님께서 위에서 부르신 그 부르심의 상을 위해 푯대를 향해서 좇아갑니다. 그러므로 온전한 사람들은 이렇게 생각하십시오. 여러분이 혹시 무슨 다른 것을 생각한다면 이것 또한 하나님께서 여러분에게 나타내시리라는 것입니다. 우리가 어디까지 이르렀든지 그대로 그 길을 좇아갑시다. 형제들이여, 모두 함께 나를 본받는 사람들이 되십시오. 그리고 여러분이 우리를 본받는 것처럼 그렇게 행하는 사람들을 눈여겨보십시오. 내가 여러분에게 여러 차례 말했던 것처럼 지금도 눈물을 흘리며 말하지만 많은 사람들이 그리스도의 십자가의 원수로 살아가고 있습니다. 그들의 마지막은 멸망입니다. 그들의 신은 배요, 그들의 영광은 자신의 수치에 있으며 그들은 땅의 것을 생각하는 사람들입니다. 그러나 우리의 시민권은 하늘에 있습니다. 우리는 거기로부터 구원자, 곧 주 예수 그리스도를 기다립니다. 그분은 만물을 그분에게 복종시킬 수 있는 능력으로 우리의 천한 몸을 그분의 영광스러운 몸과 같은 형상으로 변화시켜 주실 것입니다.

# 사랑의 시작점과
# 작심삼일의 지혜

　　새해가 되면 누구나 미래에 대한 꿈을 설계합니다. 직장인들은 승진을 위하여, 사업가들은 더 많은 유익을 위하여, 주부들은 가계의 안정을 위하여, 학생들은 성적 향상과 진학을 위하여 나름대로의 꿈을 꾸고, 그 꿈의 실현을 위해 구체적인 계획을 세웁니다. 언젠가 어느 신문사에서 새해계획에 대해 설문조사를 했습니다. 결과는 다음과 같이 나왔습니다.

　　첫째는 '자기 계발'(29.7%), 둘째는 '규칙적인 운동'(24.1%), 셋째는 '다이어트'(21.8%), 넷째는 '금연이나 금주'(11.0%), 다섯째는 '돈 절약하기'(9.8%)입니다. 그렇다면 새해에 우리 신앙인들은 어떤 결심을 할까요? 온전한 주일성수, 신구약성서 일독하기, 새벽기도 실천, 성질 죽이기, 베풀기, QT, TV 시청시간 줄이기, 아직 술과 담배를 끊지 못한 분들은 금주 금연하기, 책읽기 등 신앙의 성장과 인격의 성숙을 위한 결심들을 할 것입니다.

　　저와 같은 목사들도 마찬가지로 많은 결심을 합니다. 설교 준비 미리미리 철저히 하기, 기도 시간 늘리기, 교인들을 잘 섬기기, 겸손하기, 독서 시간 늘리기, 스트레스 안 받기 등으로 좀 더 하나님 앞에서 주어진 사명에 충실하고 개인의 성숙을 도모하는 계획들을 합니다. 그러나 인정할 수밖에 없는 사실은 일반인들이나 신앙인들이나 목사들 모두가 이런 결심들이 오래지 않아 언제 그랬냐 싶게 흐지부지되곤 한다는 사실입니다. 그야말로 '작심삼일(作心三日)'입니다.

신문사에서 조사한 내용엔 '신년계획을 실행함에 있어서 가장 큰 걸림돌'에 대한 것도 있었습니다. 이 결과는 다음과 같았습니다.

첫째가 '의지 부족'(55.6%), 둘째는 '게으름'(18.8%), 셋째는 '시간 부족'(10.6%), 넷째는 '경제적 문제'(8.2%), 다섯째는 '주위 분위기'(4.0%) 등이었습니다. 결국 신년계획을 실행하지 못하는 이유는 다른 사람이나 환경 탓이 아니고 자기 자신에게 있다는 것입니다.

우리는 이제 2월을 맞이했습니다. 어느새 새해 들어 펼쳐든 달력에서 1월이 넘어가 버렸습니다. 저는 "바보들은 항상 결심만 한다"는 말처럼 또 새해맞이 결심만 하고는 지속적으로 실천하지 못하고 말았습니다. 아니 결심한 것조차 잊고 살았습니다. 이런 제 모습이 참 바보 같다 싶습니다. 어느 유행가 가사처럼 도대체 왜 이러는지 모르겠습니다. "내가 왜 이러는지 몰라 도대체 왜 이러는지 몰라 꼬집어 말할 순 없어도 서러운 마음 나도 몰라~", '어차피 지키지도 못할 것이니 결심이나 말지~' 하는 생각도 듭니다.

저는 이런저런 자책으로 달력에서 1월을 보내고 2월을 맞이하기가 쉽지만은 않았습니다. 억지스럽게 1월을 남겨두고 싶은 마음으로 애써 넘기지 못하고 말았습니다. 그러다가 떠오른 생각에 혼자서 웃음 지었습니다. 저는 나이 들어가면서 저 자신을 많이 용서하고 용납하고 배려하기로 작정한 것이 생각났습니다. 저 스스로에게 말해주었습니다.

"괜찮아, 그럴 수도 있지. 그래도 안한 것보단 해보려고 한 게 어디야! 다음에 잘하면 되잖아."

그렇습니다. 저는 올해 다른 사람을 용서하고 용납하고 배려하기로 결심하기도 하였습니다만 그보다 앞서 저 자신을 사랑하기로 한 것입니다. 저는 하나님이 부족한 저를 사랑하시고, 불쌍히 여기시고, 용서하시고, 용납하셨듯이 다른 사람에게 그렇게 하리라 결심하였습니다. 이 사랑의 마음과 실천을 저로부터 시작하렵니다. 문득 저는 아닌 것 같은데 저를 잘 아는 분이 제게 해주신 조언을 떠올려봅니다. 그 분의 이야기는, 제가 어느 때 보면 저 자신에게 지나치게 완벽한 기준점을 정해서 자신을 괴롭힌다는 것이었습니다. 저는 다시 한 번 되뇌어 보았습니다.

"괜찮다, 다 괜찮다"

이 말은 제가 좋아하는 소설가 공지영 님이 인터뷰를 하면서 낸 책 제목이기도 합니다. 그녀는 명문대를 나와 유명 소설가로 살아가지만 세 번의 이혼과 성(姓)이 다른 아이들을 양육하면서 여성잡지의 가십 거리로 거론됨과 인터넷상의 악플4)들로 괴로워하다가 하나님의 따

---

4) 악성 댓글(惡性 댓글) 또는 악성 리플(惡性 reply, 간단히 악플)은 언어폭력이며 사이버 범죄의 일종으로 인터넷상에서 상대방이 올린 글에 대한 비방이나 험담을 하는 악의적인 댓글을 말합니다. 악성 댓글을 다는 사람을 악플러(←악플+er)라고도 합니다. 악성 댓글은 상대방에게 모욕감이나 치욕감을 줄 우려가 있습니다. 악성 댓글은 법적으로 제한되기도 하는데, 우리나라에서는 보통 정보통신망 이용촉진 및 정보보호 등에 관한 법률 또는 형법에 의해 규제되었습니다. 근거 없는 비방, 인신공격성 악성 댓글은 상대방에게는 정신적인 피해를 입힐 뿐만 아니라 개인의 생명을 뺏어갈 수 있는 치명적인 결과를 초래합니다. 댓글을 통한 허위사실유포를 통해, 개인이 아닌 기업이나 회사의 이미지에 큰 타격을 주기도 하고, 나아가 국제적으로 국가의 위상과 이미지를 떨어트리기도 하며 인권을 침해하기도 합니다. 이에 따라 악성 댓글을 처벌하기 위한 움직임이 여러 곳에서 조금씩 일어났습니다. 언론에서도 악성 댓글에 대한 문제점을 부각하기도 하였습니다. 2008년 7월, 인터넷 실명제를 도입하자는 논의가 있었으며, 10월에는 사이버모욕죄를 신설하여 기존의 일반 명예훼손(2년 이하의 징역이나 금고 또는 500만 원 이하의 벌금에 처할 수 있으나 피해자의 의사에 반하여 공소를 제기하지 못하는 반의사불벌죄입니다)이나 모욕죄

스한 사랑의 음성을 듣는 체험으로 힘을 얻었다고 합니다. 세상 사람들이 아무리 뭐라고 해도 나는 너를 사랑한다. 괜찮다, 다 괜찮다는 것이었습니다.

저는 새해맞이로 결심한 여러 가지를 실천하지 못하고 잊고 살았지만 저를 사랑하시는 하나님의 사랑에 감사하면서 저 자신을 향한 사랑만큼은 되새기고 되새겨보렵니다. 이런 생각으로 웃음 짓고 보니 작심삼일도 자책감이 아닌 자긍심으로 생각을 바꿔보게 되었습니다. 이제 초등학교 2학년이 되는 사랑하는 딸 한사랑이 보는 우리나라 동화에 재미있는 이야기가 있습니다. 제복이 '십년고개'입니다.

> 옛날 어떤 산골에 숯장수 노인이 있었습니다. 그 숯장수 노인은 언제나 산에서 나무를 해서 그것으로 숯을 구워 산 너머 있는 장에 내다 팔고는 보리쌀 몇 홉을 받아다가 생활하고 있었습니다. 어느 날 언제나처럼 그날도 숯을 팔러 장에 갔는데 그날따라 장에는 사람도 많고 신기한 물건이 얼마나 많이 나왔는지 숯장수는 하루 종일 장 구경을 하다가 그만 어둑어둑해져서야 집으로 돌아오게 되었습니다. 너무 저물면 길을 잃어버릴지도 모르기 때문에 숯장수는 열심히 걸었습니다. 장에서 집까지 가려면 고개를 하나 넘어야 하는데 예부터 그 고개를 넘다가 넘어지면 3년밖에 살지 못한다는

___

(1년 이하의 징역이나 금고 또는 200만 원 이하의 벌금에 처할 수 있습니다. 그러나 피해자의 고소가 있어야 공소를 제기할 수 있는 친고죄입니다)보다 처벌을 매우 강화한 법률안이 국회에서 발의되었습니다. 발의된 '사이버 명예훼손'은 일반 명예훼손죄보다 행위수단의 특수성으로 인하여 불법이 가중된 유형으로서 최고 9년 이하의 징역 또는 5천만 원 이하의 벌금형에 반의사불벌죄 또는 친고죄에 해당하지 않으며, '모욕죄'도 마찬가지로 형법상의 모욕죄보다 행위수단의 특성으로 인하여 불법이 가중되어 최고 3년 이하의 징역 또는 1천만 원 이하의 벌금형에 처해질 수 있고 마찬가지로 반의사 불벌죄 또는 친고죄에 해당하지 않아 피해자의 의사와 관계없이 수사기관의 공소제기가 가능하므로 처벌의 정도와 그 가능성을 매우 높이려 하였습니다(배우 최진실의 죽음 이후에는 악성 댓글 피해자인 최진실의 이름을 따서 사이버모욕죄와 인터넷 실명제를 포함한 위 법률안들을 이른바 '최진실법'이라고 명하기도 하였습니다). 이에 대하여 명예훼손 행위와 모욕행위가 인터넷과 같은 온라인상에서 이루어질 때 그 매체의 특성으로 인한 위험성(즉, 높은 전파가능성으로 인한 피해의 확대)을 고려하여 위와 같은 사이버 명예훼손죄나 모욕죄 신설에 찬성하는 입장이 있고, 반면 사이버 명예훼손죄와 모욕죄의 형이 지나치게 가혹하여 표현의 자유를 침해할 위험이 있으며 사이버상의 명예훼손이나 모욕행위도 형법상의 규정으로 충분히 처벌이 가능하다는 이유로 신설에 반대하는 입장이 있습니다.

이야기가 전해오고 있었습니다.

　그러나 숯장수는 하도 급히 걷는 바람에 그 이야기를 잊어버리고 고개를 넘다가 그만 돌부리에 채여 넘어지고 말았습니다. 넘어지고 나서 가만히 생각해 보니 그 고개가 바로 삼년고개였습니다. 그야말로 멍하니 정신을 놓을 지경이었습니다(茫然自失). '아차! 이것 큰일 났구나!' 이렇게 생각한 숯장수는 그만 울상이 되어 집으로 돌아왔습니다. 집에 와서 일은 하지 않고 종일 이불을 덮어쓰고 그냥 누워 있기만 하였습니다. 밥도 먹지 않고 끙끙 앓기만 하니 식구들은 걱정이 되어서 그 이유를 물었습니다. 이에 숯장수는 자기가 삼년고개에서 넘어졌는데 이제 삼 년밖에 살지 못하니 서글퍼서 그런다고 이야기했습니다. 그 말을 들은 식구들은 모두 다 울상이 되었습니다. 그런데 잠자코 얘기를 듣고 있던 노인의 손자가 말했습니다.

　"할아버지, 제가 할아버지를 오래 살게 해드릴 테니까 제가 시키는 대로 하시겠어요?"

　숯장수는 그렇게 한다고 응했습니다. 그러자 손자는 할아버지를 모시고 삼년고개로 갔습니다. 손자는 노인에게 넘어진 그 자리에서 자꾸 구르라고 했습니다. 그랬더니 노인이 대뜸 화를 내면서, 한 번 넘어지면 삼 년밖에 살지 못하는데 또 넘어지면 금방 죽어버리지 않느냐고 하면서 손자에게 불효막심한 놈이라고 호통을 쳤습니다. 그러나 손자는 침착하게 말했습니다. "할아버지, 잘 생각해보세요. 그러니까 한 번 넘어지면 3년 살고, 두번 넘어지면 6년, 세번이면 9년……이렇게 계산한다면, 자꾸 넘어지면 그만큼 오래 산다는 이야기잖아요."

　이 말에 노인은 환하게 웃으면서 손자가 시킨 대로 자꾸자꾸 굴렀습니다. 그래서 숯장수 노인은 손자 덕분에 오래오래 살았답니다.


　제가 어설프긴 하나 박사이고 목사이고 나이 마흔넷의 인생경험을 지녔지만 때로는 집에서 초등학생인 딸과 어린 아들들이, 제가 섬기는 교회 아동부 아이들이, 제가 함께하는 작은 농촌 중학교 아이들이 저보다 더 지혜로울 수 있음을 되새겨봅니다. 올해는 이들에게 말을 많이 하기보다는 귀 기울여 경청하는 지혜자가 되기로 굳게 결심해봅니다.

생각을 바꾸니 죽을 일도 슬픈 일도, 오래 살고 기쁜 일이 됩니다. 늘 부족하고 연약하나 함께하시는 하나님의 사랑에 힘입어 저 자신을 사랑하면서 바보처럼 결심만 하고 지속적으로 실천치 못한 것을 후회하고 자책하지 않으렵니다. 작심삼일이라는 말이 결심한 게 삼 일을 못 간다는 말인데 이걸 바꿔 생각하면 결심한 게 그래도 삼 일은 간다는 것이니 삼 일마다 결심하면 되는 것입니다. 이것도 하나님이 주신 지혜일 것입니다.

제가 좋아하는 말씀으로 하나님이 힘께히심을 되새기는 힘이 되는 말씀입니다. 신약성서 첫 책인 마태복음의 첫 장인 1장에서 23절이니 마123으로 외운 구절입니다.

> 처녀가 잉태해 아들을 낳을 것이요, 그를 '임마누엘'이라 부를 것이다.

'임마누엘'이란 "하나님께서 우리와 함께하신다"는 뜻입니다. 그리고 마태복음 마지막 장 마지막 구절입니다. 마태복음 28장 20절입니다.

> 내가 너희에게 명령한 모든 것을 그들에게 가르쳐 지키게 하라. 보라. 내가 세상 끝날까지 너희와 항상 함께 있을 것이다.

# 한사랑으로
# 이루어가는 꿈

저희 가족이 되도록이면 참석하는 중요한 모임이 하나 있습니다. 이 모임은 '홀트아동복지회'5)를 통해 입양한 입양부모들과 자녀들의 사귐을 통해 정보도 교환하고 아이들 교육의 조언도 구하기 위해 만들어진 친교모임입니다. 저희는 올해 5살인 한겨레와 3살인 한가람을 입양하였기에 이 모임의 정식회원 가족입니다. 이 모임의 이름은 놀랍게도 '한사랑회'6)입니다. 제가 놀랍다고 한 이유는 이 모임의 이름

---

5) 고아 · 혼혈아 등 아동문제의 예방으로부터 입양 · 탁아사업 등 사후처리까지 각종 아동복지를 전담하는 사회복지법인입니다. 세계 각국의 기관 · 독지가 · 양부모 등의 후원을 받아 운영되고 있습니다. 1955년 6월 미국 농부 출신인 해리 홀트가 6 · 25전쟁 중에 고아가 된 혼혈아 8명을 입양하고, 1956년 대한구세군 본영 안에 사무실을 개설함으로써 발족되었습니다. 1960년 12월 재단법인 홀트 해외양자회로 재설립되어 국내 혼혈아 등을 초기에는 주로 미국에 입양시켰으나 점차 유럽 · 아시아 등지까지 입양시키는 사업에 중점을 두었습니다. 1971년에 재단법인에서 복지법인으로 변경되었고, 1972년 지금의 명칭으로 바뀌면서 해외입양 외에 국내입양(1975년 국내 입양기관인 '한국기독교양자회' 합병), 아동 및 미혼부모예방 및 사후상담, 위탁양육보호 등의 사업을 시행했습니다. 교육사업으로 지체장애 및 정신박약아동을 위한 일산원(一山院)과 완다 학교를 전신으로 하는 특수교육기관인 홀트 학교, 마포어린이집, 중동어린이집, 일산복지타운 등을 운영하고 있습니다. 향후 아동복지사업 확대의 일환으로 아동종합병원을 건립한다는 목표에 따라 부속의원과 직업훈련장인 홀트 농장의 운영, 해외여행사업 등에 관여하여 아동복지사업의 재원확보를 위해 노력하고 있습니다. 본부는 서울특별시 마포구 합정동 382번지 14호에 있고, 우리는 전북지회와 연관을 맺었습니다.

6) 네이버에서 '한사랑회'를 검색하면 나옵니다.

이 예쁘고 의미가 깊어서도 있지만 그것만이 아닙니다. 제게 이 이름이 놀라운 이유는 하나님의 특별한 사랑으로 임신 7개월에 920g의 초극저체중 조산아[7]로 태어난 저희 집 딸 이름이 한사랑이기 때문입니다. 사랑이도 동생들을 입양해서 알게 된 모임의 이름이 자기 이름과 같아서 신기해하고 좋아합니다. 그래서 이 모임을 사랑이도 참 좋아합니다. 이렇게 이름이 같은 것이 우연의 일치일까요? 저는 우연이 아니라 하나님의 섭리에 따른 사랑 깊은 필연이라고 확신합니다.

저희 부부는 우여곡절 끝에 남보다 좀 늦은 나이에 결혼했습니다. 저희는 감사하게도 신혼 시절에 아기를 갖게 되어 기뻤습니다. 그때의 기쁨은 하늘을 날 것만 같은 감격 그 자체였습니다. 저는 아내와 함께 아기의 초음파사진을 들여다보고 또 보면서 즐거워했습니다. 그러다가 뜻하지 않은 유산으로 아픔을 맛보았습니다. 그때의 슬픔과 아쉬움은 이루 말할 수 없었습니다. 유산의 결과에 망연자실하기도 하고 이런저런 실수나 부주의로 인한 건 아닌가 싶은 마음에 자책감도 컸습니다. 그러면서도 신혼 초이니 다시금 하나님이 귀한 생명을 허락해주실 것을 믿었습니다. 그런데 한 달이 지나고 두 달이 지나고 아니 한 해 두 해가 지나도 아기는 허락되지 않았습니다. 나이는 자꾸만 들어가는데 아기가 허락되지 않으니 걱정도 되고 불안해지기도 하였습니다. '이러다가 이거 영영 허락되지 않는 건가?' 하는 생각으로 마음 한편에 불안감이 도사리고 있으니 그 어떤 일에도 행복하지 않았습니다. 이렇게 기다리며 기도하다가 어느 순간 무거운 마음을

---

7) 흔히 임신 10개월을 채우지 못하고 세사에 일찍 나온 아기들을 '미숙아'(未熟兒)라고 합니다. 이 말은 미숙한 아이를 지칭하는 듯한 느낌이 듭니다. 이런 이유로 다른 아이들보다 일찍 태어난 것을 뜻하는 의미로 조산아(早産兒)라는 말을 쓰는 게 옳다고 생각합니다.

내려놓았습니다.

'그래, 하나님이 허락하시면 감사한 일이고 아니면 할 수 없는 거지 뭐. 어쩌면 오래전에 다짐했던 입양하라는 하나님의 뜻인지도 몰라. 조금만 더 기다려보고 허락지 않으시면 입양으로 기도해봐야겠어.'

이렇게 마음이 편해지니 기분도 좋았습니다. 그러던 어느 날 교회 추천으로 아내가 "사랑의 동산"이라는 영성훈련 프로그램에 다녀오게 되었습니다. 아내는 그곳에서 하나님의 크신 사랑을 깨닫고 돌아왔습니다. 아내가 하나님과 깊이 만나고 난 후 얼마 지나지 않아 그토록 기다리던 임신 소식이 전해졌습니다. 그때는 저희 부부가 조금만 더 기다려보고 허락지 않으시면 입양을 하려고 한 시점이었습니다. 이렇게 아기 갖기에 대한 부담감이 없고 하나님을 만나는 기쁨이 가득해서인지는 몰라도 아기가 허락되었습니다.

저는 아내의 임신 소식에 아기의 태명을 미리 생각해온 이름인 '사랑'이라고 정했습니다. 이 이름은 태명만이 아니라 태어나면 본명으로도 할 작정이었습니다. 그 이유는 우리 기독교에서 가장 강조하는 덕목이 사랑이고 아내가 사랑의 동산에 다녀오고 난 후 허락된 아기이기에 꼭 맞는 이름 같았습니다. 그러나 사랑이라는 이름이 여자 이름 같으니 아들이 태어나면 태명은 사랑으로 하고 출산 후에는 순 우리말로 '겨레'라고 할 생각이었습니다. 저희 부부에게 간절히 기다리던 소중한 아기는 이날부터 사랑이었습니다. 드디어 저희 집엔 사랑이 있게 되었습니다. 저희 집에는 아내의 배가 불러가는 것과 동시에 사랑이 커지는 것이었습니다. 이렇게 사랑이가 무럭무럭 자라는 게 참으로 기뻤습니다.

그러던 어느 날 아내의 급작스런 임신중독으로 임신 7개월 만에 제왕절개로 사랑이를 꺼내야만 했습니다. 그날부터 사랑이는 대학병원 신생아중환자실에서 98일간 생사를 오고가는 고생을 감내해야만 했고 저희 부부는 사랑이에 대한 걱정으로 잠을 이루지 못하면서 지내야만 했습니다. 사랑이는 920g에 태어나서 한 달 즈음 지나니까 700g대로 더 야위었던 적이 있습니다. 그땐 정말 너무도 불쌍해서 바라보기도 어려울 지경이었습니다. 이런 사랑이가 지금껏 잘 자라주는 것을 보면서 그저 하나님께 감사드리고 잘 자라주는 사랑이가 고마워서 눈물이 날 지경입니다.

저는 사랑이가 가냘픈 몸에도 살아나려고 안간힘을 쓰는 모습을 보면서 감동을 받곤 하였습니다. 이처럼 생명은 참으로 소중한 것으로 그 무엇과도 바꿀 수 없는 하나님의 선물입니다. 저희 부부는 사랑이로 인해 생명의 소중함을 깨닫게 되었고 이 일로 두 아들을 입양하게 되었습니다.

그런데 놀라운 것은 그저 별 생각 없이 많은 입양기관 중에서 홀트아동복지회를 통해 두 아들을 입양하게 되었는데, 나중에 알고 보니 이 기관에서 입양한 가족 모임의 이름이 한사랑회였던 것입니다. 사랑이(A)와 겨레(B)와 가람이(AB)는 모두 혈액형이 다릅니다. 이는 낳아주신 부모가 다른 이유와 같습니다. 그런데 저희 집 세 아이는 한 사랑 안에서 한 남매이고 한 부모의 사랑 안에서 사는 한 가족입니다. 이처럼 한 가족이 되는 것은 핏줄이 같아야만 하는 것이 아닙니다. 한 사랑만 있다면 그 사랑 안에서 핏줄의 다름은 시작점이 다름일 뿐 아무런 문제가 되지 않습니다. 중요한 것은 지금 저희 집 아이들은 서로 사랑하는 남매라는 사실입니다.

저희 부부는 처음 겨레를 입양할 때나 가람이를 입양했을 때, 어리지만 사랑이와 상의하고 결정했습니다. 그리고 입양기관에도 같이 가서 동생을 맞이하도록 했습니다. 그때 사랑이에게 이런 말을 한 기억이 납니다.

"아빠 혼자 벌어서 사는데 동생이 생기면 그만큼 너에게 들어갈 돈이 줄어들지 몰라. 그리고 널 사랑해줄 시간도 줄어들지도 몰라. 그러나 아빠와 엄마는 널 낳기 전부터 입양을 생각해왔고 네가 이렇게 건강하게 잘 자라주는 것도 하나님의 사랑인데 그 사랑에 감사해서 꼭 입양하고 싶어. 이 사랑에 너도 아빠랑 엄마랑 함께했으면 좋겠어."

사랑이는 동생이 생긴다는 말에 좋아했습니다. 그렇게 해서 저희는 온 가족이 한마음으로 겨레와 가람이를 맞이하였습니다. 이렇게 해서 저희 가족은 한사랑회의 정식 회원이 되었고 이 모임에 참석하고 있습니다.

지난해의 마지막 모임은 송년모임으로 홀트아동복지회 전주지회에서 갖게 되었습니다. 이곳은 제 아들들을 입양한 곳으로 아들들에게는 고향인 셈입니다. 오랜만에 홀트아동복지회에 가보니 감회가 새로웠습니다. 겨레와 가람이를 입양하러 왔을 때 생각도 나고 겨레와 가람이를 안아주고 돌봐주셨던 직원분들도 만날 수 있었습니다. 이렇게 흐뭇하게 아들들의 고향을 둘러보다 문득 바라보니 의외로 이전과는 다르게 아기들이 많은 것을 보고 놀랐습니다. 저는 직원분께 전에 비해 왜 이렇게 아기들이 많은지 여쭤어 보면서 이야기를 나누었습니다.

"목사님, 너무나 가슴이 아파요. 이렇게 착하고 예쁜 아기들이 입양이 안 돼요."

"왜요? 쑥스러운 말씀이지만 총무님이나 저희 집처럼 둘씩 입양하는 사람들도 있고 해외입양을 막으려고 몇 가지 입양에 대한 혜택도 있잖아요. 입양의 날도 있어서 입양에 대한 의식도 많이 좋아지지 않았나요?"

"목사님, 아니에요. 사실요, 경제가 어려워지니까 아기들을 못 키우겠다고 맡기는 사람들이 많아지고, 아기를 입양하려는 사람들은 줄어들었어요. 그런데 내년에 파양(罷養)8)을 줄인다는 이유로 입양조건이 강화되는 법이 만들어질 거예요. 그러면 입양이 더 어려워질 가능성이 커요."

이 이야기로 인해 마음이 참으로 아팠습니다. 그저 막연하게 입양에 대한 의식이 좋아지고 입양에 대한 혜택도 있으니 입양이 이전에 비해서 활성화된 것으로 잘못 알고 있었습니다. 이런 이야기를 듣고 보니 많은 아기들의 고운 얼굴들이 너무도 불쌍하게 보였습니다. 순간 저는 이런 생각이 들었습니다.

'아, 내가 좀 더 젊고, 내가 좀 더 경제적으로 여유 있다면 한 명은 더 입양할 수 있을 텐데……'

---

8) 양친자(養親子)관계를 소멸시키는 행위를 말합니다. 파양이 되면 양자는 양친의 혼인 중의 출생자로서의 신분을 상실하고 이에 따라 모든 법정(法定) 혈족관계가 소멸하며(민법 제776조), 양자는 생가에 복적(復籍)합니다(제786조). 파양에는 당사자 간의 합의에 의하여 이루어지는 협의상의 파양과 당사자 일방이 제기한 재판에 의해 이루어지는 재판상의 파양이 있습니다. 협의상 파양은 양친자의 협의로서 파양할 수 있는데(제898조), 양자가 15세 미만일 경우 입양을 승낙한 자가 이에 갈음하여 파양의 협의를 하며, 입양을 허락한 자가 사망 또는 기타 사유로 협의를 할 수 없을 때에는 생가의 다른 직계존속이 이를 합니다(제899조). 양자가 미성년자일 경우에는 동의권자의 동의를 얻어 파양의 협의를 할 수 있으며(제900조) 양친 또는 양자가 금치산자일 경우는 후견인의 동의를 얻어 협의 파양할 수 있습니다(제902조). 재판상 파양은 ① 가족의 명예를 오독(汚瀆)하거나 재산을 경도(傾倒)한 중대한 과실이 있을 때, ② 다른 일방 또는 그 직계존속으로부터 심히 부당한 대우를 받았을 때, ③ 자기의 직계존속이 다른 일방으로부터 심히 부당한 대우를 받았을 때, ④ 양자의 생사가 3년 이상 분명하지 아니한 때, ⑤ 기타 양친자 관계를 계속하기 어려운 중대한 사유가 있을 때, 양친자의 일방이 법원에 파양을 청구할 수 있습니다(제905조). 이 중 ①, ③, ⑤의 사유는 다른 일방이 이를 안 날로부터 6개월, 그 사유가 있는 날로부터 3년을 경과하면 파양을 청구하지 못합니다(제907조). 파양된 경우 당사자의 일방은 과실이 있는 상대방에게 손해배상을 청구할 수 있습니다(제908조).

이 생각이 드는 순간, 부끄러운 생각이 들었습니다. 결국 이 생각은 한 명 더 입양하지 않으려는 핑계일 뿐이라는 생각도 들었습니다. 이런 생각에 잠겨 있는데 귀여운 아기가 아장아장 걸어왔습니다. 저도 모르게 앉은 자세로 아기를 맞이하고는 웃어주고 안아주었습니다. 그리고는 직원분에게 아기에 대해 물었더니 조산아로 태어나서 이곳에 온 경우로 좀 더 상태를 지켜봐야 한다는 것이었습니다. 이 말씀을 듣고 보니 아기가 생각보다 가벼운 느낌이었습니다. 조산아로 작게 태어났던 사랑이 생각이 나서 안쓰러움에 눈물이 날 것만 같았습니다.

이때 세 살쯤 되어 보이는 또다른 아기가 제게로 걸어왔습니다. 이미 한 아기를 안고 있던 터라 안아주지는 못하고 그저 웃어주고 애를 써서 한 손으로 쓰다듬어 주었습니다. 눈망울이 참으로 예쁘고 두 볼이 뽀얀 게 아주 귀엽고 복스러워 보였습니다. 저는 이번에도 직원분께 아기에 대해 물었습니다. 아기는 제 아들 가람이와 비슷한 시기에 태어나서 비슷한 시기에 이곳에 온 아기였습니다. 아기는 먹는 것도 잘 먹고 잘 웃고 잘 노는 아기로 이곳에서 그야말로 모범생으로 사랑받는 아기였습니다. 가람이와 비슷한 시기인데도 가람이보다 더 커보이고 건강해 보였습니다. 저는 문득 이런 생각이 들었습니다.

'만약 가람이가 내 아들이 안 되었으면 이 아기가 가람이가 될 수도 있었겠구나'

가람이는 여간 까다로운 게 아닙니다. 반찬 투정도 심하고 목욕시키기도 어렵습니다. 심지어 새벽 1~2시경에 깨서 울어대곤 하여 잠을 못 이룰 지경입니다. 그런데 이 아기는 아주 모범적입니다. 저희 부부가 입양할 때 조건을 보았다면 아마 가람이가 아닌 이 아기가 입양되었을 것입니다. 그런데 하나님은 모범적인 이 아기가 아닌 가람이가 저희 아들이 되게 하셨습니다. 이것이 하나님의 뜻입니다. 사실 요즘은 까다로운 가람이로 인해 더 많은 것을 배우고 느끼곤 합니다. 키우기 어려움이 있기에 더 사랑하고 정성을 쏟게 되면서 좋은 부모가 되어가는 것 같아 감사하곤 합니다. 그러고 보니 저희 집엔 가람이가 최선입니다.

문득 비슷한 시기에 태어나서 같은 입양기관에 맡겨졌는데 가람이는 입양이 되고 이 아기는 입양이 안 된 것을 보니 마음이 아팠습니다. '이렇게 예쁘고 귀여운 아기를 누군가 입양해서 키운다면 참으로 행복할 텐데……' 하는 생각이 들었습니다. 그런데 문득 제 내면에서 소리가 들리는 것만 같았습니다.

'그럼! 네가 하면 되잖아.'

저는 애써 이 소리를 외면했습니다.

'지금 내 형편에 한 명 더는 무리야! 지금 아이들 잘 키우는 것도 버거운데……….'

이렇게 이런저런 생각에 젖어든 저를 아기는 그저 자기를 보고 웃어주고 쓰다듬어 준다고 좋아서 신이 났는지 환하게 웃곤 하였습니다. 이 웃음에 같이 웃어주고 기뻐해야 하는데 왠지 모를 미안함과 안타까움으로 환하게 웃어주지는 못했습니다.

이번에도 차가 없는 저희 가족을 위해 한사랑회 총무님 가족과 저희 가족이 함께 하였습니다. 총무님은 수도사업국에 근무하시는 분으로 아침 일찍 출근해서 밤늦게 퇴근하시는 고된 삶이십니다. 이런 삶 속에서도 두 딸을 반듯하게 길러내시면서 두 아들을 입양해서 키우고 계십니다. 그리고 누구보다도 우리 모임 섬기기를 즐겨하시는 분이십니다. 이 분이 이렇게 하실 수 있음은 함께하시는 부인이 계시기 때문입니다. 돌아오는 차 안에서 총무님 부인의 이야기가 지금도 제 가슴을 울리고 있습니다.

제가 얼마 전부터 세차장에 나가서 일을 합니다. 이렇게 돈을 벌어야 하는 이유는 우리 가족에게는 소중한 꿈이 있기 때문입니다. 돈을 조금 더 벌면 대출 받아서 지금 집보다 좀 더 큰 집으로 이사 가고 싶습니다. 아이들이 뛰어놀고 하니까 연립이라 밑에 집에 피해를 주곤 해서 참 미안해요. 그래서 단독주택으로 아이들이 좀 마음껏 뛰어 놀 수 있는 마당이 있는 집으로 이사 가고 싶습니다. 이렇게 하면 한 명 더 맞이할 수 있어요.

이 부부의 꿈은 지금보다 더 많은 소유를 바라는 욕망이 아니었습니다. 열심히 일하는 이유는 결국 입양한 아이들과 입양할 아이를 위한 것이었습니다. 이 부부는 저와 같은 목사도 선생도 아니고 교회에 다니지도 않습니다. 그런데도 그 마음은 너무도 예수님을 닮아 있었습니다. 이 부부의 낡고 헤어진 옷차림과 유행 지난 옷을 입고 있는 딸들의 모습이 저 자신을 부끄럽게 하였습니다. 온 가족이 한마음 한 뜻으로 꿈을 꾸면서 준비하는 소망이 너무도 거룩하였습니다. 이 가족은 목사로 선생으로 살아가는, 그저 여건만 허락한다면 한 명 더 입양할 수 있지만 마음만이고 불가능한 현실이라고 애써 외면하는 제게 불가능이 아니고 가능한 꿈이라고 말하는 것만 같았습니다.

제 나이나 직업이나 여러 가지 여건으로 볼 때 저희 가족은 이 가족보다 부족하지 않을지 모릅니다. 그런데도 저희 가족이 총무님 가족과 같은 꿈이 없는 것은 여건이 부족해서가 아니라 사랑의 마음이 부족해서입니다. 요즘 저는 총무님 아내의 꿈 이야기가 제 귓가에 맴

돌고 초롱초롱한 눈망울의 아기들이 자꾸만 제 눈에 어른거리는 것
이 하나님의 세미한 음성은 아닐까 하는 생각에 마음이 무겁습니다.

오늘 저는 지난 2004년 대학병원 신생아중환자실에서 차마 바라보
기도 어려운 작고 연약한 몸으로 힘겹게 살아나려고 안간힘을 쓰면
서 아비를 바라보던 사랑이의 눈망울이 어른거려 잠을 이루지 못하
였습니다.

감사하게도 이 글이 제게 하나의 기도제목이 되고 도전이 되었는
지 저희 부부는 이 글 이후 세 번째로 아들을 입양하였습니다. 이번
에는 아버지의 반대가 지난 번 가람이 때보다도 극심하셨습니다. 한
동안 연락조차 못하였고, 그로 인해 아버지나 저나 참으로 어려운 시
간을 보내야만 하였습니다. 그러나 자식 이기는 부모 없다고 결국 이
번에도 아버지는 못난 아들의 갸륵한 뜻을 찬성해주셨습니다. 그렇게
해서 저는 소중한 넷째를 맞이하는 기쁨을 누리게 되었습니다. 어쩌
다 보니 저희 집 아이들의 혈액형이 A, B, AB로 다릅니다. 이처럼 다
양성 속의 일치를 이루는 남매들이니 이왕 이렇게 된 거 이번에 맞이
할 아들이 O형이면 딱이다 싶었습니다. 이런 생각에 처음과 두 번째
입양할 때는 전혀 고려하지 않았던 혈액형을 고려해주십사 요청했습
니다. 그런데 이번엔 그 많은 혈액형 중에서 저와 제 아내와 사랑이
가 모두 A형인데 같은 A형이라는 것이었습니다. 혈액형이 같다니 기
분이 좋아야 하는데 O형이 아니기에 기분이 참 묘했습니다.

저는 아들 이름을 두고 고민에 고민을 거듭한 끝에 '벼리'라고 하
였습니다. 벼리라는 이름에 낯설어 하시는 분들이 계시기에 이 자리
를 빌려 그 뜻을 말씀드리고자 합니다. 벼리라는 말은 순우리말로 어
떤 일이나 글에서 뼈대가 되는 줄거리나 요약을 말합니다. 혹은 그물

의 위쪽에서 코를 꿰어 잡아당기게 하는 줄을 말합니다. 그러니 핵심, 중심, 요약, 일이나 글의 실타래를 의미하는 것으로 의미를 되새길수록 깊게 다가오는 순우리말입니다. 경희대학교 인문학연구원 학술지인 『인문학연구』에서는 국문초록(國文抄錄)을 순우리말로 '벼리'라고 하여 인상 깊었던 기억이 납니다. 벼리를 맞이하면서 떠올려 본 성경 구절들입니다. 시편 37편 3-6절 말씀입니다.

> 여호와를 신뢰하고 선을 행하십시오. 그러면 이 땅에서 살게 되고 먹을 걱정이 없을 것입니다. 또한 여호와를 기뻐하십시오. 그러면 그분이 당신 마음의 소원을 이루어 주실 것입니다. 당신의 길을 여호와께 맡기십시오. 또 그분을 신뢰하십시오. 그러면 그분이 이루어 주실 것입니다. 그분이 당신의 의를 빛나게 하시고 당신의 의를 한낮처럼 밝히실 것입니다.

마가복음 3장 33-35절 말씀입니다.

> 예수께서 그들에게 물으셨습니다. "누가 내 어머니고 내 형제들이냐?" 그러고는 곁에 둘러앉은 그들을 보며 말씀하셨습니다. "보라. 내 어머니와 내 형제들이다. 누구든지 하나님의 뜻을 행하는 사람이 바로 내 형제요, 자매요, 어머니다."

갈라디아서 3장 28절 말씀입니다.

> 유대 사람도 없고 그리스 사람도 없고 종도 없고 자유인도 없고 남자도 없고 여자도 없습니다. 여러분 모두는 그리스도 예수 안에서 하나기 때문입니다.

# 사순절교육,<br>무서운 하나님의<br>이미지는 아닌 것 같아요

얼마 전의 일입니다. 학교 일을 마치고 집에 들어오니 아내가 기다렸다는 듯이 재미있는 이야기를 하나 해주겠다고 하여 피곤함을 뒤로 하고 이야기에 귀 기울여 보았습니다. 도대체 무슨 이야기이기에 숨 돌릴 틈도 안 주나 싶은 기대감을 가져보았습니다. 아내의 이야기는 저희 집 둘째 아들 겨레에 대한 것이었습니다. 겨레는 올해 5살이지만 12월 18일생으로 만으로는 3살입니다. 요즘 부쩍 궁금한 게 많은지 질문이 참 많습니다. 어느 땐 무심코 지나치는 것들에 대해 "왜?"를 묻는 겨레의 질문을 접하면서 제 주변의 사물들과 사건들의 의미를 깊이 되새겨 보곤 합니다. 아내와 저는 가급적 겨레의 상상력을 북돋아주려고 무엇이든 물어보면 모른다고 하기 보다는 겨레의 입장에서 이해되도록 설명해주려고 애를 쓰곤 합니다.

그날도 겨레가 아내에게 이것저것 궁금한 것을 물었습니다. 그러다가 문득 엄마에게 물었습니다.

"엄마! 왜, 십자가가 빨개?"

"응, 그건 예수님이 십자가에서 피 흘리신 것을 알게 하려는 거야.

겨레 피 색깔 알지. 피 색깔이 빨간색이잖아.”

“그런데 왜 예수님이 십자가에서 피 흘리셨어?”

여기서 아내는 장난을 섞어서 겨레에게 대답을 해주었다고 합니다.

“응, 그건 겨레가 엄마 말 안 듣고 장난감 여기저기 어질고 누나랑 동생 괴롭히고 그러니까 예수님이 겨레의 잘못을 대신해서 벌 받으신 거야. 그러니까 앞으로 겨레 엄마 말 잘 듣고 어질지 말고 누나랑 동생이랑 사이좋게 지내야 돼. 알았지.”

아내의 말에 겨레가 고개를 끄덕이더니 웃으면서 아주 재미있는 말을 했다고 합니다.

“죄~송~합~니~다!”

이 말에 아내는 배꼽을 잡고 웃었다고 합니다. 왜냐하면 이 말은 인기 있는 프로그램으로 KBS 2TV에서 방송되는 <개그콘서트>의 한 코너인 “감~사~합~니~다!”를 흉내 낸 말이었기 때문이었습니다. 어찌나 말과 행동을 흉내 낸 것이 귀엽던지 꼬옥 안아주고 뽀뽀를 해주었다고 하였습니다.

아내는 저더러도 웃으라고 이야기해준 것인데 저는 웃지 않았습니다. 저도 겨레가 평소에 “감사합니다”를 따라하는 모습을 보았기에 “죄송합니다”라고 한 게 상상이 되었습니다. 그러나 ‘이건 아니다’ 싶은 생각에 웃지를 않았던 것입니다. 아내는 자기 딴에는 재미있는 이야기라고 해준 건데 제가 웃지 않으니 좀 무안했는지 “안 웃겨?”하고 물었습니다. 저는 제가 웃지 않은 이유를 말했습니다.

“나도 겨레가 재미있게 흉내 낸 걸 생각하니 웃음이 나와. 그런데 이건 좀 아니다 싶어. 어린 겨레에게 ‘너 때문에 예수님이 십자가에서 피 흘리시고 돌아가셨어’ 하는 걸 가르치는 건 지나치지 않나 싶어. 괜한 죄책감과 부정적인 예수님의 모습을 심어주는 것 같아."

아내는 제 말이 조금은 일리가 있다고 생각이 들었는지 자신이 장난한 게 좀 신중하지 못한 것 같다고 인정했습니다. 저는 목사요, 기독교학교에서 종교(기독교)를 가르치는 사람으로서 제 아이들과 교회와 학교 아이들에게 예수님을 어떻게 하면 잘 가르칠까 늘 고민하며 살고 있습니다. 그런데 오늘 일은 저 자신의 기독교 교육방법을 되새겨보는 사건이었습니다.

저는 하나님이 허락하시고 맡겨주신 거룩한 아이인 겨레에게 신앙교육을 잘하는 것인가 싶었습니다. 제 아들 겨레는 저희 부부와 저희 딸과는 혈액형이 다릅니다. 그 이유는 겨레는 공개 입양한 아들이기 때문입니다. 저희는 겨레의 생부모님의 종교를 모릅니다. 겨레는 나면서 생부모님 슬하에서 자라지 못하게 되었고 목사인 저의 집에 입양이 되었습니다. 그렇게 되니 자동적으로 겨레는 생부모님의 종교와 상관없이 4대를 이어하는 기독교 가정에서 그것도 목사의 아들로 자라게 되었습니다. 겨레는 입양된 지 일주일 만에 유아세례를 받았고 교회 어린이집을 다니면서 자연스럽게 기독교교육을 받으면서 자라고 있습니다. 저는 아주 자연스럽게 기독교신앙을 자신의 삶으로 받아들이고 자라난 겨레의 모습을 보면서 흐뭇해하곤 합니다. 이렇게 잘 따라주는 겨레에게 고맙고 이렇게 신앙교육을 시키는 게 맞다고 확신해왔습니다.

저는 학교에서 종교수업 시간에 사순절이 되면 지난 2004년 멜 깁슨이 제작한 영화 <패션 오브 크라이스트(The Passion Of The Christ)>의 몇 장면을 보여주곤 하였습니다. 제가 보여준 영화의 몇 장면입니다.

이 영화가 얼마나 사실적으로 만들어졌는지 더러 눈물을 흘리는 학생들이 있을 정도입니다. 개중에는 교회에 다니지 않는 학생들도 있었습니다. 저도 볼 때마다 가슴이 미어지도록 저 자신을 돌아보곤 하였습니다. 이런 이유로 사순절에는 당연하다는 듯이 이 영화를 보여주곤 하였습니다. 그런데 오늘은 '이게 옳은 것인가'하는 생각에 혼란스러웠습니다. 왜냐하면 제가 무심결에 아내에게 한 말이 제게 비수처럼 꽂혔기 때문이었습니다.

지금은 사순절 기간입니다. 저는 이 절기에 무심결에 지금껏 아무 생각 없이 아니 잘하는 것으로 확신하면서 보여준 십자가에 달리신 예수님의 참혹한 모습이 교육적으로 옳은 것인가 깊이 생각해보고 나서 보여줄 것인지 말 것인지를 결정하렵니다. 저는 어릴 때 사랑의 예수님보다는 무섭고 벌 내리시는 무서운 하나님의 이미지로 교육받았습니다. 교회에서 배운 것들이 대개 이런 내용들이었습니다. '교회 빠지면 벌 받는다.' '거짓말하면 지옥 간다.' '나 같은 죄인 살리신 주님의 은혜 놀랍다.'

이런 내용으로 인해 하나님을 경외하는 마음을 갖게 된 것은 좋은데 마음 한편에 자리 잡은 하나님의 이미지는 잘못하면 야단치시는 분이셨습니다. 교회 목사님과 선생님들에 대한 이미지도 교회에서 떠들면 혼내시는 무서운 호랑이 같았습니다. 언젠가 산행에서 우연히 근처 절을 지나게 되었는데 그곳에서 무서운 인상과 위압감을 주는 사천왕상9)을 보았습니다. 어찌나 무섭던지 절에 들어가 보려는 마음

___

9) 사대천왕(四大天王)·사왕(四王)·호세사왕(護世四王)이라고도 합니다. 즉, 동방에 지국천왕(持國天王), 서방에 광목천왕(廣目天王), 남방에 증장천왕(增長天王), 북방에 다문천왕(多聞天王)을 각각 배치했습니다. 사천왕은 인도신화에 나오는 야차(夜叉 Yakṣa)에서 유래된 것으로 보고 있지만 일찍부터 불교에 받아들여져 원시경전인『장아함경(長阿含經)』에 나타나고 있습니다. 사천왕의 조형이 성립된 것은 4세기경『금강명경(金剛明經)』·『관정경(灌頂經)』이 유행하기 시작한 이후부터라고 할 수 있습니다. 처음 인도에서 도상화된 사천왕상은 간다라 출토의 부조(浮彫)와 불전도(佛傳圖) 등에 나타나는 것처럼 고대 인도의 귀인(貴人) 모습을 하고 있으나 중앙아시아를 거쳐 중국화되는 과정에서 무인형(武人形)으로 변했는데 이는 중국·한국·일본 등에서 흔히 볼 수 있는 모습입니다. 사천왕은 나라와 경전에 따라 조상에 약간의 차이가 있으며 지물(持物)도 일정하지 않으나 대체로 칼·창·탑 등의 무기를 가지고 있습니다. 지국천은 수미산의 동쪽을 지키는 동방천왕으로 국토를 수호하고 중생을 편안하게 해주는 역할을 합니다. 형상은 대개 몸에 갑옷을 걸치고 칼을 들고 있는 것이 일반적이며 드물게 오른손에 보주(寶珠)를 들고 있는 것도 있습니다. 광목천은 수미산의 서쪽을 지키는 서방천왕으로 항상 깨끗한 눈을 가지고 중생을 살펴서 이익되게 해주는 신(神)입니다. 원래 3개의 눈을 가진 힌두교의 시바(Siva) 신에서 유래된 것으로 크고 넓은 눈 또는 진기한 눈이라는 의미에서 나온 말입니다. 형상에는 여러 가지가 있는데 보통 갑옷을 입고 새끼줄(絹索)과 삼차극(三叉戟)을 가지고 있습니다. 증장천은 수미산의 남쪽을 지키는 남방천왕으로 구반다(鳩槃茶) 등 여러 귀신을 지배하고 항상 중생의 이익을 증진시켜 줍니다. 그 형상은 갑옷을 입고 왼손은 주먹을 쥐어 허리에 둔 반면 오른손에는 칼을 들고 있는 것이 일반적인 모습입니다. 다문천은 수미산의 북쪽을 지키는 북방천왕으로 항상 부처님의 도량(道場)을 수호하면서 설법을 듣는다고 합니다. 인도 고대신화에 나오는 재보신(財寶神)인 구베라(kuvera)에서 유래된 신으로 비사문천(毘沙門天)이라고도 합니다. 보통 갑옷을 입은 채 오른손에는 창·막대기·보서(寶鼠)를 가지고 있으나 왼손에는 항상 보탑(寶塔)을 들고 있어 사천왕의 명칭을 확인하는 데 하나의 기준이 됩니다. 이 천왕은 단독상으로도 숭배되었으며 간혹 그의 비(妃) 길상천(吉祥天)이나 아들인 선사동자(善師童子)를 함께 표현한 예도 있습니다. 한편 라마 불교의 영향을 받은 티베트 계통의 사천왕은 지국천이 비파, 증장천이 검, 광목천이 새끼줄, 다문천이 보서 또는 보탑을 들고 있는 것이 특징입니다. 우리나라에서는『삼국유사』권4 양지사석조(良志使錫條)에 신라 선덕여왕 때 양지(良志)라는 명장(名匠)이 영묘사(靈妙寺)에 사천왕상을 조성했다고 하는 기록이 있습니다. 그러므로 7세기경에는 사천왕상이 만들어진 것으로 볼 수 있으며 통일신라시대에 이르러 크게 유행하면서 많은 작품을 남겼습니다. 사천왕사지 출토 녹유사천왕상전(679)을 비롯하여 감은사지 3층석탑에서 출토된 금동사리기에 부착된

마저 못 갖게 되었습니다. 어쩌면 제 마음 속의 하나님이 이런 분이 아닐까 싶은 생각이 들었습니다. 이건 좀 아닌데 싶습니다.

베르그송(Henri Bergson)은 도덕과 종교에는 두 가지 원천이 있다고 하였습니다. 두 종류의 도덕과 두 가지의 종교가 있다는 말입니다. 그는 처벌에 대한 두려움과 대가를 바라는 것이라면 '닫힌도덕'이요 '닫힌 종교'이고, 반대로 보상에 대한 기대와 희망을 바라는 것이라면 '열린도덕'이요 '열린 종교'라고 말했습니다.[10]

우리 기독교의 교육은 사랑이 풍성하신 하나님의 은혜의 복음에서 시작해야 합니다. 주어진 은혜에 감사하면서 응답하는 믿음이 바람직할 것입니다.[11] 하나님의 본질적인 속성을 일컫는 말 중의 하나가 '긍휼'입니다. 긍휼을 의미하는 히브리어 '라훔'은 어원적인 기원이 '레헴(자궁)'입니다. '긍휼'은 자신의 자궁에서 배태하고 고통 가운데 출산한 자식에 대한 모성애적인 연민을 의미합니다.[12] 긍휼은 불쌍한 사람을 불쌍히 여기지 않고는 못 견디는 속성을 말합니다. 호세아 11장 8-9절 말씀입니다.

> 에브라임이여, 내가 어떻게 너를 포기하겠느냐? 이스라엘이여, 내가 어떻게 너를 넘겨주겠느냐? 내가 어떻게 너를 아드마처럼 하겠느냐? 내가 어떻게 너를 스보임처럼 만들겠느냐? 내 마음이 바뀌어 내 긍휼이 뜨겁게 솟아오른다. 내가 내 진노를 쏟지 않고 내

---

사천왕상(682), 석굴암의 사천왕상(750경), 원원사지 탑부조 사천왕상, 염거화상탑 부조 사천왕상(844) 등이 대표적입니다.

10) 앙리 베르그송, 『도덕과 종교의 두 원천』, 김재희 옮김(서울: 지만지, 2009) 참조.

11) 문시영, 「은혜의 윤리학」, 목회와 신학 편집부 엮음, 『기독교윤리』(서울: 두란노아카데미, 2010), pp.17-18 참조.

12) 김이곤, 「하나님의 십장에 박힌 십자가」, 『신학논단』(1997), p.38; 김이곤, 「구약성서에 나타난 영성」, 『기독교사상』(2000년 12월호), p.128.

가 다시는 에브라임을 멸망시키지 않을 것이다. 나는 하나님이고 사람이 아니며 네 가운데 있는 거룩한 신이기 때문이다. 내가 진노하러 오지 않을 것이다.

궁극적으로는 분노를 거두고, 심판을 거두는 속성입니다. 요나서 3장 10절 말씀입니다.

하나님께서 그들이 그 악한 길에서 돌이킨 행위를 보셨을 때 마음을 누그러뜨리시고 그들에게 내릴 거라고 말씀하신 재앙을 내리지 않으셨습니다.

이러한 하나님의 속성은 모성적인 모습으로, 십자가를 통해 드러난 사랑의 본질입니다. 이는 우리말로 '애간장이 녹는다.' '애가 탄다.'는 말과 같습니다. 하나님의 사랑을 영어로는 "compassion"이라고 합니다. 이 단어는 com(함께)과 passion(아픔, 고통)이라는 단어의 합성으로 다른 존재의 아픔과 고통이 자신과 하나가 되는 마음을 말합니다. 이 말은 하나님의 부성적인 속성인 정의와 심판보다 모성적인 속성인 사랑(자비)과 긍휼이 더 중요함을 말합니다. 야고보서 2장 13절 말씀입니다.

긍휼을 베풀지 않는 사람에게는 긍휼 없는 심판이 있을 것입니다. 긍휼은 심판을 이깁니다.

이제 우리 기독교교육 현장에서 하나님의 부성적인 이미지보다는 덜 강조되고 잊혀져온 돌봄과 양육의 속성이 강조되는 모성적 하나님의 이미지에 대한 교육을 해나가야 할 것 같습니다.[13]

　　이번 사순절에는 그동안 보여준 참혹한 예수님의 모습을 보여주는
게 옳은 것인지 깊이 생각해보고 결정하려고 합니다. 그렇다고 사순
절인데 랄프 코작(Ralph Kozak)이 그린 '웃으시는 예수님(Laughing
Jesus)'을 보여줄 수는 없지만 적어도 학교에서 아직 예수님을 믿지
않는 학생들이나 겨레와 같이 어린 아이들에게는 신중해야 할 것 같
습니다.

랄프 코작(Ralph Kozak)이 그린
'웃으시는 예수님(Laughing Jesus)'

---

13) 강희천, 『종교심리와 기독교교육』(서울: 대한기독교서회, 2000), pp.125-126 참조.

# 말하기의<br>중요성

우리는 말의 홍수시대에 살고 있습니다. 너무 말이 많고, 많은 말을 하다 보니 말의 중요성을 잊어버린 듯합니다. 이런 시대에 말 한 마디가 얼마나 중요한지를 깨달아야 합니다. 잠언 25장 11절 말씀입니다.

> 적절한 말을 하는 것은 은쟁반에 금사과와 같다.

경우에 합당한 말, 꼭 필요한 말, 사람을 살리는 말이 필요한 때입니다. 우리말에 "말이 씨가 된다"는 말처럼, 말 한마디 한마디는 아무렇게나 내뱉을 수 있는 하찮은 것이 아닙니다.

"요즘 어떠세요?"

"힘이 들어 죽겠어요."

흔히 들을 수 있는 대화입니다. 이런 우리에게 나흐만은 생활의 지혜를 일깨워 주었습니다.[14]

> 요즘 어떻게 지내느냐고 누가 묻거든, 당신의 어려움을 하소연
> 하거나 불평하지 마십시오. 만일 당신이 "형편없는데요"라고 대답
> 한다면 하나님은 "이게 좋지 않다고? 정말 좋지 않은 게 어떤 건지
> 보여주지!"라고 대답할 것입니다. 요즘 어떻게 지내느냐고 누가 묻
> 거든, 당신이 비록 어려움에 처해 있더라도 "좋은데요"라고 대답하
> 십시오. 그러면 하나님은 "이런 상태가 좋다고? 그렇다면 정말 좋
> 은 게 무엇인지 보여주어야겠군!"이라고 대답할 것입니다.

말에는 열매가 있습니다. 자기가 한 말에 따라 각각 다른 열매가
열립니다. 행복한 열매를 원하십니까? 그렇다면 행복한 말을 사용해
보십시오. 이 열매는 우리의 상상 이상일 것입니다. 사람은 말한 대로
삽니다. 평소의 입버릇처럼 말한 대로 삽니다. 그래서 그 사람의 입이
그 사람의 인격이요, 삶이요, 미래입니다.

언젠가 노랫말을 연구하는 어느 연구회가 노래를 부른 가수들의
삶을 조사했는데, 그 연구 결과가 흥미로웠습니다. 놀랍게도 가수들
은 노래를 부른 대로 살았다는 것입니다. 늘 '죽겠다'는 주제로 노래
를 부른 가수는 요절한 경우가 많았고, 슬픈 노래를 부른 사람들은
인생이 슬펐다는 것이었습니다. 우리나라 근현대사에서 최초의 여가
수로 일컬어지는 윤심덕은 1926년 현해탄에서 극작가 김우진과 동반
자살을 했습니다. 그런데 그녀가 자살하기 전에 부른 노래가 바로
'사(死)의 찬미'였습니다. "이래도 한 세상 저래도 한 세상, 돈도 명예
도 사랑도 다 싫다" 하며 죽음을 찬미하다가 자살했습니다.

남인수는 "운다고 옛 사랑이 오리요만은……"으로 시작하는 '애수
의 소야곡'을 불렀습니다. 그는 44세의 젊은 나이에 죽었습니다. 목포

---

14) 피에르 이츠학 뤼르사, 『유대인의 지혜』, 백선희 옮김(서울: 이레, 2002)에 나오는 말에 대한
　　내용을 참조.

의 자랑으로 불리는 이난영 역시 '목포의 눈물'을 애절하게 부르다가 49세에 죽었습니다. 차중락은 '낙엽 따라 가버린 사랑'을 부르고서 29세가 되던 11월에 낙엽 따라 가버렸습니다. 1985년 '님'이라는 노래를 부른 김정호는 34살에 죽었습니다. 그가 부른 '님'이라는 노래의 가사가 이렇습니다. "간다 간다 나는 간다" 이 노래를 부르다가 노랫말처럼 가버렸습니다. 이 외에도 슬픈 노랫말에 슬픈 가락의 노래를 부른 가수들의 삶은 그들의 노랫말이 그들의 삶과 죽음이 되는 경우가 많았습니다. 이에 반해 송대관은 '쨍~ 하고 해뜰 날~ 돌~아~온~단~다'라는 노래로 데뷔했습니다. 이 노래를 부른 이후로 그는 지금까지 이런 저런 아픔과 고통을 겪었지만 오늘날까지도 왕성하게 활동하고 있습니다. 그의 노래대로 된 것입니다.

몇 가지의 사례를 가지고 모두가 그렇다고 단정 짓는 것은 과도한 일반화의 오류일 것입니다. 그러나 몇 가지의 사례에서 본 것처럼 어떤 노랫말을 즐겨 부르는가의 문제는 그저 심심풀이나 여가선용의 차원을 넘어서 삶 전체를 결정짓는 중요한 의미일 수도 있습니다. 사람들이 좋아하는 노랫말이나 말투나 말의 분위기를 보면 그 사람의 삶의 자세를 짐작해볼 수 있습니다. 어떤 사람은 매사에 소극적이고 자신감이 없습니다. 이런 사람과는 합력하여 선을 이루는 일을 하기가 어렵습니다.

어떤 사람은 매사에 부정적이고 짜증내고 다른 사람을 비난하는 말을 잘합니다. 어쩌면 그렇게 어두운 면을 잘도 찾아내고 바라보는지 모를 지경입니다. 이런 사람의 말이 창조적 비판정신으로 건강하게 발현되고 잘 다듬어지면 좋지만 아쉽게도 매사에 이런 자세로 말하는 것은 공동선을 추구하는 데 지장을 주게 됩니다. 이에 반해 어떤 사람은 긍정적인 자세로 말하고 자신보다 남을 높게 여기면서 칭찬하고 격려하고 위로하는 말을 잘합니다. 이런 사람과 함께하고 있으면 기분이 좋아지고 즐거워집니다. 이런 사람의 말 한마디는 목마를 때 마시는 샘물처럼 시원해서 좋고, 생기가 넘칩니다. 이런 사람의 얼굴에는 늘 웃음꽃이 만발해서 좋습니다.

이처럼 말하기가 얼마나 중요한지는 아무리 강조해도 지나치지 않을 것입니다. 하나님은 말씀으로 하늘과 땅을 창조하셨습니다. 이처럼 하나님은 우리에게도 말의 권세를 주셨습니다. 아담은 모든 가축과 공중의 새와 모든 들짐승에게 이름을 지어 주셨습니다.

우리나라 사람들은 이런 저런 삶의 질곡이 많아서인지 예부터 부정적인 언어를 많이 사용해왔습니다. 우리가 별 생각 없이 쉽게 말하고 듣는 말이 "죽겠다"는 말입니다. "배고파 죽겠다", "추워 죽겠다", "더워 죽겠다", "힘들어 죽겠다", "미워 죽겠다", "바빠 죽겠다"는 등으로 조금만 힘들고 어려우면 으레 "죽겠다"는 말을 합니다. 그런데 "죽겠다"는 말은 힘들고 어려울 때만 쓰는 말이 아닙니다. "예뻐 죽겠다", "배불러 죽겠다", "좋아 죽겠다" 등의 감정표현을 때와 장소를 가리지 않고 다양하게 씁니다. 이처럼 "죽겠다"는 말을 하나의 관용어처럼 사용합니다.

우리말의 부정적인 표현은 이것만이 아닙니다. 조금 화가 난다고 사랑하는 자녀에게 "망할 놈!", "오라질 놈!"이란 말을 하곤 합니다. 말이라도 "성공해라, 행복해라" 해도 부족할 판인데 "망해라", "망해라"라고 하면서 자녀에게 말하는 것이 일상화되었으니 자녀들의 자존감이 좋게 형성되기 어렵습니다.

어느 기관에서 우리나라의 남편과 아내를 대상으로 가장 잘 쓰는 언어를 조사했습니다. 이 연구 결과에 따르면 남편이 많이 쓰는 말은 "병신 육갑하네"로 56%였고, 아내가 많이 쓰는 말은 "웃기고 있네"로 48%나 되었습니다. 부부 사이에 서로를 비난하고 질책하는 말들이 일상화되어 있습니다.

사람들은 행복해지기를 소망합니다. 행복해지기 위해서 건강에도 신경 쓰고 자기 계발에도 열심입니다. 그리고 가정의 화목과 원만한 인간관계를 소망합니다. 이를 위해 이런저런 책을 보기도 하고 명언을 되새겨보기도 하는 등 노력들을 많이 합니다. 이처럼 행복과 좋은 관계맺음을 위해 중요한 것은 바로 말하기입니다. 바로 지금부터 우리의 밀하는 습관을 고쳐 나가야 합니다. 지적하기보다는 위로와 축복, 비난하기보다는 칭찬과 격려를, "안 됩니다"보다는 "할 수 있습니다"를, "불행합니다"보다는 "행복합니다", "죽겠습니다"보다는 "괜찮습니다" 하는 말을 습관화해야 합니다. 하나님은 말씀으로 형태를 갖추지 못하고 비어 있고 어둠이 가득한 세상을 빛의 세상으로 바꾸셨습니다. 창세기 1장 2-3절 말씀입니다.

> 그 땅은 형태가 없고 비어 있었으며 어둠이 깊은 물 위에 있었고 하나님의 영은 수면 위에 움직이고 계셨습니다. 하나님께서 말씀하시기를 '빛이 있으라' 하시니 빛이 생겼습니다.

잠언 6장 2절 말씀입니다.

> 하나님의 자녀 된 우리의 말하기에 따라 힘들고 지친 우리 자신의 삶은 물론 우리의 가족과 교회와 사회를 밝게 비추는 빛이 될 것입니다. "너는 네가 한 말로 덫에 걸린 것이요, 네가 한 말에 스스로 잡히게 된 것이다."

우리가 쉽게 내뱉는 말 한마디를 조심하고 신중히 해야 합니다. 그저 감정 상하는 대로, 기분 나쁜 대로, 시기심에, 친구를 놀리는 재미에 내뱉는 말 한마디는 그냥 말 한마디가 아니라 사람을 죽이는 비수와 같습니다. 반대로 고운 말로 칭찬, 격려, 위로하는 말은 사람을 살리는 생명의 말입니다. 무심코 던진 돌에 개구리가 맞아 죽는 것처럼 무심코 던진 말에 상처를 입는 사람이 많습니다.

그런데 문제는 우리 모두가 말에 실수가 많다는 사실입니다. 우리가 말에 실수가 많으니 하나님께서는 말의 중요성을 일깨워 주시는 말씀을 여러 차례 반복하셨습니다. 우리는 믿음과 칭찬과 축복과 감사의 말을 해야 합니다. 그러면 기분이 좋아지고, 몸이 가벼워지고, 마음이 행복해집니다. 그러면 자신도 좋고 남도 좋고 모두가 좋아집니다. 서로 서로 좋아하면 기분이 좋아지고 인간관계도 좋아지고 하는 일마다 잘 풀립니다.

말은 에너지입니다. 좋은 말은 좋은 에너지이고 나쁜 말은 나쁜 에너지입니다. 좋은 에너지가 흘러넘치면 자신도 좋고 남도 좋습니다. "가는 말이 고와야 오는 말이 곱다"는 말이 있습니다. 서로에게 비난과 저주가 아닌 칭찬과 격려로 말하는 습관을 길러야 합니다. 성경에서 '사랑장'이라고 불리는 고린도전서 13장 5절에 나오는 사랑에 대한 인상 깊은 구절이 나옵니다. "무례하지 않으며…" 가까운 사이라고 해도 무례하게 말해서는 안 됩니다. 이에 대한 재미있는 이야기가 있습니다.

할머니와 할아버지가 나들이를 가게 되었습니다. 한참 걷다가 피곤함을 느낀 할머니가 "영감, 나 좀 업어줄 수 없어?"라고 말했습니다. 할아버지는 업어주기 싫었지만 나중에 들을 잔소리가 겁이 나서 할머니를 업어주었습니다. 업혀 가던 할머니는 조금 미안했던지 "영감, 나 무겁지?"라고 하였습니다. 그러자 할아버지는 "그럼, 무겁지!" 하고 퉁명스럽게 쏘아붙였습니다. 할머니가 "왜?" 하고 되묻자 할아버지는 "머리는 돌덩이지, 얼굴은 철판이지, 간은 부었으니까 그렇지"라고 대답했습니다.

돌아오는 길에 그만 할아버지가 다리를 삐끗하고 말았습니다. "할멈, 다리가 아파. 나 좀 업어 주라." 할머니가 갈 때의 일도 있고 해서 할아버지를 업어주었습니다. 이에 미안한 할아버지가 "나 무겁지?" 하면 자기를 따라할 것 같아서 "나 가볍지?" 하고 물었습니다. 그러자 할머니는 "그럼 가볍지!" 그러면서 "머리는 비었지, 입은 싸지, 허파엔 바람만 잔뜩 들었으니까"라고 대답했습니다. 이처럼 아무리 친한 사이라 해도, 오랜 세월 살아온 부부 사이라고 해도 싫은 말은 농담이라도 삼가야 합니다.

미국 가톨릭 대학의 클리프 노타리우스 교수의 연구에 의하면 백년해로한 부부나 파경을 맞은 부부의 경우, 부부싸움은 별 차이가 없다고 합니다. 다만 차이가 있다면 싸움의 빈도나 태도보다는 서로 주고받는 말의 차이라고 합니다. 행복한 부부는 싸움을 할 때도 되도록 상대방에게 상처를 주는 말을 삼가고 감정 언어를 많이 사용한다고 합니다. 그러나 실패한 부부는 100마디 중 10마디는 상처를 주는 말을 하여 상대를 굴복시키고자 한다는 것입니다. 사람은 수모를 당하거나 존재 의미를 잃었을 때 극단적인 결심을 하는 경우가 많다고 합니다. 상대방에게 건네는 다정하고 따뜻한 말 한마디가 가정의 불화를 사라지게 할 것입니다.

옛날에 박만득이라는 백정이 있었습니다. 어느 날 두 양반이 그에게 고기를 사러 왔습니다. 그 중 한 양반은 습관대로 "야, 만득아! 고기 한 근 다오"라고 말했습니다. 만득은 "네!" 하며 고기를 한 근 내주었습니다. 그런데 다른 양반은 "박 서방, 고기 한 근 주게"라고 부드러운 음성으로 말했습니다. 이번에도 만득은 고기를 한 근 내주었습니다. 그런데 그 고기는 언뜻 봐도 먼저 산 양반의 것보다 훨씬 더 커 보였습니다. 똑같이 한 근이라고 말했는데 차이가 많이 나자 앞의 양반이 화가 나서 따졌습니다.

"이놈아, 같은 한 근인데 이 양반의 것은 많고 내 것은 왜 이렇게 적으냐?"

그러자 만득은 당연하다는 듯 이렇게 말했습니다.

"손님 것은 만득이가 자른 것이고, 저 손님 것은 박 서방이 자른 것이기 때문에 그렇지요."

때로는 한마디 말이 그 어떤 치료약보다 효험을 발휘해 생명을 구하고, 또 때로는 비수가 되어 남의 마음을 도려내기도 합니다. "졸라, 짱나" 등 비속어를 쓴다고 아이들을 나무라기에 앞서 어른들부터 말을 가려 써야 하지 않을까 싶습니다.

톨스토이의 글 가운데 이런 이야기가 있습니다. 어느 집에서 일하던 두 종이 하루는 서로 싸우고 있었습니다. 큰 소리가 들리기에 톨스토이가 나가 보니까 종 둘이서 서로에게 별명을 붙인 것이 감정을 상하게 하였는지 서로 말다툼을 하고 있었습니다. 좀 홀쭉하게 생긴 종이 뚱뚱하게 생긴 종에게 '곰'이라는 별명을 붙였습니다. 그러자 곧바로 뚱뚱하게 생긴 종이 홀쭉하게 생긴 종에게 '원숭이'라고 별명을 붙인 것입니다. 곰, 원숭이 하면서 서로 티격태격 언쟁을 했습니다. 이 모습을 바라본 주인이 서로의 불화를 중재시켰습니다. 홀쭉하게 생긴 종에게 이렇게 말했습니다.

"네가 저 사람을 곰이라 불렀지, 너는 저 사람이 곰이기 때문에 곰이라고 부르게 된 것이 아니다. 네 마음속에 곰과 같은 마음이 도사리고 있기 때문에 저 사람을 곰이라 부른 것이다."

그리고 그 곰이란 별명을 가진 뚱뚱한 종에게도 말했습니다.

"네가 저 사람을 원숭이라고 불렀지, 저 사람이 원숭이 같은 마음이 있기 때문에 저 사람이 네겐 원숭이처럼 보인 것이다."

그렇습니다. 사실 우리의 말은 우리의 인격이고 마음의 표현입니다. 그러니 한 사람의 인격과 마음은 보이지 않지만 미루어 짐작할 수 있습니다. 이것은 말하는 것을 보면 알 수 있습니다. 마태복음 18장 15절 말씀입니다.

> 그러나 입에서 나오는 것은 마음에서 나오는데 이런 것이 사람을 불결하게 한다.

이처럼 예수님은 사람이 마음에 가득한 것을 입술로 말한다고 하셨습니다. 우리는 한 사람의 언어를 보고 그의 인격을 알 수 있습니다. 진실한 말은 진실한 인격을 반영하고, 거짓된 말은 거짓된 인격을 반영합니다. 따라서 진실한 말을 하는 인격의 훈련은 우리의 마음 다스리기에서 시작되어야 합니다. 속 사람이 변할 때 겉 사람이 변할 수 있습니다. 말을 많이 하다 보면 실수가 많습니다. 그러므로 말을 많이 하기보다는 신중하게 하고 다른 사람의 말을 주의 깊게 듣는 경청이 중요합니다. 시편 141편 3절 말씀입니다.

오 여호와여, 내 입에 파수꾼을 두시고 내 입술의 문을 지켜주소서.

알베르트 아인슈타인 교수에게 한 학생이 물었습니다.

"교수님 같은 위대한 과학자가 되는 비결이 무엇입니까?"

이에 아인슈타인은 이렇게 대답했습니다.

"입을 적게 움직이고 머리를 많이 움직이게."

자신의 일에 골몰하는 사람은 말을 많이 하지 않습니다. 일에 골몰하지 않는 사람들의 눈에는 타인들의 흠만 보입니다. 그리고 타인들을 향해 독설을 퍼붓곤 합니다. 사람이 태어나서 말을 배우는 데는 2년이 걸리지만 침묵을 배우기 위해서는 60년이 걸린다고 합니다. 지혜로운 사람은 말하기 전에 반드시 두 번 생각합니다.

에인젤은 38년 동안 미시간대학 총장을 지낸 인물로 그 누구보다도 자신을 조율할 줄 알았습니다. 그는 자신이 먼저 나서서 말하기보다 많은 사람의 말을 듣고 난 후 말했습니다. 그가 은퇴할 즈음 어느 기자가 그의 성공비결을 물었습니다.

"오랫동안 어려운 총장 자리를 지킬 수 있었던 비결이 무엇입니까?"

이에 그는 이렇게 말했습니다.

"나팔보다 안테나를 높이는 데 있었습니다."

이를 배운 그의 아들도 저명한 심리학자로 예일대학의 총장을 16년간 지냈습니다.

미국 미시간 주의 성 요셉 고아원에 문제 소년 한 명이 들어왔습니다. 소년은 원생들과 싸움만 일삼았습니다. 하지만 베라다 선생은 인내심을 가지고 끊임없이 소년을 격려했습니다.

"너는 싸움만 할 것이 아니라, 미래의 큰 인물이 될 꿈을 가져라."

　그러나 소년의 행동에는 변화가 없었고 결국 퇴학을 당하고 말았습니다. 소년은 퇴학을 당한 후에 비로소 베라다 선생의 소중한 가르침을 깨달았습니다. 그리고 피자 가게에 취직해 열심히 일을 했습니다. 그런데 소년은 특별한 재주가 있었습니다. 피자 한 판을 11초에 반죽하는 탁월한 기술이었습니다. 그의 머릿속은 베라다 선생이 심어준 큰 꿈으로 가득 차 있었습니다. 소년은 자신의 꿈을 조금씩 실현해나갔으며 커서는 피자 가게를 차렸습니다. 이 가게가 점점 커져 미국에서 두 번째 큰 '도미노 피자'가 되었습니다. 이 고아 소년이 토마스 모나한입니다. 현재 그는 피자 사업을 통해 벌어들인 돈으로 미국 프로야구 명문 구단인 디트로이트를 운영하고 있습니다. 그리고 수많은 청소년들에게 장학금을 지급하고 있습니다. 그는 자신이 사업에 성공할 수 있었던 것은 베라다 선생의 가르침이었다고 말합니다. 토마스 모나한은 방황하는 청소년들에게 이렇게 외치고 있습니다.

　"소년들이여 꿈을 크게 가져라!"

　입에서 나온 말은 '에너지'입니다. 입에서 나온 말은 사라지지 않고 작은 에너지 덩어리가 되어 우리 자신의 주위를 감쌉니다. 그래서 우리 주위에는 눈에 보이지는 않지만 우리의 말들이 가득합니다. 사람들이 우리를 만나면 우리가 그동안 해놓은 말의 에너지를 느끼게 됩니다. 우리 또한 상대방이 한 말의 에너지를 감지하게 됩니다. 그래서 말 한마디 하지 않아도 그냥 상대방의 얼굴만 봐도 상대방이 어떤 사람인지 알 수 있는 것입니다. 심지어 사진만으로도 알 수 있습니다. 평소에 감사, 기쁨, 만족, 행복, 사랑, 웃음 등의 좋은 말을 많이 하는 사람은 주위에 밝은 기운이 가득하여 그냥 그 얼굴만 봐도 기분이 좋아집니다.

그러나 평소에 불평, 불만, 험담, 거짓말, 욕설, 돈! 돈! 돈! 하고, 변명만 하는 사람은 그 옆에만 가도 어두운 기운이 확~! 밀려와서 숨이 막히게 됩니다. 평소에 찬양, 기도, 영광, 순종, 말씀을 가까이하면서 즐겨하고 주님을 높이며 주님과 대화하는 사람의 옆에는 은혜가 충만합니다. 그런 사람을 만나면 하나님을 만난 것 같습니다.

어느 한 농부의 아내가 그 동네 목사님을 헐뜯는 말을 퍼뜨렸습니다. 곧 온 마을에 그 소문이 퍼졌습니다. 얼마 후 그 여인은 자신이 잘못했음을 깨닫고 하나님께 회개하고 목사님을 찾아가 용서를 빌었습니다. 이에 목사님은 이런 말씀을 하셨습니다.

"자매님이 저의 한 가지 소원만 따라준다면 기꺼이 자매님을 용서하겠습니다."

이에 그 여인은 대답했습니다.

"네, 기꺼이 하겠습니다."

"집에 가서 검은 암탉 한 마리를 잡아 그 깃털을 뽑고 그것을 바구니에 담아 가져오십시오."

30분 후에 그녀가 돌아왔습니다. 목사님이 말씀하셨습니다.

"이제, 마을로 가서 각 거리 모퉁이마다 이 깃털을 뿌리고 돌아오십시오."

그녀는 그렇게 했습니다.

"이제 마을로 가서 그 깃털을 모아 오십시오. 그리고 한 개도 잃어버린 것이 없나 봅시다."

그 여인은 놀라서 목사님을 쳐다보며 말씀드렸습니다.

"그것은 불가능합니다. 바람이 그것들을 들판 저 너머 사방으로 날려 보냈을 테니까요.”

“그렇다면……” 하고 목사님은 말씀하셨습니다.

“제가 자매님을 용서하겠지만 자매님이 말한 그 거짓된 말들이 일으킨 피해를 취소할 수는 없다는 사실을 명심해두십시오.”

말은 조심해야 합니다. 베드로전서 2장 1절 말씀입니다.

> 그러므로 여러분은 모든 악의와 모든 거짓과 위선과 시기와 모든 비방의 말을 버리십시오.

말은 우리의 마음과 마음을 이어주는 다리 역할을 합니다. 다정다감한 인사말 한마디가 하루를 멋지게 시작하게 합니다. 짧지만 이런 한마디 말이 우리를 행복하게 합니다. “사랑해”, “고마워”, “미안해”, “잘했어”, “기도해줄게”, “넌 항상 믿음직해”, “넌 잘 될 거야”, “네가 곁에 있어서 참 좋아” 벤저민 프랭클린의 말입니다. “성공의 비결은 험담을 하지 않고 상대의 장점을 드러내는 데 있다.”

우리의 말 한마디 한마디가 얼마나 중요한지 모릅니다. 한 사람이 사용하는 말은 그 사람의 삶을 말해줍니다. 그러므로 우리 주위 사람들을 행복하게 해주는 말을 해야 합니다. 왜냐하면 우리 곁에 있는 사람이 행복할 때 우리는 더욱더 행복해지기 때문입니다. 에베소서 4장 29절 말씀입니다.

> 더러운 말은 어떠한 것도 여러분의 입 밖에 내지 말고 오직 성도를 세워주는 데 필요한 대로 선한 말을 해서 듣는 사람들에게 은혜를 끼치도록 하십시오.

우리는 좋은 말을 습관적으로 해야 합니다. 바로 지금 내 옆에 있는 친구에게, 가족에게, 이웃에게, 따뜻한 말 한마디를 건네 보시기 바랍니다. 마음을 담아서 한 말이 사람을 감동시킵니다. 진심으로 마음을 담아서 하는 말이 곧 기도입니다. 말을 조심하는 게 얼마나 어려운지 모릅니다. 말에 실수가 없도록 감정대로 내뱉지 않도록 습관화하고 덕을 세우는 말을 하도록 기도해야 합니다. 말은 결심 하나로 되는 것이 아닙니다. 삼가 깨어 근신하며 기도하는 자세로 말을 해야 합니다. 야고보서 3장 2-12절 말씀입니다.

우리는 모두 실수가 많기 때문입니다. 만일 누가 말에 실수가 없다면 그는 자기의 온몸도 제어할 수 있는 완벽한 사람입니다. 우리는 말들을 길들이려고 그 입에 재갈을 물려서 말들을 다 끌고 갑니다. 보십시오. 그렇게 큰 배들이 거센 바람에 밀려가지만 항해사는 작은 키 하나로 방향을 잡아갑니다. 이와 같이 혀도 작은 지체이지만 큰 것을 자랑합니다. 보십시오. 얼마나 작은 불씨가 얼마나 많은 나무를 태웁니까? 혀는 불입니다. 혀는 우리 지체 안에 있는 불의의 세계이며 온몸을 더럽히며 인생의 바퀴를 불사르며 지옥 불에 의해 불살라집니다. 모든 종류의 짐승이나 새나 벌레나 바다 생물은 길들여질 수 있어 사람에게 길들여져 왔습니다. 그러나 혀는 아무도 길들일 수 없습니다. 혀는 지칠 줄 모르는 악이요, 죽이는 독이 가득한 것입니다. 우리는 혀로 주와 아버지를 찬양하기도 하고 또 그것으로 하나님의 형상을 따라 지음 받은 사람을 저주하기도 합니다. 찬양과 저주가 한 입에서 나오니 내 형제들이여, 그래서는 안 됩니다. 샘이 어떻게 한 구멍에서 단물과 짠물을 낼 수 있습니까? 내 형제들이여, 무화과나무가 올리브 열매를 맺거나 포도나무가 무화과 열매를 맺을 수 있습니까? 이처럼 짠물 내는 샘이 단물을 낼 수 없습니다.

말에 관한 명언들로, 되새겨 볼만한 글들을 모아보았습니다.


* 어떤 언어를 사용하든 자신의 됨됨이 이상은 절대 말할 수 없다
  (에머슨).
* 언어는 위대하다. 그러나 침묵은 더욱 위대하다(토마스 칼라일).
* 혀를 조용히 쉬게 하는 것은 현명한 머리이다(윌리엄 제임스 루
  카스).
* 비록 자기가 올바를지라도 끝까지 침묵할 줄 아는 사람에게 큰
  힘이 있다(카토).
* 고통을 받을 때는 침묵이 최고이나(존 드라이든).
* 침묵은 승낙을 의미한다(영국 속담).
* 하지 않은 말은 결코 해가 되지 않는다(루이스 코수드).
* 아무 것도 말할 필요가 없는 때 침묵은 분별력 있는 웅변이다
  (보비).
* 만일 그대가 현명하다는 평을 받고 싶으면 그대의 혀를 다물 줄
  아는 현명함을 먼저 배우라(프란시스 촬스).
* 개미보다 설교를 더 잘하는 자는 없다. 그런데 개미는 말이 없다
  (벤저민 프랭클린).
* 사람이 말하는 것은 태어나자마자 배우게 되지만 침묵하는 일은
  좀처럼 배우지 못한다(탈무드).
* 꽃과 같이 말에도 그 색깔이 있다(리스).
* 밥을 먹을 땐 잘 씹어서 먹어야 자기 속이 편하고 말을 할 땐 잘
  씹어서 해야 듣는 이의 속이 편하다.

자주 해서는 안 되는 말하기의 십계명입니다.


1. "잘 해봐라"는 비꼬는 말.

2. "난 모르겠다"는 책임 없는 말.

3. "그건 해도 안 된다"는 소극적인 말.

4. "네가 뭘 아느냐?"는 무시하는 말.

5. "바빠서 못한다"는 핑계의 말.

6. "잘 되어가고 있는데 뭐 하려고 바꾸느냐?"는 안일한 말.

7. "이 정도면 괜찮다"는 타협의 말.

8. "다음에 하라"는 미루는 말.

9. "해보나마나 똑같다"는 포기하는 말.

10. "이제 그만 두자!"는 의지를 꺾는 말.


꼭 버려야 할 말하기의 십계명입니다.


1. 일을 더 한다고 봉급을 더 주나!(무사안일)

2. 대충대충 하지 뭐.(적당주의)

3. 다른 부서에서는 어떻게 일을 하지?(소신 부족)

4. 설마 무슨 일이 있으려고.(주인의식 결여)

5. 시키면 시키는 대로 해야지.(권위주의)

6. 똑똑한 사람이 하도 많아서.(냉소주의)

7. 출세하려면 줄을 잘 서야.(기회주의)

8. 이건 우리가 할 일이 아니다.(책임회피)

9. 규정이 그렇게 돼 있는데.(형식주의)

10. 공무원이 하는 일이 다 그렇지.(패배주의)

지혜로운 말하기의 십계명입니다.


1. 항상 연장자에게 발언권을 준다.
2. 다른 사람의 이야기 도중에 끼어들지 않는다.
3. 말하기 전에 먼저 생각한다.
4. 당황하면서 서둘러 대답하지 않는다.
5. 질문과 대답을 간결하게 한다.
6. 처음 할 이야기와 나중에 할 이야기를 구별하여 한다.
7. 잘 알지 못하고 말했거나 잘못 말한 것은 솔직하게 인정한다.
8. 본인이 없는 자리에서 그의 이야기를 하지 않는다.
9. 언제나 긍정화법으로 말을 한다.
10. 상대방을 품어주고 살리는 말을 한다.

# 말
# 한마디의 힘

자라면서 자신이 남들과 다르다는 사실을 알게 된 아이가 있었습니다. 입술은 일그러져 있고 코는 구부러졌으며 이는 비뚤비뚤하게 제멋대로였습니다. 아이는 가족 이외에는 아무도 자기를 좋아하지 않는다고 생각했습니다. 이 아이가 초등학교 2학년 때 학교에서 '귓속말 시험'이라는 것이 있었습니다. 이 시험은 오른쪽 귀를 막고 왼쪽 귀에 선생님이 한마디씩 속삭이면 방금 선생님께 들은 것을 큰 소리로 말하는 것이었습니다. 하지만 이 아이는 선천적으로 왼쪽 귀로는 들을 수 없었습니다. 이런 사실을 알면 친구들이 놀릴 것이 뻔했기 때문에 굳이 이야기하지 않았지만 아이는 시험을 잘 치를 자신이 있었습니다. 왜냐하면 이 아이는 이런 놀이를 할 때 한쪽 귀를 정말 막았는지 사람들이 제대로 확인하지 않는다는 것을 알았기 때문입니다.

마침내 이 아이의 차례가 되었습니다. 아이는 왼쪽 귀를 선생님께 향하고 오른손으로 귀를 꽉 막는 척 한 뒤 다시 오른쪽 손을 살짝 들었습니다. 이렇게 하면 선생님의 말씀을 잘 들을 수 있기 때문이었습니다. 한 사람 한 사람 지나고 나서 선생님은 이 아이의 귀에 입술을 바짝 대고 뭐라고 속삭였습니다. 잠시 후 선생님의 나지막한 속삭임을 들은 아이는 아무 말 없이 서서 눈물만 흘렸습니다. 선생님의 말 한마디는 마치 냇가에 돌 하나를 던지면 둥그런 원이 점점 커져 나가듯이 시간이 지날수록 아이의 가슴속을 가득 채워갔습니다. 선생님은 이 아이에게 뭐라고 하신 걸까요? 선생님은 이렇게 말씀하셨습니다.

"네가 내 딸이었으면 좋겠구나!"

좋은 음악을 들려준 토마토가 더 잘 자라고 좋은 음악을 들려준 젖소의 젖이 더 잘 나온다고 합니다. 이처럼 좋은 감정을 담아 전하는 말은 사람을 감동시킵니다. 잠언 18장 21절입니다.

죽고 사는 것이 혀의 능력에 달려 있으니 혀를 사랑하는 사람들은 그 열매를 먹을 것이다.

이와 같은 말의 힘은 그 쓰임에 따라 큰 유익이 될 수도 있고, 때로는 큰 해가 될 수도 있습니다. 1874년 어느 날, 영국 에핑 포리스트의 집시촌에 미국인 두 사람을 태운 마차가 도착했습니다. 당시 사회에서 소외되어 고립된 생활을 하는 집시들을 만나기 위해 찾아온 유명한 전도자 무디와 찬양사역자 생키였습니다. 그들이 멈추어 서서 몇몇 집시들에게 말을 걸자 한 무리의 소년들이 마차 주변으로 모여들었습니다. 그때 생키는 손을 뻗어 한 소년의 머리를 쓰다듬어 주었습니다. 그러고는 사랑스러운 눈빛과 함께 이렇게 말해주었습니다.

"주님이 너를 설교자로 세우실 것이다."

하지만 그 말은 전혀 실현 가능성이 없어 보였습니다. 소년의 어머니는 몇 년 전에 천연두로 사망했고, 소년은 제대로 교육을 받지 못해 자기 이름조차 쓸 줄 몰랐습니다. 그리고 소년의 아버지가 이제 겨우 기독교 신앙을 받아들였지만 소년은 기독교 신앙을 받아들이지도 않았습니다. 그러나 생키의 말은 그 소년의 가슴에 불꽃처럼 타오르기 시작했습니다. 소년의 가슴 속의 불꽃은 강렬하게 소년의 생각과 감정과 의지로 번져갔습니다. 소년은 스스로 기독교 신앙을 깊이 받아들이고 기도하면서 꿈을 꾸기 시작했습니다.

그로부터 15년 후, 생키의 말대로 그때 그 소년은 탁월한 설교자가 되었습니다. 그는 '집시 스미스'로 알려져 70년을 쉬지 않고 설교하며 수백만 명의 사람들에게 영향을 미쳤습니다. 떠돌이 집시에서 전 세계를 순회하며 설교하는 설교자가 되었습니다. 생키의 말 한마디가 그의 일생을 바꾼 것입니다. 이러한 말의 힘은 실증과학으로도 증명이 되었습니다.

에모토 마사루의 『물은 답을 알고 있다』[15])에 보면 재미있는 실험 결과가 소개되고 있습니다. 물에게 좋은 말들을 계속 들려준 뒤 그 결정을 보면 모양이 매우 아름답지만, 나쁜 말들을 들은 물의 결정은 불규칙한 모양으로 깨져 있다고 합니다. 이처럼 우리가 무생물이라고 여기는 물조차도 말의 의미에 따라 모양이 변하는데 하물며 감정이

---

15) 에모토 마사루, 『물은 답을 알고 있다』, 양억관 옮김(서울: 나무심는 사람, 2002); 이하 내용의 참고도 이 책에서 한 것임을 밝힙니다. 이 책은 물과 말의 관계를 통해서 말의 중요성이 얼마나 큰지를 알려주는 책입니다. 저자는 이 책을 통해서 우리가 말을 통해서 우리의 인생과 우리가 살고 있는 세상을 바꿀 수 있다고 말합니다. 우리가 사랑과 감사의 말을 할 때 우리 인생과 세상은 바뀔 수가 있습니다. "할 수 있다", "해 보자"라고 하는 사람은 할 수 있습니다. 그렇지만 "할 수 없다"고 하는 사람은 할 수 없습니다. 왜냐하면 이미 그 사람의 마음에 이미지가 형성되었기 때문입니다. 할 수 있다고 말하는 사람은 할 수 있다는 가능성을 보았기 때문에, 그것을 이루기 위해 노력합니다. 그렇지만 할 수 없다고 말하는 사람은 노력하지 않기 때문에 아무 것도 이룰 수가 없습니다. 그러므로 우리의 말에서 부정적인 말은 버리고 긍정적인 말을 하는 생활을 습관화해보면 어떨까 싶습니다.

예민한 사람에게는 얼마나 말이 중요할까 싶습니다.

그의 물에 대한 연구는 미국의 물 연구가 리 로렌젠(Lee Lorenzen)의 '육각수'와 역시 리 박사가 소개한 '공명자장분석기', 이 두 가지를 접목시키는 데서 비롯합니다. '동결 결정사진'이란 얼린 물을 현미경에 놓고, 첨단장비를 동원하여 특수상황의 한 순간에 촬영하여 얻어진 6각 구조의 사진이라고 합니다. 물의 결정을 촬영하기 위해서는 실험용 물 한 방울을 실험용 접시에 떨어뜨린 후, 냉농실에 2시간 농안 보관합니다. 이 결빙상태에서 물 결정을 추출하여 현미경으로 200~500배의 배율로 촬영합니다. 한 번 찍는 것이 아니라 다양한 조건에서 가능한 대로 많이 촬영합니다. 찍을 때마다 물의 결정이 조금씩 달라지지만 실험에 따라 격자(grid) 또는 판상(laminar) 결정구조 등의 뚜렷한 경향을 보입니다.

그는 이런 작업을 통해 좋은 물과 나쁜 물, 즉 물에 대한 올바른 정보가 눈으로는 쉽게 알 수 없는 것을 여러 가지 물을 얼려서 결정사진을 잡는데 성공하여 가시화함으로써 '물의 얼굴'을 드러내 주었습니다. 그의 말입니다.

> 결정사진을 볼 때는 6각형이 뚜렷한 결정구조를 이루고 있는지가 중요합니다. 저는 촬영을 위해 결정체가 이루어지는 과정을 몇천 번이나 보아왔습니다. 그렇게 하다 보니 신기하게도 물에 생명이 있음을 느끼게 되었습니다. 본래 물은 '좋은 물이 되자! 좋은 물이 되고 싶다!'고 부단히 노력하고 있습니다. 그러면서 인간에게 무엇인가를 전하려고 하고 있습니다.

　그는 단순히 물의 결정사진뿐만 아니라 물에다 음악과 말을 들려
주거나 기도를 보내거나 글자를 보여주는 등의 다양한 시도를 통해
서, 물이 어떻게 반응하는가를 보고자 하였습니다.

　▮ 물이라고 하는 문자는 물의 결정사진 촬영 시에는 어떤 물도 옆
의 사진과 같은 상태를 일단 거쳐서 물로 돌아갑니다. 물이 얼어서
결정이 되었다가 온도가 상승함에 따라 물로 돌아가기 직전의 어느

〈한자 水의 모습〉

한순간, -5℃에서 0℃ 사이에 있어서,
‘물’이라는 한자(水)와 똑같은 모습을
보여 줍니다. 그러고 보면 옛 사람들은
이 사실을 알고서 한자 ‘水’라는 글자
를 만들었을까 싶습니다. 말이 얼마나
중요한지를 일깨워주는 그의 책에 나
오는 사진을 몇 가지 제시하면 다음과
같습니다.

〈바하의 ‘골드베르그의
변주곡’을 들려주었을 때〉

　▮ 바흐의 ‘골드베르그의 변주곡’을
들려주었을 때, 물의 결정체입니다. 이
곡은 바흐가 은혜를 입은 골드베르그를
위하여 감사의 뜻을 담아서 헌정한 곡
이라고 합니다. 기본이 되는 정제수와
비교하면 6각형이 생기고 있는 모습을
선명히 볼 수 있습니다. 감사하는 마음
이 성장을 촉진한다는 말이 떠오릅니다.

▌ 쇼팽의 '이별곡'을 들려주었을 때 물의 결정체입니다. 유명한 피아노곡으로 멜로디를 들으면 누구나 다 알만한 친숙한 곡입니다. 그리고 연구팀이 이 결정사진을 얻었을 때만큼 깜짝 놀란 적도 없었다고 합니다. '이별곡'이기 때문인지 기본적인 6각의 결정체에서 멋지게 나누어져 있습니다. 그야말로 현미경의 배율은 같았는데 잘게 쪼개진 모양을 잘 드러내서 보여줍니다.

〈쇼팽의 '이별곡'을
들려주었을 때〉

▌ 우리나라 전통민요 '아리랑'을 들려주었을 때 물의 결정체입니다. 잘 아시는 것처럼 아리랑은 우리나라의 대표적인 민요로 아리랑 고개를 넘어서 떠나가는 연인끼리의 이별가입니다. 떠나는 남자를 뒤에서 전송하는 여인이 애절하게 가슴앓이를 하고 있는 것과 흡사한 결정입니다.

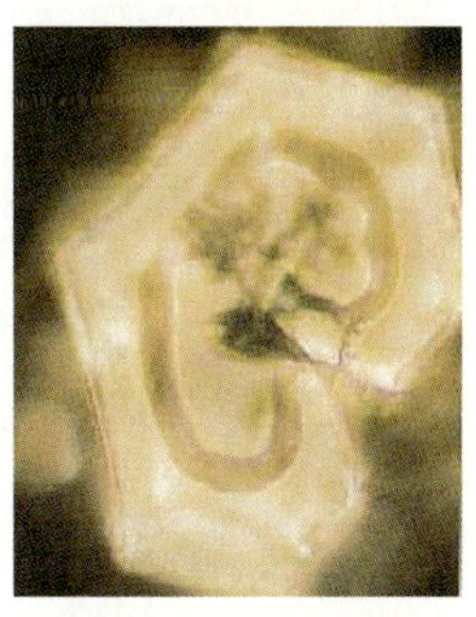

〈우리나라 전통민요
'아리랑'을 들려주었을 때〉

▌ "고맙습니다"라는 말을 들려주었을 때 물의 결정체입니다. 결정은 매우 아름답고 균형 잡힌 모습을 보여주었습니다. 이것은 '골드베르그' 변주곡을 들려주었을 때 나타난 모습과 비슷합니다.

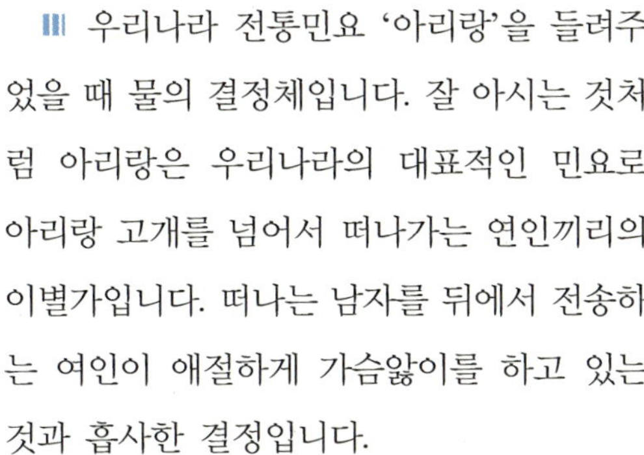

〈"고맙습니다"라는 말을
들려주었을 때〉

<치유 음악, '하도'를
들려주었을 때>

<"너는 나를 괴롭게 해!
죽여버리겠어!"를 들려주었을 때>

"너는 나를 괴롭게 해! 죽여 버리겠어!"를 들려주었을 때 물의 결정체입니다.

요즘 아이들이 무심코 내뱉는 욕설이 이런 말과 같습니다. 놀랍게도 물은 이러한 말들에 노출되자 이내 흉측하게 일그러진 모습을 보여주었습니다. 물의 결정은 보기 흉하게 일그러지더니 이내 사라져버렸습니다. 이것은 명백하게 '너는 나를 괴롭게 해! 죽여버리겠어!'의 이미지를 그대로 보여주는 것이었습니다.

이처럼 폭력적인 언어들이 일상화된 시대에 살고 있다는 사실이 가슴 아픕니다. 마치 욕설과 저주가 당연시되고 일상화된 것만 같습니다. 더욱 안타까운 것은 가정과 교회, 학교에서도 이런 말들이 일상화되고 그에 대해 아무렇지도 않은 것처럼 사용되는 모습을 쉽게 찾아 볼 수 있습니다.

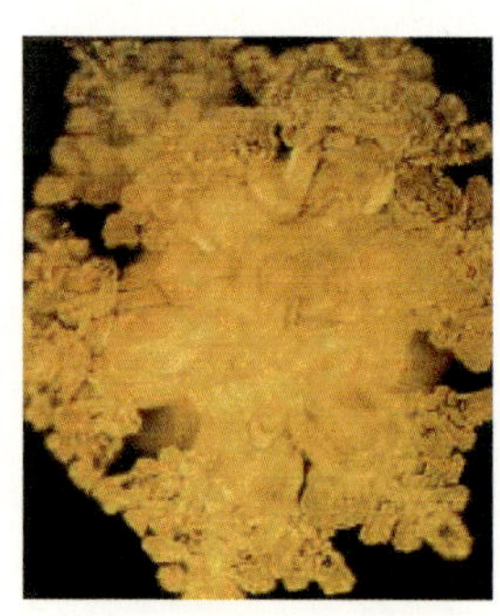

치유(Healing) 음악, '하도(Hado)'를 들려주었을 때 물의 결정체입니다. 이 음악은 아픔을 진정시키고 몸의 면역기능을 높이기 위한 목적으로 만들어졌습니다. 이 사진은 특별한 기술적 성과로 제작된 미국의 치유음악 CD를 들려준 결정체입니다. 가지 부분이 힘차게 쑥쑥 뻗어 있어 마치 영양가가 높은 식용 버섯처럼 힘찬 모습이 아름답습니다. 실제로 이 곡을 들었던 많은 사람들은 다양한 생리적인 효과가 있었다고 했습니다.

Ⅲ 반대로 '헤비메탈(Heavy Metal)' 곡을 들려주었을 때 물의 결정체입니다. 이 노래의 가사 내용은 화가 난 감정과 분노와 노여움이 가득 차 있고, 세상을 비난하고 있는 매우 부정적인 세계관을 담고 있습니다. 이 곡에 노출된 물의 결정제는 기본적인 6각 구소의 결성제가

〈'헤비메탈' 곡을 들려주었을 때〉

보기 좋게 산산조각이 나 있었습니다. 이 곡조에 대해서 물은 뚜렷이 부정적인 반응을 모이고 있었습니다. 이 사진 하나로 헤비메탈이 무조건 나쁘다고 말하는 건 아니고 이 곡에 담긴 상처 나고 격한 감정들의 가사에 문제가 있는 것 같습니다.

Ⅲ 500명의 사랑의 기운과 혼을 받아 응답하는 물의 결정체입니다. 1997년 2월 2일 오후 2시 사무실 그의 탁자 위에 동경 시나가와의 수돗물을 담은 컵을 얹어 놓았습니다. 그리고 그가 일본 전국에 있는 500명의 파동학 제자들에게 편지를 보냈습니다. 이 편지의 내용에는 이 물이 좋은 물이 될 수 있도록 '물이 깨끗하게 되었습니다', '감사합니다', '사랑합니다'라는 소원을 담아

〈500명의 사랑의 기운과 혼을 받아 응답하는 물〉

보내줄 것을 요청하였습니다. 이에 500명의 사람들이 동시다발적으로 사랑의 기운과 혼(魂)을 보내주었습니다. 이렇게 얻은 결정사진이 바로 이 사진입니다. 이 물에 그 어떤 물리적인 작용을 조금도 첨가하지 않았습니다. 이 사진에 촬영팀 일동은 주체할 수 없는 감동의 눈물로 서로를 부둥켜안고 감격해했습니다. 원래의 물은 시나가와의 수돗물로 그저 그런 평범한 물이었는데 500명이 보내준 사랑의 기운에 아름다운 결정체로 변한 것입니다.

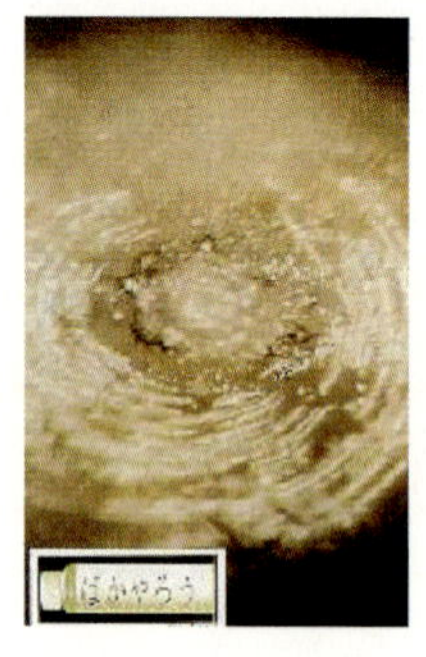

▮ 물에 문자를 보여준 결정입니다. 사람이 손으로 쓴 글자가 아닌 워드프로세서로 친 일정한 문자를 병에 붙여 실험해보았습니다. 그랬더니 물은 문자에 대해서도 분명한 응답을 보여주었습니다. 정확성을 기하기 위해 실험자에게 미리 사전정보를 주지 않고 실험하거나, 실험자를 바꿔보아도 같은 반응이 나왔습니다. 하룻밤 동안 병에 붙여두었던 '바보자식'이란 문자를 보고 있었던 물의 사진입니다. '어떤 헤비메탈 곡'을 들려주었던 물의 사진과 매우 닮았습니다. 또 같은 뜻을 지니는 영어의 'You Fool'도 붙여 실험해보았습니다. <물에 문자를 보여 준 결정> 결과는 같았습니다.


▮ '사랑', '감사'의 마음을 드러내고 있는 물의 결정체입니다. 수없이 많은 결정사진과 비교할 때 이 사진만큼 아름다운 결정이 없을 정도로 아름다운 모습을 드러냈습니다. 역시 이 세상에서 '사랑과 감사'의 마음을 능가하는 것은 없는 것 같습니다. '사랑과 감사'를 표현

하는 것만으로 우리 몸을 구성하는 물, 또
는 몸 안에 있는 물이 이와 같이 변함을 생
각하니 참으로 놀랍습니다.

과학자들의 연구에 의하면, 사람을 구성
하는 요소 중에서 물로 표현되는 게 70%
이상이라고 합니다. 그러므로 사람의 몸도
물과 같은 형질이라고 말할 수 있습니다.

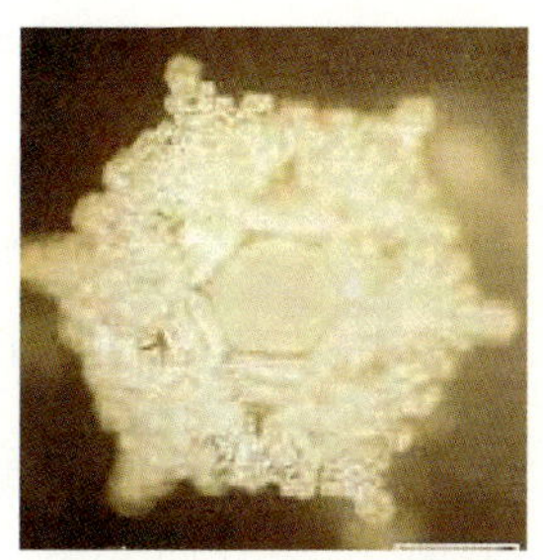
〈'사랑', '감사'의 마음을
드러내고 있는 결정체〉

이렇게 볼 때 좋은 말을 듣느냐, 나쁜 말을 듣느냐에 따라 즉각적으
로 마음이 기쁘기도 슬프기도 한 것입니다. 마치 물이 말에 따라 반
응을 보인 것과 같습니다. 그런데 지속적으로 좋은 말이나 나쁜 말을
듣는다면 어떨까요? 이렇게 되면 사람의 마음은 물이 보여준 반응처
럼 좋을 수도, 나쁠 수도 있게 될 것입니다. 좋은 말은 사람의 마음의
결정들을 아름답게 만들 것입니다. 반대로 나쁜 말은 사람의 마음의
결정들을 흉측하게 만들고 말 것입니다. 사랑이 담긴 따뜻한 말 한마
디의 격려는 사람의 인생을 바꾸어 놓을 수 있는 힘이 있습니다. 말
한마디의 힘에 대한 이야기들입니다.

화학을 전공하는 한 학생이 중간고사를 치르게 되었습니다. 시험
문제는 '석탄으로 알코올을 얻는 방법을 쓰라'였습니다. 그 학생은 아
무리 생각을 짜내 보아도 해답이 나오지 않았습니다.

이것을 풀어내는 화학공식이나 부호가 도무지 떠오르지 않았습니
다. 그래서 이렇게 대답을 썼습니다. '석탄을 팔아서 알코올을 사면
됩니다.'

그 후 그 학생은 교수님으로부터 호되게 야단을 맞고 낙제할 줄 알
았습니다. 그런데 담당 교수님은 그 학생을 불러서 말했습니다. "너

는 석탄으로 알코올을 얻는 가장 손쉬운 방법을 찾아냈다.” 그리고는 최고 점수를 주었습니다.

그것은 너그러움과 사랑이었습니다. 칭찬과 격려였습니다. 격려와 칭찬은 한 사람의 인생을 바꿉니다.

오래전 이탈리아 나폴리의 한 공장에서 위대한 성악가를 꿈꾸는 한 소년이 있었습니다. 어려운 생활 중에 겨우 첫 레슨을 받았을 때, 그의 선생은 그에게 이렇게 말했습니다. “너는 성악가로서 자질이 없어. 네 목소리는 덧문에서 나는 바람 소리 같다.” 이 소년은 큰 좌절에 빠지고 말았습니다. 그러나 소년의 어머니는 실망하는 아들을 꼬옥 껴안으며 이렇게 말했습니다.

“아들아! 너는 할 수 있어, 실망하지 마라. 네가 훌륭한 성악가가 되도록 이 엄마는 어떤 희생도 아끼지 않고 너를 돕겠다.”

소년은 어머니의 격려를 받으면서 열심히 노래했습니다. 이 소년이 바로 세계적인 성악가 ‘잉리코 카루소’였습니다.

미국의 36대 대통령이었던 린드 존슨은 96kg이 넘는 몸무게로 고민했습니다. 존슨은 체중감량을 위해 몇 번이나 노력했지만 실패했습니다. 그는 낙담하여 포기하려고 하였습니다. 그러다 그의 아내로부터 의미 있는 말 한마디를 듣고 다시 시도하여 성공할 수 있었습니다. 그의 아내는 그에게 이렇게 말했습니다.

“만일 당신이 자신을 조절할 수 없다면 국가도 경영할 수 없을 것입니다.”

존슨은 이 말을 마음 깊이 새기고 노력한 결과 80kg까지 뺄 수 있었습니다.

한창 정치활동을 왕성하게 하던 루스벨트는 39세 때에 갑자기 소

아마비에 걸려 보행이 곤란해졌습니다. 그는 다리를 쇠붙이에 고정시킨 채 휠체어를 타고 다녀야 했습니다. 절망에 빠진 그가 방에서만 지내는 것을 아무 말 없이 지켜보던 그의 아내 엘레나 여사는 비가 그치고 맑게 갠 어느 날 남편의 휠체어를 밀며 정원으로 산책을 나갔습니다. 그리고 이런 말을 했습니다.

"비가 온 뒤에는 반드시 이렇게 맑은 날이 옵니다. 당신도 마찬가지예요. 뜻하지 않은 병으로 다리는 불편해졌지만 그렇다고 당신 자신이 달라진 건 하나도 없어요. 여보, 우리 조금만 더 힘을 냅시다."

아내의 말에 루스벨트가 대답했습니다.

"하지만 나는 영원한 불구자요. 그래도 나를 사랑하겠소?"

"아니 무슨 그런 섭섭한 말을 해요? 그럼 내가 지금까지는 당신의 두 다리만을 사랑했나요?"

아내의 사랑과 진심의 말에 루즈벨트는 용기를 얻었습니다. 장애인의 몸으로 대통령에까지 당선되어 세계적인 경제공황을 뉴딜정책으로 극복했고, 제2차 세계대전을 승리로 이끌었습니다. 아내의 말 한마디가 남편의 인생을 결정한 것입니다. 아니 미국 경제와 세계평화를 이루어낸 것입니다. 이에 대한 하나님의 말씀입니다. 잠언 16장 24절 말씀입니다.

> 기분 좋은 말은 꿀 송이 같아서 영혼을 즐겁게 하고 아픈 뼈를 고치는 힘이 된다.

잠언 10장 31절 말씀입니다.

> 의인의 입은 지혜를 불러오지만 못된 혀는 잘라질 것이다.

우리는 주위 사람들에게 어떤 말로 대하고 있습니까? 5만 번 이상의 기도응답을 받은 기도의 사람, 3,000명 이상의 고아를 기른 고아의 아버지 조지 뮐러도 청소년 시절에는 동네에서 부랑자였습니다. 아버지의 돈을 훔치고 거짓말을 일삼고 친구와 어울려 유흥업소와 경찰서를 자신의 집처럼 들락거리다가 결국 교도소를 다녀오기도 했습니다. 이런 그의 마음을 잡게 해서 오늘날 기독교 역사에 빛나는 성자(聖者)가 되게 한 것도 말 한마디였습니다. 어느 날 동네 목사님에게 상담하러 간 그에게 목사님이 한 말씀이었습니다. 이 말이 조지 뮐러를 변화시켰습니다.

"조지! 나쁜 버릇을 하루아침에 고칠 수는 없지만 하나님은 한번 택한 자녀를 절대로 버리지 않으신다. 실망하지 말고 노력하면 넌 반드시 훌륭한 사람이 될 거야."

이처럼 말 한마디는 참으로 중요합니다. 말 한마디의 차이가 얼마나 큰지를 일깨워주는 이야기입니다. 우리가 쓰는 말 한마디에 따라 얼마든지 결과가 달라질 수 있다는 사실을 밝혀준 프랑스의 시인 로제 카이유가 들려준 이야기입니다.

"저는 태어날 때부터 장님입니다."

이런 팻말을 목에 걸고 프랑스 파리의 미라보 다리 위에서 구걸을 하고 있는 시각장애인이 있었습니다. 그런데 그 곁을 지나가던 어떤 사람이 그 사람에게 당신이 이렇게 해서 구걸하는 액수가 하루에 얼마나 되느냐고 물었습니다. 그러자 그는 침통한 목소리로 겨우 10프랑 정도밖에 되지 않는다고 대답했습니다. 그 소리를 들은 행인은 고개를 끄덕이면서 그 사람의 목에 걸려있는 팻말을 뒤집어 놓으며 다른 말을 적어놓았습니다. 그로부터 약 한 달 후, 그 행인이 그곳에 다시 나타났을 때 그 사람은 행인의 손을 붙잡고 감격해 하며 물었습니다.

"참으로 고맙습니다. 선생님께서 다녀가신 뒤 요즘에는 50프랑까지 수입이 오르니 대체 어떻게 된 연유인지 모르겠습니다. 도대체 무슨 글을 써놓았기에 이런 놀라운 일이 생기는 겁니까?"

그러자 행인은 빙그레 웃으며 이렇게 대답했습니다.

"별다른 게 아닙니다. 원래 당신의 팻말에 쓰여 있는 글 '저는 태어날 때부터 장님입니다'라는 말 대신에 '봄이 오건만 저는 그것을 볼 수 없답니다'라고 써 놓았을 뿐이죠."

'태어날 때부터 장님'이란 무미건조한 말만 가지고는 사람들에게 아무런 감동도 주지 않았지만, 거기에 좀 너 아름다운 상상의 날개를 달아줌으로써 사람들의 동정심을 자극할 수 있었던 것입니다. 이왕이면 우리도 살아가면서 이렇게 아름다운 수식어를 하나씩 달아주면 어떻겠습니까? 같은 말, 같은 생활이라도 이렇게 아름답게 꾸며주면 보다 맛깔스럽고 멋지고 정감어린 생활을 할 수가 있습니다.

션 아처 굿 싱크 최고 경영자는 하버드대학교에서 '행복학'을 주제로 강의하면서 지난 10년 동안 최고 인기강좌 순위에서 1위를 놓치지 않고 있습니다. 그는, "직원들을 관리하면서 하루 한 번씩 직원들을 칭찬했더니 6개월 뒤 생산성이 30%나 향상되었습니다. 직원들이 일을 더 빠르게 일을 효율적으로 하려면 행복하게 일을 해야 하는데 바로 '칭찬'의 말 한마디로 업무효과를 올릴 수 있습니다. 언제나 모든 사람들에게 희망의 언어로 힘이 되는 사람이 되시기를 바랍니다. 칭찬을 받고 자라면 긍정의 사람이 됩니다"고 말합니다.

이처럼 우리는 입에서 나와 상대의 귀로 흘러들어 가는 말 한마디가 살아가면서 얼마나 많은 역할을 해내고 있는지를 항상 되새겨봐야 합니다. 말을 내뱉는 것은 쉽고 순식간이지만, 그 말에 대한 책임은 평생토록 가져가야 합니다. 말이란 게 이토록 어렵고 중요합니다. 말이 주는 놀라운 힘을 믿고, 말을 잘해야 합니다. 결국 말한 대로 거두고, 말한 대로 이루어집니다. 말이 곧 그 사람이고 에너지입니다. 사랑한다는 말 한마디가 주는 힘은 놀랍습니다.[16)]

어느 설문조사에서 가장 좋아하는 말과 가장 듣고 싶은 말을 조사했습니다. 조사 결과는 이러했습니다. 가장 좋아하는 말은 첫째 사랑, 둘째 믿음, 셋째 행복이었습니다. 가장 듣고 싶은 말은 "사랑해요"가 첫째, "널 믿어"가 둘째, "성실하다"가 셋째였으며 그다음으로 "좋아한다", "넌 소중한 사람이야", "넌 할 수 있어", "착하다", "멋지다", "똑똑하다"였습니다.

누구나 "사랑한다"는 말을 듣기 좋아합니다. 사랑한다는 말은 비용이 들지 않지만 많은 것을 줄 수 있는 힘이 있습니다. 많이 줘도 가난하게 되지 않습니다. 모든 사람을 풍요롭게 만들어줍니다. 아무리 부족한 것 없어 보이는 엄청난 부자라고 해도 사랑한다는 말을 필요로 합니다. 사랑이라는 말은 친구 사이에 우정을 돈독하게 만들어주고, 사업에는 촉진제가 되며, 피곤에 지친 사람에게는 휴식이 되고, 실망과 좌절에 빠져든 사람에게는 용기를 주며, 슬퍼하는 사람에게는 위로가 되고, 깊이 고민하는 사람에게는 해독제가 됩니다. 돈을 주고 살 수 없는 말, 이것이 바로 '사랑해'입니다. 사랑은 예수님이 우리에게

---

16) 고도원, 『사랑합니다 감사합니다』(서울: 홍익출판사, 2011) 참조; 이 책을 한 줄로 요약하면 이렇습니다. "고맙다, 오늘도 열심히 살아줘서 고맙다!" 이 책은 자기긍정의 힘이 행복에 이르는 지름길임을 전하고 있는 이야기와 더불어 대한항공이 협찬한 '대한항공사진전 역대 최우수작품' 들이 절묘하게 어우러져 있습니다. 소박하지만 진정성이 깃든 메시지로 많은 이들의 길동무가 되어준 고도원의 이야기를 통해 사랑하고 감사하는 마음의 지혜에 대해 알려주는 좋은 책입니다.

주신 새 계명입니다. 요한복음 13장 34절 말씀입니다.

> 내가 너희에게 새 계명을 준다. 서로 사랑하라. 내가 너희를 사
> 랑한 것같이 너희도 서로 사랑하라.

또한 모든 것의 완성입니다. 때로는 따뜻한 말 한마디에 힘이 납니다. 제가 가끔 가는 익산병원 접수창구에 적힌 글입니다.

♥ 즐거운 말 한마디가 하루를 빛나게 합니다.

♥ 사랑의 말 한마디가 기쁨과 축복을 듬뿍 드립니다.

♥ 은혜스런 말 한마디가 길을 평탄케 합니다.

♥ 때에 맞는 말 한마디가 긴장을 풀어 줍니다.

♥ 상대방을 배려하는 말 한마디가 세상을 사랑으로 가득 차게 합니다.

♥ 칭찬하는 말 한마디는 고래도 춤추게 합니다.

사랑하는 가족들에게 이런 말들을 아주 많이 해보시기를 바랍니다. 남편들은 사랑하는 아내에게 이런 말을 많이 해보시기 바랍니다.

♥ 여보! 당신을 만난 건 내 인생 최고의 축복이야.

♥ 당신은 내게 보물 1호야.

♥ 누가 뭐래도 당신은 내게는 가장 예쁜 왕비님이야.

♥ 어쩌면 당신은 세월도 비켜가나 봐. 여전히 예뻐!

♥ 어쩌면 이렇게 요리도 잘하는지 오늘 요리 최고야!

♥ 우리 죽을 때까지 늘 함께하자! 난 당신 없인 못살아!

♥ 장인 어르신과 장모님께 잘 해드리자.


사랑하는 남편에게 이런 말을 해보시기 바랍니다.


♥ 당신은 우리 가정의 기둥이야.
♥ 당신은 정말 멋진 남편이야.
♥ 월급이 적으면 어때. 아껴 쓰면 되지.
♥ 집안 걱정 말고 무리하지 말고 열심히 일해.
♥ 세상에 당신 같은 사람 없어. 당신이 최고!
♥ 곁에 있으면 왠지 마음이 든든해.
♥ 당신이 늘 자랑스러워.


자녀들은 이런 말을 많이 해보시기 바랍니다.


♥ 아빠, 엄마! 힘내세요. 우리가 있잖아요.
♥ 아빠, 엄마! 걱정하지 마세요. 우리가 있잖아요.
♥ 아빠, 엄마는 우리 마음의 기둥이세요.
♥ 아빠, 엄마! 힘드시죠. 쉬면서 일하세요.
♥ 아빠, 엄마! 항상 자랑스럽고 든든해요.
♥ 아빠, 엄마에게 배울 점이 참 많아요.
♥ 아빠, 엄마 우리가 멋지게 자랄게요.

■ 말, 언어에 관한 성경말씀을 정리해 보았습니다.

시편 141편 3절 말씀입니다.

오 여호와여, 내 입에 파수꾼을 두시고 내 입술의 문을 지켜주소서.

잠언 8장 7절 말씀입니다.

잘 들으라. 내가 뛰어난 것을 말하고 내 입술을 열어 옳은 것을 말할 것이다.

잠언 10장 19-21절 말씀입니다.

말이 많으면 죄를 짓기 쉽지만 말을 조심하는 사람은 지혜롭다. 의인의 혀는 순은과 같지만 악인의 마음은 가치가 적다. 의인의 입술은 많은 사람을 먹여 살리지만 어리석은 사람은 지혜가 모자라 죽게 된다.

잠언 10장 31-32절 말씀입니다.

의인의 입은 지혜를 불러오지만 못된 혀는 잘라질 것이다. 의인의 입술은 기쁘게 하는 것을 알지만 악인의 입은 못된 것만 말한다.

잠언 12장 14절 말씀입니다.

사람은 열매 있는 말을 해 좋은 것으로 배부르고 손이 수고한 만큼 보상을 받을 것이다.

잠언 12장 25절 말씀입니다.


　　마음속의 근심은 자신을 가라앉게 하지만 친절한 말은 그 마음을 상쾌하게 한다.


잠언 13장 1-3절 말씀입니다.


　　지혜로운 아들은 아버지의 훈계를 듣지만 거만한 사람은 그 꾸지람을 듣지 않는다. 선한 사람은 그 입술의 열매로 좋은 것을 맛보지만 죄짓는 사람의 영혼은 폭력을 맛보게 될 것이다. 말을 조심하는 사람은 생명을 지키지만 말을 함부로 하는 사람은 망하게 된다.


잠언 15장 7절 말씀입니다.


　　지혜로운 사람의 입술은 지식을 퍼뜨리지만 어리석은 사람의 마음은 그렇지 않다.


잠언 16장 24절 말씀입니다.


　　기분 좋은 말은 꿀 송이 같아서 영혼을 즐겁게 하고 아픈 뼈를 고치는 힘이 된다.


잠언 17장 27-28절 말씀입니다.


　　지식이 있는 사람은 말을 아끼고 통찰력 있는 사람은 성급해하지 않는다. 어리석은 사람도 조용히 하면 지혜롭게 보이고 입을 다물고 있으면 슬기로워 보인다.

잠언 18장 4절 말씀입니다.


　　슬기로운 사람의 입에서 나오는 말은 깊은 물과 같고 지혜의 샘은 흐르는 시냇물과 같다.


잠언 18장 6-8절 말씀입니다.


　　어리석은 사람의 입술은 다툼을 일으키고 그 입은 매를 부른다. 어리석은 사람의 입은 자기를 멸망하게 하고 그 입술은 그 영혼의 덫이 된다. 남의 말을 하는 것은 맛있는 음식과 같아서 사람의 뱃속 깊이 내려간다.


잠언 19장 9절 말씀입니다.


　　가짜 증인은 벌을 피하지 못하며 거짓말을 잘하는 사람은 쓰러질 것이다.


잠언 20장 19절 말씀입니다.


　　남의 말을 하고 다니는 사람은 비밀을 누설하게 돼 있으니 입을 함부로 놀리는 사람과는 어울리지 마라.


잠언 25장 9절 말씀입니다.


　　다툴 일이 있으면 당사자와 직접 하고 다른 사람에게까지 그 비밀을 드러내지 마라.

잠언 25장 15절 말씀입니다.


인내는 통치자를 설득할 수 있고 부드러운 혀는 뼈를 녹일 수 있다.


잠언 31장 26절 말씀입니다.


그녀는 입을 열면 지혜가 나오고 그녀의 혀에는 따뜻한 훈계가 있다.


전도서 10장 12-14절 말씀입니다.


지혜로운 사람의 입에서 나오는 말은 은혜롭지만 어리석은 사람의 입술은 그 자신을 삼키고 만다. 어리석은 사람의 입에서 나오는 말은 처음에는 어리석은 것이더니 결국에는 사악하고 미친 소리로 끝난다. 어리석은 사람은 말이 많다. 사람은 모름지기 앞으로 닥칠 일을 모른다. 죽은 후에 일어날 일을 누가 그에게 말해주겠는가?


마태복음 12장 36절 말씀입니다.


그러나 내가 너희에게 말한다. 심판 날에 사람은 자기가 함부로 내뱉은 모든 말에 대해 해명해야 할 것이다.


마태복음 15장 11절 말씀입니다.


입으로 들어가는 것이 사람을 불결하게 하는 것이 아니라 입에서 나오는 것이 사람을 불결하게 하는 것이다.

누가복음 6장 45절 말씀입니다.


　　선한 사람은 마음속에 선한 것을 두었다가 선한 것을 내놓고 악한 사람은 마음속에 악한 것을 두었다가 악한 것을 내놓는다. 사람은 마음에 가득 찬 것을 입으로 말하는 법이다.


로마서 10장 9-10절 말씀입니다.


　　만일 당신의 입으로 예수를 주라고 고백하고 또 하나님께서 그분을 죽은 사람 가운데서 살리신 것을 마음에 믿으면 구원을 받을 것입니다. 사람이 마음으로 믿어 의에 이르고 입으로 고백해 구원에 이릅니다.


에베소서 4장 29절 말씀입니다.


　　더러운 말은 어떠한 것도 여러분의 입 밖에 내지 말고 오직 성도를 세워주는 데 필요한 대로 선한 말을 해서 듣는 사람들에게 은혜를 끼치도록 하십시오.


골로새서 4장 6절 말씀입니다.


　　여러분은 언제나 소금으로 맛을 내는 것같이 은혜롭게 말하십시오. 그러면 여러분은 각 사람에게 어떻게 말할 것인지 알게 될 것입니다.


야고보서 1장 19-20절 말씀입니다.


　　내 사랑하는 형제들이여, 이것을 명심하십시오. 사람마다 듣기는 빨리 하고 말하기는 천천히 하며 노하기도 천천히 하십시오. 사람이 화내는 것이 하나님의 의를 이루지 못하기 때문입니다.

야고보서 3장 1-10절 말씀입니다.


내 형제들이여, 더 큰 심판을 받을 줄 알고 너도나도 선생이 되려고 나서지 마십시오. 우리는 모두 실수가 많기 때문입니다. 만일 누가 말에 실수가 없다면 그는 자기의 온몸도 제어할 수 있는 완벽한 사람입니다. 우리는 말들을 길들이려고 그 입에 재갈을 물려서 말들을 다 끌고 갑니다. 보십시오. 그렇게 큰 배들이 거센 바람에 밀려가지만 항해사는 작은 키 하나로 방향을 잡아갑니다. 이와 같이 혀도 작은 지체이지만 큰 것을 자랑합니다. 보십시오. 얼마나 작은 불씨가 얼마나 많은 나무를 태웁니까? 혀는 불입니다. 혀는 우리 지체 안에 있는 불의의 세계이며 온몸을 더럽히며 인생의 바퀴를 불사르며 지옥 불에 의해 불살라집니다. 모든 종류의 짐승이나 새나 벌레나 바다 생물은 길들여질 수 있어 사람에게 길들여져 왔습니다. 그러나 혀는 아무도 길들일 수 없습니다. 혀는 지칠 줄 모르는 악이요, 죽이는 독이 가득한 것입니다. 우리는 혀로 주와 아버지를 찬양하기도 하고 또 그것으로 하나님의 형상을 따라 지음받은 사람을 저주하기도 합니다. 찬양과 저주가 한 입에서 나오니 내 형제들이여, 그래서는 안 됩니다.

베드로전서 3장 10-11절 말씀입니다.


그러므로 말씀하시기를 "누구든지 생명을 사랑하고 좋은 날 보기를 원하는 사람은 혀를 금해 악한 말을 하지 못하게 하고 입술로 거짓을 말하지 못하게 하며 악에서 돌이켜 선을 행하고 화평을 따르고 화평을 이루라."

요한일서 3장 18절 말씀입니다.

자녀들이여, 우리가 말과 혀로만 사랑하지 말고 행동과 진실함
으로 사랑합시다.

말 한마디가 우리 자신입니다. 좋은 말을 하면 좋은 사람이 되고
아름다운 말을 하면 아름다운 사람이 됩니다. 말 한마디가 우리의 생
활입니다. 험한 말을 하는 생활은 험할 수밖에 없고 고운 말을 하는
생활은 고와집니다. 말 한마디가 우리의 이웃입니다. 친절한 말을 하
면 모두 친절한 이웃이 되고 거친 말을 하면 거북한 관계가 됩니다.
말 한마디가 우리의 미래입니다. 긍정적인 말을 하면 아름다운 소망
을 이루지만 부정적인 말을 하면 실패만 되풀이 됩니다. 말 한마디에
이제 우리 자신이 달라집니다. 예의 바르며 겸손한 말은 존경을 받습
니다. 진실하며 자신 있는 말은 신뢰를 받습니다. 좋은 말을 하고 살
면 정말 좋은 사람이 됩니다.

사순절과 부활절을 보내면서 우리는 우리의 잘못된 말을 예수 그
리스도의 십자가에 못 박고 참생명의 새싹처럼 사망권세를 이기고
부활하신 예수님처럼 사랑과 소망이 넘치는 생명살림의 말하기를 이
루어가야 할 것입니다.

# 오늘날 우리에게
# 아버지란 무엇인가

저는 아버지하면 떠오르는 것이 '가시고기'입니다. '가시' 모양을 지닌 '가시고기'라는 물고기가 있습니다. 그런데 이 가시고기에는 가슴 아픈 아버지 가시고기의 아픔이 담겨있습니다. 어머니 가시고기는 알을 낳아 놓고 어디론가 훌쩍 떠나버립니다. 그러면 아버지 가시고기는 온갖 고생을 하며 알을 부화시킵니다. 그 새끼 가시고기가 자라면 아버지 가시고기의 곁을 떠나 자기의 길을 찾아 떠나버립니다. 모두 떠난 자리에서 아버지 가시고기는 너무 외로워서 바위에 머리를 박고 죽음을 선택한다고 합니다. 참으로 서글픈 자식 사랑의 이야기입니다.

이처럼 아버지는 자식을 사랑함에 온갖 고생을 마다하지 않습니다. 자식 하나 잘되기를 바라는 마음으로 때로는 나이 어린 직장상사의 눈치를 봐가며, 남들에게 아쉬운 소리 해가며, 자존심까지 버리면서 살아가는 이들이 바로 우리네 아버지들입니다. 언제 직장을 잃을지 모르는 불안하고 암담한 자신의 앞날보다는, 자식의 앞날을 더 걱정

하며 살아가는 아버지! 아버지의 두 손에 굳은살이 박히고, 머리에는
흰머리가 늘어나고, 이마에 깊게 패인 주름은 바로 자식들을 위하여
희생한 거룩한 사랑의 흔적입니다.


**아버지의 마음**

    김현승


    바쁜 사람들도
    굳센 사람들도
    바람과 같던 사람들도
    집에 돌아오면 아버지가 된다.

    어린 것들을 위하여
    난로에 불을 피우고
    그네에 작은 못을 박는 아버지가 된다.

    저녁 바람에 문을 닫고
    낙엽을 줍는 아버지가 된다.

    세상이 시끄러우면
    줄에 앉은 참새의 마음으로
    아버지는 어린 것들의 앞날을 생각한다.
    어린 것들은 아버지의 나라다. - 아버지의 동포다.

    아버지의 눈에는 눈물이 보이지 않으나
    아버지가 마시는 술에는 항상
    보이지 않는 눈물이 절반이다.
    아버지는 가장 외로운 사람이다.
    아버지는 비록 영웅이 될 수도 있지만 …….

    폭탄을 만드는 사람도
    감옥을 지키던 사람도
    술가게의 문을 닫는 사람도

집에 돌아오면 아버지가 된다.
아버지의 때는 항상 씻김을 받는다.
어린 것들이 간직한 그 깨끗한 피로…….

언제인지는 모르겠지만 지금도 잊혀지지 않는 가슴 찡한 광고가 생각납니다. 이 광고 모델들은 젊고 생기발랄한 인기스타가 아니었습니다. 이마에는 깊은 주름이 패여 있고, 그들의 손은 쭈글쭈글 볼품없이 보였습니다. 제가 기억하는 그 광고의 카피 내용입니다.

스물아홉…… 열네 시간을 기다려서야 자식의 울음소리를 들을 수 있었습니다. 당신은 신을 믿지 않았지만 당신도 모르게 기도를 올렸습니다. 서른일곱…… 자식이 초등학교에 들어가 우등상을 탔습니다. 당신은 액자를 만들어 가장 잘 보이는 곳에 걸어두었습니다. 아직도 당신의 방에는 누렇게 바랜 액자가 걸려 있습니다. 마흔셋…… 일요일 아침, 모처럼 자식과 뒷산 약수터로 올라갔습니다. 이웃 사람들은 자식이 아버지를 닮았다며 인사를 건넸습니다. 당신은 괜히 기분이 좋았습니다. 마흔여덟…… 자식이 대학 시험을 보러 갔습니다. 당신은 평소와 다름없이 출근했지만 온종일 일이 손에 잡히지 않았습니다. 쉰셋, 자식이 첫 월급을 타서 내의를 사왔습니다. 당신은 쓸데없이 돈을 쓴다고 나무랐지만 밤이 늦도록 그 내의를 입어보고 또 입어봤습니다. 예순하나, 딸이 시집을 가는 날이었습니다. 딸은 도둑 같은 사위 얼굴을 쳐다보며 함박웃음을 피웠습니다. 당신은 나이 들고서 처음으로 눈시울이 붉거졌습니다. 오직 하나 자식 잘되기만을 바라며 살아온 한평생, 하지만 이제는 희끗희끗한 머리로 남으신 당신, 우리는 당신을 아버지라 부릅니다.

이처럼 '아버지'하면 떠오르는 것이 바로 속 깊은 사랑입니다. 어머니처럼 다정다감하게 사랑을 주시지는 않으셨지만 가장(家長)이라는 책임감을 묵묵히 짊어져 오신 아버지……. 그러기에 아버지를 떠올리면 그 사랑 깊음에 목이 메고 숙연해지곤 합니다.

얼마 전 화제(話題)가 되었던 초등학생의 시(詩) 한 편에 나온 아버지의 모습에 망연자실해지고 말았습니다. 더욱이 네 아이의 아버지로 살아가는 제게 이 시는 가히 놀람을 넘어 충격이었습니다. MBC TV <일요일 일요일 밤에>라는 프로그램의 한 코너인 '오늘을 즐겨라'에 소개된 저희 집 첫째 딸인 사랑이와 같은 초등학교 2학년 여자 어린이의 시이기에 눈여겨보게 되었습니다.

**아빠는 왜?**

> 엄마가 있어 좋다.
> 나를 이뻐해주어서
>
> 냉장고가 있어 좋다.
> 나에게 먹을 것을 주어서
>
> 강아지가 있어 좋다.
> 나랑 놀아주어서
>
> 아빠는 왜 있는지 모르겠다.

이 시는 대수롭지 않게 여길 수 있습니다. 초등학교 2학년인 어린 아이는 자신은 물론 엄마와 냉장고와 강아지까지도 모두 아빠가 있기 때문에 존재한다는 사실을 알지 못한 것입니다. 그러니 이 시는 세상 물정 모르는 어린 아이의 글일 뿐입니다. 더욱이 이름 모를 한 어린 아이의 시로 우리나라 대부분의 어린 아이들을 대표하는 것도 적합하지 않을 것입니다. 그러나 이 시가 우리나라를 대표하는 공중파 방송에서 그것도 온가족이 함께 즐기는 시간대에 방송된 것을 보면 이 시를 대수롭지 않은 것으로 여길 수만은 없습니다. 어쩌면 우리 시대의 가슴 아픈 현실을 잘 드러내 준 시인지도 모릅니다. 실제로 방송 이후 큰 화젯거리로 인터넷에서 수많은 누리꾼들에 의해 널리 퍼져나갔습니다.

이 시를 보고 오늘날의 아버지상이 이토록 참담하게 추락한 것인가 하는 생각에 마음 아팠습니다. 그러면서 이 시를 여러 번 읽고 또 읽어 보았습니다. 이 시에서 아버지는 엄마, 냉장고, 강아지보다 못한 존재로 왜 있어야 하는지 의문까지 듭니다. 아니 없어도 전혀 문제될 것 없는 존재일 뿐입니다.

이 시에 대해 우리 아버지들은 억울함을 말할 수 있을 것입니다. 가정을 위해 직장 상사의 눈치를 보면서 힘들게 일하다 보니 본의 아니게 가정에 소홀한 것을……. 아버지들이 가정에 소홀하고 싶어서 그런 게 아니라 직장 일에 치이다 보니 그런 것을……. 이전의 아버지들도 다 그렇게 살아온 것을…….

사실은 저도 그렇게 말하고 싶은 아버지입니다. 40대 중반인 저는 더욱 그렇습니다. 우리 40대들은 기를 쓰고 위로 올라가지 못하면 아래로부터 위협을 당하는 위치입니다. 위에서 누르고 아래에서 위협하는 처지가 바로 중년기 직장인의 현주소입니다. 또한 중년기는 부모님 봉양과 자녀양육에 힘써야 하는 처지입니다. 고령화 사회에 접어들면서 장수시대에 접어든 친가와 처가의 부모님을 봉양해야 하는 처지입니다. 이전에 비해 장수하시는 부모님들을 제대로 봉양하고 그분들의 삶의 질을 마음껏은 아니더라도 어느 정도라도 누리시게 해드리려면 적정선의 경제적 봉양을 해드려야만 합니다. 그리고 자녀양육도 이전 시대에 비해 엄청난 부담입니다.

우리 세대가 자랄 때와 비교하면 오늘날의 아이들은 그야말로 풍요를 만끽하는 세대로 왕자님, 공주님입니다. 이에 따라 부담해야 할 교육비용도 만만치 않습니다. 결국 이 모든 삶의 토대가 경제이니만큼 직장생활을 소홀히 할 수 없습니다.

그런데 한 해 두 해 일해 온 일터이니 일도 익숙하고 사람관계도 원만하고 과제수행이나 성과에 대한 인정으로 활력이 넘치면 좋으련만 그렇지 않습니다. 오늘날 많은 직장인들은 급변하는 업무에 적응을 강요당하고 과중한 과제수행에 지쳐만 갑니다. 더욱이 어느새 우리 사회에 일반화된 성과에 대한 평가라는 괴물 앞에 몸과 마음과 관계도 이전 같지 않습니다. 이러다 보니 제2의 가정이랄 수 있는 직장이 즐겁기는커녕 마치 학생들이 마지못해 수행하는 하나의 숙제처럼 느껴지는 게 오늘의 현실입니다. 그러기에 가정과 자녀들에게 조금은 소홀하다 해도 크게 잘못된 것이 아닌 것이라 생각했습니다. 힘들지만 꾸욱 참고 직장 일을 해나가는 것으로 가장의 책임감을 다하는 것으로 생각했습니다.

오늘날, 아버지의 모습을 생각하게 하는 유머가 있습니다. 아버지와 아들이 같이 목욕탕을 갔습니다. 아버지가 열탕(熱湯)에 들어간 것을 본 아들이 아버지에게 말했습니다.

"물 안 뜨거워?"

이 물음에 아버지가 대답했습니다.

"아, 시원~하다."

아들은 아버지의 말만 믿고 열탕에 풍덩 뛰어 들어갔다가 뛰쳐나오면서 말했습니다.

"세상에 믿을 놈 하나 없네."

목욕을 마치고 나와서 길을 걷다가 아버지와 아들은 빵을 사서 먹었습니다. 빵 3개 먹은 아버지가 빵 2개 먹은 아들에게 물었습니다.

"배부르냐?"

이 물음에 아들이 대답했습니다.

"두 개 먹은 놈이 배부르면 세 개 먹은 놈은 배터져 죽겠다."

이 이야기는 하늘로만 알았던 아버지의 권위가 허물어지는 사회상을 빗댄 이야기일 것입니다. 이처럼 오늘날 아버지의 권위와 이미지는 이전 시대와는 너무도 다릅니다. 분명 바깥일로, 직장일로 힘겨운 것은 사실이지만 그것으로서 가정과 자녀사랑을 등한시하는 것에 대해 핑계를 댈 수는 없습니다.

초등학교에 다니는 딸 둘과 유치원에 다니는 아들 하나를 둔 아빠가 있었습니다. 쉬는 날이 되자 삼남매가 놀이동산에 놀러가자고 아빠를 졸랐습니다. 아빠는 갈 마음이 전혀 없었습니다. 그래도 아이들이 계속 조르자 한 가지 꾀를 생각해냈습니다. 아빠가 꼭 가야 하는 이유 세 가지를 얘기해보라고 한 것입니다. 갑작스런 아빠의 질문에 아이들은 할 말을 잃었습니다. 심심한 것 외에 딱히 할 말이 없었습니다. 이렇게 물러설 수 없었던 맏딸이 아빠에게 역공격을 했습니다. 아빠가 놀이동산에 가지 못하는 이유를 세 가지를 대보라고 하자, 아빠는 미리 준비한 답을 바로 말했습니다.

"돈 없어, 차 막혀, 그리고 피곤해."

완패를 당한 삼남매가 아빠를 뒤로하고 방을 나가는데 어린이집에 다니는 막내 녀석이 문을 꽝 닫으며 한마디 했습니다. 이 말 때문에 아빠는 꼼짝없이 아이들과 함께 놀이동산에 가게 되었습니다. 이 아이가 뭐라고 했을까요?

"아빠는 왜 살아?"

이제는 우리 아버지들이 바깥일에만 충실하면 되고, 집안일과 자녀 양육은 어머니의 몫인 것으로 양분하던 시대는 지났습니다. 우리가 사는 시대는 아버지, 어머니의 역할에 대한 고정관념을 허용하지 않는 시대입니다. 이전 시대에는 아버지가 자녀들에게 있어서 절대적인 권위와 역할 모델이 되었으나, 오늘날엔 아버지 역할의 변화가 요청되는 시대입니다. 이전 시대에는 '엄부자모(嚴父慈母)'라는 말처럼 아버지는 엄하고 어머니는 자애로운 것으로 부모의 역할을 명확히 구분하였습니다. 그러나 오늘날은 '엄친'이라 불리던 아버지의 칭호가 퇴조되고 '새로운 아버지상'을 요구받고 있습니다. 이러한 표현들로 '새로운 아버지(new father)', '새로운 아버지임(new fatherhood)', '가정적인 남성(family men)', '슈퍼 대디(super daddy)', '양성적인 아버지(androgynous father)', '새로운 남성성(new manism)', '프렌디(friendy, 영어의 'friend'와 'daddy'의 합성어)' 등입니다. 이는 오늘날 아버지들의 변화를 상징적으로 보여주는 단어들입니다.

이처럼 오늘날의 아버지는 전통적인 엄부로서 근엄하고 과묵한 이미지로, 바깥양반으로 가정사를 등한시하던 방식에서 친구같이 자녀와 어울리는 비권위적인 아버지상을 요구받고 있습니다. 그러므로 이제는 물리적인 존재만이 아닌 심리적인 존재감을 가족에게 느끼게 해주어야 합니다. 가정에서 아버지는 돈을 벌어다 주는 것으로 자녀를 위한 책임을 다하고 있다는 생각은 잘못입니다. 아버지가 좀 더 적극적으로 자녀교육 문제에 관심을 가져야 합니다. 자녀를 위한 훌륭한 투자는 먹이고 입히는 것만이 아니라 자녀와 대화하고 시간을 함께 보내는 적극적인 영역까지 나아가야 합니다. 에베소서 6장 4절 말씀입니다.

아버지들이여, 여러분의 자녀들을 노엽게 하지 말고 주의 교훈
과 훈계로 양육하십시오.

새로운 시대에 새로운 정신으로 임해야 하는 것이 시대정신일 것
입니다. 아무리 바깥 일이 힘들다고 가정과 자녀사랑을 등한시할 수
는 없습니다. 이처럼 오늘 이 시대를 살아가는 우리네 아버지들의 어
깨는 무겁습니다. 우리 아버지들이 그래 오신 것처럼 갈수록 살아가
기에 버거운 척박한 삶의 현장 속에서 우리는 치열하게 주어진 일을
해나가야만 합니다. 그러면서도 우리는 그 무엇보다도 소중한 우리의
가정을 위해, 우리의 아이들을 위해 세상 시름을 잊고 아이들과 함께
해야 합니다. 이에 아버지들은 도대체 어떻게 하란 말인가? 그렇지
않아도 바깥일에 힘들고 지쳐 쓰러질 지경인데 집안일까지 어떻게
감당하란 말이냐? 불가능하다고 할지도 모르겠습니다.

그러나 놀랍고 감사한 것은 우리의 소중한 가정과 아이들에 대한
사랑은 일이 아니라는 사실입니다. 하면 할수록 기쁨과 즐거움이 샘
솟듯 합니다. 바깥일에 지치고 고단한 몸과 마음의 휴식이 됩니다. 그
러기에 화목한 가정, 사랑스러운 자녀들과의 사귐은 마르지 않는 생
명수와 같이 소중합니다. 이를 깨닫고 경험한 아버지는 놀라운 사랑
의 능력에 감격해하곤 합니다. 많은 집들의 거실에 가면 '가화만사성
(家和萬事成)'이라는 글귀가 적힌 액자를 쉽게 찾아볼 수 있습니다. 이
말의 의미는 가정이 화목하면 가정만이 아니라 모든 일이 잘된다는
것입니다. 잠언 17장 1절 말씀입니다.

마른 빵을 먹더라도 평안하고 조용한 것이 온갖 맛있는 음식이
가득하고도 다투며 사는 것보다 낫다.

그렇습니다. 우리 아버지들이여! 우리가 아무리 바깥일에 성공한다 해도 가정에서 화목함이 없으면 아무 소용이 없습니다. 가정은 우리 삶의 뿌리요, 든든한 버팀목이요, 안식처입니다. 우리가 가정의 화목을 잃으면 가정만이 아니라 모든 것을 잃어버린 것과 같습니다.

가정에서 아버지의 역할은 매우 중요합니다. 아버지는 가정의 첨병(尖兵)입니다. 그가 가는 길을 모든 가족이 따라갑니다. 그러면서 자녀들은 아버지에게 의식적이든 무의식적이든 많은 영향을 받습니다. 또한 아버지는 위병(衛兵)입니다. 아버지가 무너지면 자녀들이 무너지고, 가정 전체가 중심을 잃고 맙니다. 그리고 아버지는 가정의 보급병(補給兵)입니다. 아버지의 사랑을 받지 못하는 자녀들은 궁핍해집니다. 아버지가 이러한 역할을 제대로 감당할 때, 가정을 올바로 세울 수 있고 자녀들을 바른 길로 이끌 수 있습니다.

우리 시대에 청소년들이 가장 힘들어하는 사람으로 두 사람이 꼽힌다는 말이 있습니다. 한 사람은 바로 학교 담임선생님, 일명 '담탱이'이고, 또 한 사람이 바로 우리 아버지라고 합니다. 선생님에 대한 거부감은 학교라는 조직에서 느끼게 되는 억압적인 권위의식으로 인해 생기는 거부감일 것입니다. 문제는 집안에서 느끼게 되는 아버지에 대한 거부감입니다. 어느 날부터인가 우리 아버지들은 아이들과 대화하고 싶은데 아이들이 대화를 거부한다고 서운해 하고, 아이들은 아버지와 말이 안 통한다고 대화를 거절하고 있습니다. 이것이 오늘날 우리의 현실입니다. 사실 저와 같은 아버지들은 이전시대의 아버지로부터 자녀들과 따뜻하게 대화하는 것을 배우지 못했습니다. 그러다 보니 자녀들과 어떻게 대화해야 하는지를 잘 모릅니다. 그런데다가 바깥일에 바쁘다 보니 급변하는 자녀들의 살아가는 방식을 잘 모릅니다.

그리고 자녀 여러분! 지금까지 대화하지 않는 아버지, 권위적인 아버지를 이해하려고 해 본 적은 거의 없었던 같습니다. 얼마 전에 본 기억이 나는 '아버지란 무엇인가'라는 글이 생각납니다. 이 중에서 몇 가지만 살펴보면 아버지에 대한 생각도 조금은 달라질 것 같습니다. 조금은 우리 아버지들을 이해해주시고 더디지만 함께하려고 애쓰는 우리를 예쁘게 봐주시기 바랍니다. 지금 여러분이 이해하는 아버지의 모습이 다는 아님을 꼭 기억해주시기 바랍니다.

> 4세 때, 아빠는 무엇이나 할 수 있다.
> 7세 때, 아빠는 아는 것이 정말 많다.
> 8세 때, 아빠와 선생님 중 누가 더 높을까?
> 12세 때, 아빠는 모르는 것이 많아.
> 14세 때, 우리 아버지요? 세대차이가 나요.
> 25세 때, 아버지를 이해하지만 기성세대는 갔습니다.
> 30세 때, 아버지의 의견도 가끔은 일리가 있어요.
> 40세 때, 여보! 우리가 이 일을 결정하기 전에 아버지의 의견을 들어봅시다.
> 50세 때, 아버님은 훌륭한 분이셨어.
> 60세 때, 아버님께서 살아 계셨다면 꼭 조언을 들었을 텐데…….

아버지…… 아버지란 돌아가신 후에도 두고두고 그 말씀이 생각나는 사람이랍니다. 아버지는 결코 무관심한 사람이 아닙니다. 아버지가 무관심한 것처럼 보이는 것은 체면과 자존심과 미안함 같은 것이 어우러져서 그 마음을 쉽게 표현하지 못하기 때문입니다. 그리고 사랑하는 방법을, 대화하는 방법을 잘 모르기 때문입니다. 지금의 아버지를 가슴에 안고 그 아버지의 사랑을 가슴 깊이 느껴보시기 바랍니

다. 아버지에게 서운함만을 생각하지 마시고 먼저 말을 걸고 먼저 손
내밀어 보시기 바랍니다.

# 어린이들을 조심스럽게 사랑해요

　어느 목사님의 이야기입니다. 어느 날 오후, 마침 하던 일이 잘 마무리되어 오랜만에 사모님과 두 어린 아들과 함께 보낼 시간을 기대하며 일찍 귀가하셨다고 합니다. 그런데 집에는 아무도 없는지 조용하기만 했습니다. 사모님과 두 아들 모두 외출한 것이라 생각하고는 하는 수없이 기대감을 억누르고 힘없이 자신의 방으로 들어가려는데 어디선가 아들들의 깔깔대는 웃음소리가 들려왔다고 합니다. 아들들 방에서 나는 소리였습니다. 왠지 모를 불안감에 방문을 슬며시 열었습니다. 그런데 눈앞에 펼쳐진 상황에 그만 입을 쩍 벌리고 말았습니다. 그야말로 망연자실(茫然自失)……

　아들들은 각자 손에 가위를 들고 서로의 머리를 잘라 주고 있었습니다. 얼마를 잘라낸 건지 이미 아들들의 앞이마에는 한 오라기의 머리카락도 남아 있지 않았습니다. 너무 놀란 목사님은 당장 아들들 손에서 가위를 빼앗고는, 큰아들을 잡아 세워놓고는 볼기를 세차게 때렸습니다. 그리고 다시 저 앞에서 무릎을 꿇고 있는 작은아들을 바라보았습니다. 작은아들은 울면서 아버지를 바라보고 있었습니다. 그리고는 이렇게 말했습니다.

"아빠, 우리도 아빠처럼 되려고 했단 말이에요."

작은아들의 말을 들은 목사님은 그만 그 자리에서 털썩 주저앉고 말았습니다. 사실 목사님은 대머리였던 것입니다. 목사님은 정신을 가다듬고는 아들들에게 진심으로 미안하다고 사과했다고 합니다. 그리고는 왠지 모르게 마음이 훈훈해져서 그날 기분 좋게 아들들과 신나게 놀고 온가족이 외식을 즐겼다고 자랑하셨습니다.

아빠를 닮고 싶다는 마음으로 대머리를 만들려고 머리 깎기 놀이를 했던 두 아이의 모습이 떠올라 웃음 짓곤 합니다. 그러면서 저는 제 아이들에게 어떻게 비춰질까 하는 생각을 해보곤 합니다. 우리에게도 잘 알려진 『주홍글씨』를 쓴 나다니엘 호손이 쓴 단편소설 중에 '큰 바위 얼굴'이 있습니다. '어니스트'라는 시골 소년이 사는 마을에는 옛날부터 전해 내려오는 이야기가 있었습니다. 그 마을에는 사람의 얼굴처럼 보이는 거대한 바위산이 있는데, 언젠가는 그 바위를 꼭 닮은 사람이 나타날 것이라는 이야기였습니다. 어니스트는 매일 그 바위를 바라보면서, 대화를 나누고 명상에 잠기며 성장하였습니다. 종종 마을 사람들은 드디어 나타났다며 맞이하는 인물들이 있었습니다. 하지만 그들에게는 결코 큰 바위 얼굴의 인자함과 지혜를 볼 수 없었습니다. 오랜 세월이 흐른 뒤, 마을 사람들은 그토록 애타게 기다리던 큰 바위 얼굴을 닮은 인물이 바로 어니스트였다는 사실을 깨닫게 되었습니다. 바위를 바라보며 착하고 성실하게 살아온 그가 그 바위처럼 장엄하면서도 부드럽고, 따뜻하면서도 인자한, 그래서 누구에게나 사랑을 베풀 수 있는 사람이 된 것입니다.

이 이야기처럼 우리가 닮고 싶고 닮게 되는 대상은 유명하거나 잘 나거나 화려한 사람이 아닙니다. 또한 멀리 있는 사람도 아닙니다. 바로 우리 주변에서 가까운, 자주 바라보는 대상입니다. 이런 점에서 자녀들에게 아버지와 어머니의 모습은 살아있는 성경이요, 도덕 교과서요, 삶의 지침서입니다. 아버지와 어머니는 자녀들이 맨 처음 맞이하는 선생님이고, 가정은 맨 처음 접하는 학교입니다. 시작이 반이라고 아버지와 어머니의 보여주기 교육은 자녀들의 인생에 결정적인 영향을 미칩니다. 이 교육은 말이 아니라 행함과 진실이 어우러진 이론과 실제가 하나인 교육입니다.

가끔 저희 집 아이들을 혼내다 보면 문득 속으로 뜨끔거려 어찌할 바를 모를 때가 많습니다. 그 이유는 아이들의 잘못이 가만히 보면 제가 그러고 있는 모습들이기 때문입니다. 그러니 야단을 치다 말고 자신을 돌아보게 됩니다. 사실 야단칠 자격이 없게 되고 맙니다. 어쩌면 이렇게 아비의 잘못된 습관이나 버릇을 잘도 닮아버리는지 아주 판박이다 싶습니다. 아쉬운 건, 좋은 건 더디 배우고 나쁜 건 재빨리 배우는 듯합니다. 그러니 아이들이 보고 듣고 느끼는 것들이 건전하고 바람직하고 몸과 마음을 건강하게 하는 것이기를 바랍니다.

언젠가 학교에서 퇴근하고 집에 와 보니 둘째 아들 겨레가 아주 재미있는 놀이를 하고 있었습니다. 저의 넥타이를 매고는 성경을 들고 있었습니다. 그러고는 자기 혼자서 목사님 놀이에 빠져서 제가 온 줄도 모르고 즐거워하였습니다. 자기가 목사님이라면서 혼자서 성경도 읽고 설교도 하고 기도도 하고 찬송도 부르는 것이었습니다. 그야말로 혼자서 예배인도자, 기도자, 설교자 노릇을 다했습니다. 겨레는 이제 나이 5살이나 만으로는 3살인 아이로 아직 한글이나 숫자를 모릅니다. 성경과 찬송을 제대로 펼치지도 못하면서도 곧잘 교회 유치부에서 배운 성경말씀과 찬송가를 재잘재잘 읊조리는 것이었습니다. 이런 모습이 어찌나 귀여운지 종일 이런 저런 일들로 지친 저를 웃음 짓게 하였습니다.

겨레는 혼자서 목사님놀이를 하다가 축도로 마쳤습니다. 두 팔을 들고는 눈을 감고 진지하게 축도하는 폼이 얼마나 우습고도 귀여운지요. 요놈이 제 아들이라는 게 신기할 정도였습니다. 아쉽게도 겨레가 목사님 놀이를 하는 롤모델은 아빠인 제가 아니라 겨레가 다니는 교회학교 유치부 목사님이십니다. 겨레는 목사님의 모습이 인상적인지 가끔 따라하곤 합니다. 그러고 보니 어릴 때 보고 듣고 배우는 것이 얼마나 중요한가 싶습니다.

어릴 때 보고 듣고 접하는 환경은 매우 중요합니다. 아이들이 모르는 것 같으나 아이들의 눈과 귀와 마음은 무엇이든지 배우려는 열망으로 가득 차 있습니다. 배움의 열정은 웬만한 고시공부 못지않습니다. 마치 학생들이 예습하듯이 뭔가를 배우려는 기대감에 눈망울이 초롱초롱 빛을 내고 귀를 쫑긋하면서 귀 기울입니다. 보고 듣고 배운 것을 곧바로 복습하듯이 따라합니다. 이렇게 따라하면서 자기화합니다.

어느 작은 시골 마을의 성당에서 한 신부가 미사를 집례하고 있었습니다. 그런데 신부 곁에서 시중들던 소년이 그만 실수를 해서 성찬례에 사용하는 포도주 잔을 엎질러버렸습니다. 잔이 깨지고 포도주가 땅에 쏟아졌습니다. 이를 본 순간 신부는 화가 나서 소년에게 소리를 질렀습니다. "다시는 제단 앞에 나타나지 마라" 하고 호되게 나무랐습니다. 비슷한 일이 다른 성당에서도 일어났습니다. 그 성당의 신부는 화를 내지 않고 빙그레 웃으면서 말했습니다. "괜찮다. 나도 어렸을 때 실수를 많이 했단다. 힘 내거라"라고 말하면서 소년을 다독였습니다.

성당에서 쫓겨났던 소년은 커서 유고슬라비아의 대통령이 되었으며, 독재자로 군림했습니다. 그의 이름은 '조셉 브로즈 티토'입니다. 티토는 잘 알려진 대로 철저한 무신론자로 유고연방을 공산주의 국가로 만들면서 수많은 성당을 파괴하고 신부와 천주교 신자들을 처형했습니다. 그런데 포도주를 쏟고도 따뜻한 위로를 받은 소년은 성장해서 신부 중에서 상위직위인 대주교에 올랐습니다. 그가 바로 가톨릭계의 대표적인 지성으로 불리는 미국의 풀턴 J. 쉰 대주교입니다.

이 이야기에서 알 수 있듯이 우리는 아이들에게 온유한 마음으로 조심해서 사랑하고 말하고 행동해야 합니다. 혹시라도 우리의 성급함이 아이에게 돌이킬 수 없는 상처를 줄 수도 있습니다. 왜냐하면 어린 아이들의 마음은 아직은 단단하게 굳지 않은 조심스러운 그릇과 같기 때문입니다. 그러기에 하나님의 말씀은 온유함, 즉 부드러움을 강조합니다. 시편 37편 11절 말씀입니다.

> 그러나 온유한 사람들은 땅을 유산으로 얻을 것이고 큰 평화를 누리며 기뻐할 것입니다.

마태복음 5장 5절 말씀입니다.

> 복되도다! 온유한 사람들이여, 그들은 땅을 유업으로 받을 것이다.

우리는 아이들의 시청각교육자료입니다. 그러므로 우리는 가정과 교회와 사회에서 어린아이를 대함에 성급하지 않게 삼가 조심해서 말하고 행동해야 합니다. 우리의 아이들은 우리의 판단과 임의대로 대하는 힘없는 이들이 아닙니다. 어린아이들은 하나님이 보내주신 소중한 하늘 아이들이랍니다.

**하늘 아이**

너는 하늘 새싹
하늘에서 자라 하늘 향해 연둣빛 생명을 틔운다.
너는 노란 풍선
메마른 대지를 박차고 맑고 푸른 하늘 향해 날아오른다.
너는 빛난 샛별
꿈 담아, 희망 담아 검푸른 밤을 깨운다
사랑스런 너, 하늘나라 아이야.

# 입양의 날,
# 입양주일

　5월은 계절의 여왕이라고들 말합니다. 이는 5월이 되면 만물이 싱그러움과 푸름을 자랑하는 시기로 덥지도 춥지도 않기 때문일 것입니다. 5월에는 겨우내 움츠렸던 몸을 한껏 힘주어 활동하는 시기입니다. 이런 이유로 5월에는 운동회, 체육대회, 축제가 많습니다. 이처럼 흥겨운 5월에는 기념할 날들도 참 많습니다. 5월 첫날인 1일은 노동절(근로자의 날)입니다. 이날은 열심히 일하는 노동자들이 쉼을 통해 힘을 얻는 날입니다. 그리고 이어지는 5일은 어린이날, 8일은 어버이날, 15일은 스승의 날, 18일은 5·18광주민주화운동 기념일, 21일은 성년의 날(매년 5월 셋째 월요일)과 부부의 날, 28일은 석가탄신일입니다. 이렇게 기념할 날들을 5월에 많이 해놓은 것도 5월이 주는 매력이 있기 때문일 것입니다. 또한 5월은 가정의 달이라고 합니다. 5월에 기념할 날들 중에서 유독 가정과 관련된 날들이 많은 것처럼 5월은 가정의 소중함을 되새기는 달입니다. 5라는 숫자는 마치 손가락 5개, 발가락 5개처럼 어느 하나라도 빠져서는 안 될 소중한 구성원들입니다. 이 중 하나라도 손상하면 그 아픔을 함께할 수밖에 없습니다. 5월은 소중한 가정의 중요성을 되새기는 달입니다.

그런데 안타까운 것은 제가 가진 책상 달력에는 아무리 찾아봐도 중요한 날이 하나 빠져있었습니다. 아마도 달력을 만드는 사람들이 이에 대한 이해가 없거나 관심이 없는 것 같습니다. 이 날은 바로 '입양의 날'입니다. 5월 11일은 건전한 입양문화의 정착과 국내입양의 활성화를 위하여 제정한 입양의 날입니다.

우리나라의 본격적인 입양은 한국 전쟁 이후 전쟁고아들을 돌볼 형편이 못 되어 미국을 비롯한 해외로 요보호아동(고아)들에게 가정을 찾아 준 깃에서 시작되었습니다. 그렇게 시작한 해외 입양이 지금은 약 20만 명이나 되고, 해마다 2,300~2,400명의 아이들이 피부, 인종, 언어, 문화가 다른 먼 나라로 입양되었습니다. 키워 줄 부모가 없는 아이들에게 외국의 가정이나마 찾아 준 것은 불행 중 다행이라고 할 수도 있지만, 우리 아이들을 우리가 기르지 못하는 해외입양을 떳떳하게 생각하는 사람은 별로 없을 것입니다. 기본적인 먹고 사는 것조차 해결하기 어려운 전쟁 직후 시작된 해외입양이 2만 달러 시대를 외치고 경제 규모가 10위권 내에 있는 지금도 계속되고 있는 것을 보면 입양은 경제적인 문제가 아니라 입양에 대한 인식의 문제인 듯합니다.

입양의 날은 가정의 달인 5월에 한 가족(1)이 한 아이(1)를 입양하여 건강한 가족(1+1)으로 거듭난다는 의미를 내포하고 있습니다. 이 날은 2005년 3월 31일 국회에서 제정되어 2005년 5월 11일 입양의 날 제정 기념식을 가진 이후 매년 5월 11일을 입양의 날로 기념하고 있습니다. 우리나라는 매년 발생하는 요보호아동(고아)이 9,000~10,000

여 명이나 되지만 국내입양은 1,600~1,700명 정도로 국내입양 활성
화가 시급한 시점입니다. 이처럼 입양을 꺼리는 이유는 우리 사회에
뿌리 깊이 박혀 있는 혈연주의와 육아를 비롯한 자녀 교육의 부담과
성공적인 입양 모델의 부재일 것입니다.

　이런 현실이다 보니 입양이 활성화되지 못하고 있습니다. 그나마
입양하는 사람들 대부분은 불임부부들입니다. 이들은 자신들의 자녀
를 출산하려고 돈과 시간을 아끼지 않다가 결국 안 된다는 것을 알게
될 때에야 입양을 실행합니다. 또 다른 경우는 자녀들을 어느 정도
양육하고 나서 경제적으로나 정신적으로 여유가 생긴 경우 입양하는
경우입니다. 그러다 보니 입양부모와 입양아의 나이 차이가 많이 납
니다. 이로 인한 세대 갈등과 경제적 양육의 불안정적 구조가 현실적
인 문제입니다. 더욱이 해외 입양이 국가적 위신을 추락시키는 것으
로 보고 이를 금지하는 법률을 제정하는 분위기가 고조되기에 이르
렀습니다. 그러나 해외입양을 금지하는 것으로 그쳐서는 안 됩니다.
국내입양이 활성화되지 않는 상황에서 해외입양만 금지하게 되면 결
국 입양아들은 그나마 해외입양의 기회마저 주어지지 않고 고아가
되어야만 합니다. 언젠가 입양기관에서 들은 이야기가 지금도 제 가
슴을 아프게 합니다.

　"목사님, 경제난이 극심해지면서 입양대상 아이들은 급증하는데
입양하려는 사람들은 급감합니다. 우리 시설에 아기들이 급속하게 늘
어만 갑니다. 이 귀여운 아기들이 입양되지 못하면 결국 고아원에 가
게 됩니다. 이 아기들이 좋은 집에 입양이 되어 하나님의 사랑으로
잘 자라도록 기도해주세요."

　이러한 시대적 아픔과 현실은 남의 일로 애써 외면하면 되는 일이

아닙니다. 우리 사회의 입양 문제를 그 누구보다 깊이 고민하고 해결할 사람들은 우리 신앙인들입니다. 그 이유는 우리는 예수 그리스도의 십자가의 피 흘리심으로 인해 구원받은 하나님의 자녀들이기 때문입니다. 그러므로 우리는 혈연을 넘어서는 믿음과 소망과 사랑으로 살아가는 사람들입니다. 우리는 하나님의 아들과 딸로 인정된, 그야말로 입양된 사람들이기에 누구보다 입양의 의미와 가치를 잘 압니다. 하나님은 우리에게 양자(양녀)의 영을 주셨습니다. 로마서 8장 15절 말씀입니다.

> 여러분은 다시 두려움에 이르게 하는 종의 영을 받지 않고 양자의 영을 받았습니다. 우리는 그 영으로 아바 아버지라고 부릅니다.

그리고 아들(딸)이 되게 하셨습니다. 에베소서 1장 5절 말씀입니다.

> 하나님은 그분의 기뻐하시는 뜻을 따라 우리를 예정하셔서 예수 그리스도로 말미암아 하나님의 양자가 되게 하셨습니다.

예수님은 유전에 따른 혈연적 가족을 넘어서야 함을 일깨워주셨습니다. 마태복음 12장 46-50절 말씀입니다.

> 예수께서 사람들에게 여전히 말씀하고 계실 때 예수의 어머니와 형제들이 예수께 말하려고 밖에 서 있었습니다. 어떤 사람이 예수께 말했습니다. "보십시오. 선생님의 어머니와 형제들이 선생님께 드릴 말씀이 있다며 밖에 서 있습니다." 예수께서 그에게 대답하셨습니다. "누가 내 어머니이고 내 형제들이냐?" 그리고 손을 내밀어 제자들을 가리키며 말씀하셨습니다. "보라. 내 어머니이고 내 형제들이다. 누구든지 하늘에 계신 내 아버지의 뜻을 행하는 사람이 내

형제요, 자매요, 어머니다.”

우리도 일반사람들처럼 현실적으로 경제적인 어려움에 직면하기도 하고, 자녀 양육비도 감당하기 어려운 짐입니다. 그러나 매일, 매 순간 푸른 목장으로 인도하시고 잔잔한 물가로 인도하시는 선한 목자 되시는 예수님의 은혜로 살고 있음을 고백하는 사람들입니다. 시편 23편 1-6절 말씀입니다.

> 여호와는 내 목자시니 내게 부족한 것이 없습니다. 그분이 나를 푸른 목장에 눕히시고 잔잔한 물가로 인도하십니다. 내 영혼을 회복시키시고 당신의 이름을 위해 의로운 길로 인도하십니다. 내가 죽음의 그림자가 드리운 골짜기를 지날 때라도 악한 것을 두려워하지 않는 이유는 주께서 나와 함께 계시기 때문입니다. 주의 지팡이와 막대기가 나를 지키시고 보호하십니다. 주께서 내 적들 앞에서 내게 상을 베푸시고 내 머리에 기름을 부으셨으니 내 잔이 넘칩니다. 내 평생에 선하심과 한결같은 사랑이 진실로 나와 함께하실 테니 내가 여호와의 집에서 영원히 살 것입니다.

우리가 짊어진 모든 짐은 들꽃도 입히시고 하늘 높이 날아다니는 새들도 먹이시는 하나님이 맡아 주심을 고백하는 사람들입니다. 마태복음 6장 8절 말씀입니다.

> 너희는 이방 사람들처럼 기도하지 말라. 너희 아버지께서는 너희가 구하기도 전에 무엇이 필요한지 아시는 분이다.

마태복음 6장 25-34절 말씀입니다.

> “그러므로 내가 너희에게 말한다. 자기 생명을 위해 무엇을 먹

을까 무엇을 마실까 걱정하지 말고 자기 몸을 위해 무엇을 입을까 걱정하지 말라. 생명이 음식보다 소중하고 몸이 옷보다 소중하지 않느냐? 공중에 나는 저 새들을 보라. 씨를 뿌리지도 거두지도 창고에 쌓아 두지도 않지만 하늘에 계신 너희 아버지께서 먹이신다. 너희는 새들보다 얼마나 더 귀하냐? 너희 중 누가 걱정한다고 해서 자기 목숨을 조금이라도 더 연장할 수 있겠느냐? 어째서 너희는 옷 걱정을 하느냐? 들에 핀 저 백합꽃이 어떻게 자라는지 보라. 일하거나 옷감을 짜지도 않는다. 그러나 내가 너희에게 말한다. 그 모든 영화를 누렸던 솔로몬도 이 꽃 하나만큼 차려입지는 못했다. 오늘 있다가도 내일이면 불 속에 던져질 들풀도 하나님께서 그렇게 입히시는데 하물며 너희는 얼마나 더 잘 입히시겠느냐? 믿음이 적은 사람들아! 그러므로 무엇을 먹을까, 무엇을 마실까, 무엇을 입을까, 걱정하지 말라. 이 모든 것은 이방 사람들이나 추구하는 것이다. 하늘에 계신 너희 아버지께서는 너희에게 이런 것이 필요하다는 것을 아신다. 오직 너희는 먼저 그 나라와 그 의를 구하라. 그러면 이 모든 것도 너희에게 더해 주실 것이다. 그러므로 내일 일을 걱정하지 말라. 내일 일은 내일이 맡아서 걱정할 것이요, 한 날의 괴로움은 그날에 겪는 것으로 충분하다.”

우리 신앙인들은 개개인뿐 아니라 우리 자녀와 가정과 미래의 걱정 근심도 하나님께 아뢰면 되는 은혜를 누리고 있음을 고백하는 사람들입니다. 빌립보서 4장 6절 말씀입니다.

아무것도 염려하지 말고 오직 모든 일에 기도와 간구로 여러분이 구할 것을 하나님께 감사함으로 아뢰십시오.

예수님은 우리가 사회적 책임을 온전히 수행하기를 바라십니다. 예수님은 우리에게 이렇게 말씀하셨습니다. 마태복음 5장 13-16절 말씀입니다.

　　너희는 이 땅의 소금이다. 그러나 만일 소금이 짠맛을 잃어버리면 어떻게 다시 짜게 되겠느냐? 아무 데도 쓸 데가 없어 바깥에 버려지고 사람들이 짓밟게 될 것이다. 너희는 세상의 빛이다. 산 위에 세워진 도시는 숨겨질 수 없다. 등잔을 켜서 그릇으로 덮어 두지 않고 등잔대 위에 두어 그 빛을 온 집안사람들에게 비추는 것이다. 이와 같이 너희도 너희 빛을 사람들에게 비추라. 그래서 그들이 너희 선한 행실을 보고 하늘에 계신 우리 아버지께 영광을 돌리도록 하라.

　　오늘날 심각한 사회문제로 대두된 저출산 문제를 해결하는 방안으로 출산장려운동을 펼치는 교회와 기독교 단체들이 많이 있습니다. 그러나 이미 출산된 우리의 아이들을 입양해서 가족공동체를 이루는 데 앞장서는 교회와 기독교단체는 드문 것이 현실입니다. 우리의 교회와 신앙인들은 국내입양 활성화를 위해서 제정된 입양의 날을 신앙고백의 차원에서 그 의미를 되새겨 보아야 합니다. 많지는 않지만 몇몇 교회들은 이를 실행하고 있습니다. 입양주일, 입양헌신예배를 통해 입양을 권면하며 공개 입양을 장려하고 있습니다. 그 결과 교회 내에 해마다 입양가정이 늘어나고 있을 뿐 아니라 교우들의 입양에 대한 인식도 개선되고 있습니다. 이처럼 입양의 날을 지난 주일을 입양주일로 정해서 교회 지도자들이 시대적인 사명을 갖고 입양에 관심을 가지기도 하고 설교단에서 입양의 중요성을 선포한다면 큰 영향력을 발휘하게 될 것입니다. 하나님의 말씀에 따라 입양의 의미와 중요성이 선포되고, 성경공부 시간에 입양을 다루고, 지역사회에 입양의 날을 알리는 캠페인을 하고, 입양가족들의 행복을 위한 노력을 펼쳐나가는 교회의 모습은 하나님과 사람들이 보기에 얼마나 아름다울까요? 우리가 지향할 참된 경건은 어려움에 처한 사람들을 돌보는 일입니다. 야고보서 1장 27절 말씀입니다.



우리는 하나님의 아들과 딸들로서, 고아의 아버지이신 하나님을 기쁘시게 해드리는 효를 다해야 합니다. 하나님은 입양기관의 아이들이 시설에서 자라는 것을 원하지 않으십니다. 시편 68편 5절 말씀입니다.



새 가정을 기다리는 입양기관 아이들이 좋은 부모들과 가정을 만나 입양되기를 간절히 바랍니다. 이를 위해 입양에 대한 편견이 사라지고, 입양 가정들의 아름다운 사랑이 우리 모두의 자랑이 되기를 소원합니다.

# 살림의
# 교육을 위하여

올해 십여 년간 학교에서 재직해오면서 교사로서 감당해야 할 주당 수업시수가 가장 적은 해를 맞이하였습니다. 주당 수업시수는 대학교수보다는 많지만 많이 여유롭게 편성되었습니다. 부임 첫해는 '그런가 보다' 하다가 해마다 들쑥날쑥 학교 여건에 따라 수업시간이 조정되곤 하였는데 지금껏 늘면 늘었지 줄어든 적은 없었습니다. 그런데 올해는 뜻밖에도 수업시간이 적게 배정되었습니다. 거기다가 주 5일제 수업으로 매주 토요일마다 휴무가 되었습니다. 이렇듯 이래저래 희망찬 한 해를 기대하면서 더욱이 새 학년, 새 학기다 보니 출근 첫날부터 여유만만이었습니다.

그러나 새 학기가 시작된 지 며칠 지나지 않아 여유만만을 기대하며 신이 난 제 생각과 기대는 커다란 착각이었음을 알게 되었습니다. 주당 제 수업시간은 1학기만이고 2학기에는 전혀 가르쳐본 적이 없는 교과목으로 2시간이 추가된다고 합니다. 그러니 좋다가 만 격이었습니다. 그러나 이거야 뭐, 그때 가서 하면 된다 싶어 크게 마음 쓰진 않았습니다. 그러나 올해 학교사정상 이런 저런 업무가 더해지고 나니 요즘은 아이들을 가르치는 일보다 공문서 처리와 맡은 업무를 수행하느라 정신없습니다. 그러다 보니 요즘 저는 교목(학교목사)인지, 교사인지, 교육행정가인지 정체성의 혼란을 체감하는 중입니다. 그리고 주5일제 수업이 그런 것인지, 6일 일하는 것을 5일에 하다 보니 그렇게 느껴지는 것인지, 더 바쁘게 된 것만 같습니다.

학교 분위기나 아이들 가르치는 것도 시간이 흐르고 경력이 쌓일수록 더 수월하게 적응해나갈 줄 알았는데 오히려 더 어려워져만 가니 맥이 탁 풀리는 듯합니다. 그러다 보니 요즘은 가끔 수북이 쌓인 공문서와 일치리, 이겨워져만 가는 교육여건에 출근하는 발걸음이 무겁곤 합니다. 다른 직장에 비해 행복의 아이콘인 일정한 퇴근시간을 기다리는데, 왜 이렇게 시간은 더디게 가는지요? 교직이 지닌 최고의 매력인 방학은 또 왜 이렇게 더디게 다가오는지요?

오늘도 이런 상념에 젖어들며 직장생활의 힘든 나날을 한탄하다가 퇴근하였습니다. 그래도 제게 가족이 있음이, 사랑하는 아이들이 있음이 얼마나 다행이고 축복이고 행복인지…… 피곤에 지쳐 축 처진 어깨에 온갖 세상 시름을 다 안고 들어오는 듯한 저를 아이들이 환하게 웃으면서 반겨주었습니다. 서로들 제게 뽀뽀하겠다고 달려드는 모습에 하루의 피로가 다 사라져버렸습니다. 이 행복감…… 이 감격에 신이 나서 9살 딸 사랑이와 5살 아들 겨레를 데리고 나들이를 가기로 하였습니다. 이렇게 해서 사랑하는 딸과 아들과 함께 손에 손잡고 인근 대학교로 향했습니다. 다행히 완연한 봄날씨를 넘어 초여름같이 조금 덥기까지 하여 나들이하기에 좋았습니다.

이렇게 셋이서 다정하게 인근 대학 캠퍼스를 재잘거리면서 여기저

기 돌아다녔습니다. 해야 할 과업도 아니고 시간에 쫓기는 것도 아닌
그저 발길 닿는 대로 마음 가는 대로 걷다 보니 하늘 향해 곧게 뻗은
나무들의 힘찬 모습들과 앙증맞게 피어있는 민들레꽃들도 자세히 볼
수 있었습니다. 형형색색의 꽃들이 만발한 것을 보고는 신이 나서 뛰
어다니는 사랑이와 유난히 민들레를 좋아하는 겨레가 서로 제 손을
잡고 이리 가자, 저리 가자 재촉하는데 진땀을 빼야 하는 지경이었습
니다. 그래도 좋았습니다. 제게 이런 힘이 남아있었나 싶게 사랑이와
겨레가 하자는 대로 맞춰주면서 놀았습니다.

저희는 대학식당에서 밥도 먹고 음료수도 마시고 호숫가에서 물고
기도 보면서 아주 신나게 놀았습니다. 이런 저희의 모습이 재미있어
보이는지 지나가는 대학생들이 바라보곤 하였습니다. 어떤 학생들은
사랑이와 겨레를 보고 인사도 하고 웃어주기도 하였습니다. 그러니
저희는 낯선 이방인이거나 불법침입자가 아니라 초대받은 귀한 손님
인 양 더 신이 나서 놀았습니다. 저희는 마치 이 대학의 주인인 양 오
래전부터 익숙하게 거닐던 길인 것처럼 마음껏 휘젓고 다녔습니다.

마음은 간절한 소원이지만 몸은 어쩔 수 없는 것인가 봅니다. 사랑
이와 겨레는 생기발랄한 에너지 충만이지만 저는 이제 쇠잔할 대로
쇠잔해져서 둘이 놀라고 하고는 벤치에 앉아서 좀 쉬었습니다. 혼자
벤치에 앉아 아이들의 뛰노는 모습을 보면서 이 아이들을 사랑으로
잘 키우리라 다짐해 보았습니다. 그러면서 지금껏 아이들만 바라보던
제 눈에 지나다니는 대학생들의 모습이 보였습니다. 화사한 옷차림에
생기발랄한 20대 초반의 여대생의 걸음걸이가 아주 예뻐 보였습니다.
날카로운 각을 세워 위엄을 자랑하는 학군단 학생들의 발걸음도 아
주 듬직해 보였습니다. 그리고 자연스럽게 손을 잡고 지나가는 연인

들의 발걸음이 아주 행복해 보였습니다. 이런 모습들을 보면서 나이 스물여섯에 야간아르바이트를 하면서 다닌 저의 대학시절이 생각났습니다. 순간 저는 이처럼 화사한 꽃 내음과 찬란한 봄빛으로 가득한 대학시절을 보내지 못한 것이 못내 아쉬워 지나가는 대학생들이 너무도 부럽게 보였습니다.

대학(大學)은 말 그대로 큰 배움터입니다. 이곳은 치열하게 자유와 평등과 정의를 외치고 사랑도 하고 미래를 꿈꾸며 지내는 진리의 전당(殿堂)입니다. 웅장한 규모를 자랑하는 도서관에 들어서면 빼곡히 진열된 책들이 손짓하고, 세상의 모든 문제와 해결책을 담아놓은 듯한 강좌들과 동아리들이 징중히 보시겠다고 초대합니다. 역시 대학은 참 멋진 곳입니다. 대학시절은 인생의 황금기일 것입니다. 그래서 그런지, 제가 아는 분은 예순이 넘으신 연세에 굳이 대학에 진학하셨습니다. 뵐 때마다 "교수님 수업을 따라가기 힘들다"고, "과제 수행이 왜 이리 어려운지 모르겠다"고, "왜 이리 등록금이 비싼 거냐?"고 투덜거리시면서도 꾸역꾸역 1학년부터 4학년까지 잘 다니십니다. "이제 졸업하시면 무엇을 하실 건지요?" 하고 여쭈어 보니 당연하다는 듯이 "대학원에 진학해야지"라고 하십니다. 이처럼 대학은 청춘들만이 아니라 누구나에게 삶의 희열을 만끽하게 해주는 곳인가 봅니다. 사실 저도 가끔 대학에 오면 마치 시간이 멈춘 듯한 여유를 가져보곤 합니다. 온갖 세상 시름이 잊혀지곤 합니다. 이리저리 캠퍼스를 거닐다 보면 제가 대학생이 된 듯한 행복한 착각에 빠져들곤 합니다.

이렇게 대학생들을 바라보면서 부러워하는데 제 건너편 벤치에 어느 학생이 다가왔습니다. 자신의 가방에서 주섬주섬 두꺼운 책과 필기도구를 꺼내서는 그 속에 파묻혀버렸습니다. 이 학생에게는 화사한 꽃향기에 취해서 뛰노는 아이들의 귀여운 모습도, 사색에 잠긴 중년 남성의 모습도 아랑곳하지 않고, 혼자서만 가쁘게 중요하고 시급한 일에 몰입한 사람처럼 보였습니다. 슬쩍 무슨 책을 저리도 열심히 보는가 싶어 곁눈질하였습니다. 그 순간 대학에 대한 부러움은 물론 대학시절의 환희와 희열이 순식간에 날아가 버렸습니다. 그 학생이 보는 책은 9급 공무원 수험서였습니다. 자세히 보니 여느 대학생들의 생기발랄한 모습과는 거리가 먼 초췌한 모습이었습니다. 아마도 군대를 다녀온 복학생이거나 취업준비생인 고학년 학생 같았습니다.

대학하면 금세 떠오르는 단어가 낭만, 청춘, 야망 그런 것인 줄만 알았는데 그렇지 않은 게 현실입니다. 그놈의 '취업'이라는 괴물 앞에 이미 대학은 초토화되었습니다. 아마도 저는 애써 대학의 좋은 점들만 보고 즐기다가 가고 싶었거나 대학의 현실을 외면하고 싶었나 봅니다. 그런데 역시나 대학의 현실은 바로 제 가까이에 있었습니다.

4월에는 해마다 교생(교육실습생)들이 옵니다. 올해는 제가 가르치는 국어과에도 교생이 와서 저도 한 학생을 지도하고 있습니다. 그런데 해마다 느끼는 것인데, 말이 제가 지도교사이지 교생들이 저보다 더 수업도 잘하고 아이들도 잘 대하는 걸 봅니다. 그러니 제가 지도하는 게 아니라 제가 더 배우곤 합니다. 새로운 수업기법과 열정을 보면서 타성에 젖은 저를 바라보면서 반성해보곤 합니다. 그런데 안타깝게도 그 많은 교생들 중에서 정식으로 교사가 되었다는 소식은 거의 없습니다. 요즘 교생들은 각종 자격증 취득은 물론 복수전공, 부전공을 갖춘 실력과 역량을 갖췄는데도 정규교사가 되는 길은 그리 녹록치 않습니다. 교사임용고사가 임용고시로 불리는 게 현실입니다.

지난 2009년 가을학기 연세대학교의 한 학생이 제출한 과제물의 한
단락이 떠오릅니다.

<blockquote>
고등학교 때 느끼던 이유 없는 불안과 초조함을 대학에 들어가
면 없앨 수 있을 것이라 생각했다. 그러나 입학 후 불어 닥친 칼바
람에 어쩔 줄 모르고 이리저리 방황하고 있다. 누군가가 "먹기 위
해 사는가 아니면 살기 위해 먹는가?"라고 묻는다면 "먹히지 않기
위해 산다"라고 답하고 싶다. '먹힌다'는 의미는 잠정적인 경쟁자
를 포함하여 내가 살아가면서 만나는 모든 경쟁자들에게 진다는
것을 의미한다. 그렇다. 나는 지는 것이 두렵고 낙오되기 싫다. 다
른 사람들이 내게 보이는 압박, 그것을 응축하고 있는, 벌레를 보
는 듯한 시선이 무섭다. 아무것도 하지 않고 있으면 따가운 눈초리
가 느껴진다. 뭐라도 해야 힌다. 그렇지 않으면 누군가가 나를 잉
여인간으로 낙인찍어 버리고 아무도 나를 찾지 않게 될 것이다…….
누구나 나를 찾을 수 있도록, 아니 시장에서 나를 찾아줄 날을 기
다리며 나를 관리하는 작업을 계속해야 한다.[17]
</blockquote>

우리나라에서 그래도 명문대라고 자타가 공인하는 대학의 학생이
느끼는 공포와 불안이 이 정도입니다. 서울대 교수인 김난도의 책
『아프니까 청춘이다』를 보면 이른바 서울대 학생들도 취업을 위해
좋은 조건의 스펙을 갖추기 위해 해외연수다 자격증 취득이다 하여
돈도 많이 쓰고 시간도 들이느라 고생이 말이 아님을 잘 보여줍니다.
이처럼 연세대나 서울대학의 학생들이 느끼는 불안과 고통이 이 정
도라면 두 대학보다 낮은 지명도의 대학생들이 느끼는 현실은 어떨
까 싶습니다. 이처럼 우리나라 대학의 현실은 암담합니다. 그 옛날 젊
음을 불태우던 민주화 투쟁의 대학생들도, 낭만을 위하여 방황하던

---

17) 조한혜정, "낯섦의 두려움, 캥거루족 사회", 연세대학교 대학원 학술위원회 엮음, 『경쟁과 공존』
　　(서울: 오래, 2011), pp.235-236.

청춘들도 어디론가 사라져 갔습니다. 이제 오늘의 대학은 진리의 전당이 아니라 스스로 취업을 위한 직업소개소나 직업학교로 전락한 지 오래입니다. 이처럼 오늘날 대학이 직면한 현실은 무한 경쟁, 적자생존이 당연시되는 죽음의 모습인 듯합니다.

그런데 이러한 암담한 교육의 현실은 대학만이 아닙니다. 우리나라는 으레 대통령이 바뀌면 교육정책이 바뀌곤 합니다. 이제 내년이면 또 새로운 대통령과 정권에 따라 또 새로운 교육정책이 나와서 교육현장을 들쑤셔댈 것만 같습니다. 이명박 대통령도 새로운 정부를 주창하면서 이전의 정권과는 다르게 교육을 혁신하겠다고 하면서 교육부처 조직을 전면 개편하였습니다. 그때 저는 이것이 바로 이 정권이 지향하는 교육이고 우리 교육의 현실이구나 하는 생각에 가슴이 아팠습니다. 이명박 정부는 그동안 문교부, 교육부 등으로 부르던 부서의 명칭과 장관 겸 부총리라는 교육부처의 위상을 '교육과학기술부'로 개칭하고 그 수장도 부총리직을 떼고 그냥 장관으로 개편하였습니다. 그야말로 교육부처의 중요성을 인정하지 않겠다는 것임은 물론 기존의 교육인적자원부와 과학기술부를 통폐합하여 교육 조직을 축소한 것이었습니다.

저는 이전의 명칭인 교육인적자원부도 마음에 들지 않았습니다. 세상에, 어떻게 교육과 인간을 국가발전의 하나의 자원개념으로 여기겠다는 발상을 부끄러움도 없이 교육부처기관명으로 할 수가 있는 건지, 정권의 교육철학이 실망스러웠습니다. 그런데 황당했던 것은 이러한 명칭이 좋아 보이고 타당하다고 여긴 건지 우리 기독교가 이를 그대로 따라한 것입니다. 우리나라에서 비교적 규모가 큰 교단인 대한예수교장로회(통합)의 경우 교육부서의 명칭이 '총회교육자원부'

입니다. 이처럼 교육에 자원이라는 말을 붙인 것은 교육을 하나님의 나라 건설과 교회일꾼 양성이라는 목표를 위한 수단으로 여기는 것을 분명히 한 것입니다. 이에 대해 뭐가 잘못이냐고 할 수 있을지 모르나, 이러한 명칭 하나에 담긴 교육철학과 교육적 위상과 정체성을 생각해볼 때, 그 이름에 담긴 의미는 단순하지 않습니다. 교육은 그 자체로서 합목적성을 지니는 것이지 그 어떤 고귀한 가치와 조직을 위한 수단일 수 없습니다. 물론 교육이 하나의 목표를 지향할 수는 있으나 그것은 어디까지나 교육 본연의 목표를 성취하다 보면 도달하게 되는 것입니다. 교육을 수단으로, 교육주체인 다음 세대를 목적 달성을 위한 하나의 물실적·실용적 개념의 자원이라는 개념으로 사용하는 것은 재고해 볼 일입니다. 자원이라는 말의 사전적 이미는 이러합니다.

자원(resources, 資源)은 경제적 용어로, 인간 생활 및 경제생산에 이용되는 물적 자료를 지칭한다. 인간의 생활을 위한 식량, 공업적 생산을 위한 원료 혹은 에너지 등은 모두 인간의 생산적 활동에 의해 산출되는 것이지만, 그 인간의 생산적 활동을 하게 하는 원천은 자연 그 자체이다. 자원이란 이처럼 자연에 의해 주어져 인간을 활동하게 하는 한 요소이다. 가장 넓은 의미로는 인간이 물질적·정신적 욕망을 만족하고 인류의 사회생활을 유지·향상시키기 위한 원천이라고 정의할 수 있는데, 경제학적으로 토지·자본·노동 등 생산에 투입되는 물적·인간적인 생산 요소를 가리킨다. 그러나 오늘날 자원이라고 하는 경우는 인간사회의 생활 및 생산 활동을 위하여 투입되는 물적 요소를 가리키며, 가장 현대적인 의미로는 좁은 뜻의 천연자원을 가리킨다. 천연자원의 종류 또한 대단히 다양하다. 인류의 역사는 자원개발의 역사라고 할 수 있다. 인간은 인류의 생활을 위해 적극적으로 자연을 이용하고 자연에 저항하며 자연을 변화시켜왔다. 즉, 자원은 자연 그 자체가 아니라 인류가 자신들의 목적을 위해 자연 속에서 채취하고 만들어낸 것으로서,

인간 및 인류사회의 능력(인간이 가진 기술 또는 조직)의 발전과 함께 개발되어 온 것이다. 자원의 내용은 인류의 기술적·사회적 발전에 따라 변화하고 증가되어 왔는데, 동시에 그것은 자연과 인간의 상호 의존관계 속에서 성립했으며, 인간이 자연에 영향을 끼침과 동시에 자연으로부터 반작용이 일어난다. 이처럼 자원은 상대적이고 유동적인 개념이며, 그 범위는 자연·기술·경제, 나아가 문화의 인적·물적 상호관계에 의해 질적으로도 양적으로도 변화한다.18)

이명박 정권은 한 걸음 더 나아가 아예 교육철학이 있기나 한 건가 싶었습니다. 교육이란 건 개별주체인 인간 생명 그 자체에 대한 경외(敬畏)에서부터 시작하는 일인데, 학교교육을 과학과 기술을 위한 수단으로 여기는, 결국 교육을 돈벌이를 위한 도구로 보는 것을 분명히 한 것입니다. 좀 지나친 생각이지만 이명박 대통령은 우리나라 개신교회의 대표적인 교회인 소망교회 장로님이라는 사실이 자랑스럽기는커녕 애써 외면하고 싶은 마음 간절합니다. 이명박 대통령의 교육관은 그저 밀어붙이기식으로 유명한 현대건설 사장출신다운, 생태환경이란 건 내팽개쳐 두고 그저 개발과 발전이라는 눈에 보이는 성과에만 급급했던 서울시장다운 발상인가 싶습니다. 교육과학기술부라는 말처럼 국가발전을 위한, 그저 돈벌이를 위한 실용과학을 위해 수단으로 전락한 교육의 현실이 어떻습니까?

우리나라 과학천재들이라는 카이스트에서 교수와 학생들이 계속해서 자살하는 현실, 한창 멋모르고 놀기 좋아할 중학생들이 집단따돌림과 우울증과 정신적 공황으로 연이어 자살하고 있습니다. 이것이 바로 교육을 돈벌이 수단으로 악용하고, 반생명적인 경제 질서로 강요하는 현실의 한 단면일 것입니다. 교육의 결과는 단기간이 아닌 몇

---

18) 브리태니커 백과사전에 나오는 '자원'이라는 말을 정리하였습니다.

십 년 후에 나타나는 것이니 이후에는 지금보다 더 큰 문제가 일어날 것만 같은 두려운 마음도 있습니다. 자살하는 이들이 그저 공부만 열심히 한 대학생이나, 아직은 순진무구한 중학생이었기에 자살로 끝났지, 만약 격정에 치달은 어른이라면 여의도 국회의사당이나 서울시청 앞 광장이나 광화문 거리 한복판에서 생명부지의 사람들을 향해 칼을 휘두르거나, 폭약을 만들어 건물 전체를 날려버릴 수도 있을 것입니다. 다소 황당한 상상이지만 이런 일들이 실제로 외국에서는 종종 벌어졌습니다. 계속 이런 반생명적인 교육이 진행된다면 우리 사회에도 일어나지 않는다는 확신이 없습니다.

이처럼 칙박한 교육현실을 생각하니 마음이 참 무겁습니다. 점점 어려워져만 가는 학교업무와 학생들과의 관계로 교사들의 명예퇴직 희망이 늘고 교직수행에 보람보다는 힘겨움을 호소하는 목소리가 높습니다. 또한 극심한 청년실업에 따라 취업만 된다면 영혼도 팔고 싶을 정도라는 청년들의 울부짖음과 연이어 터지는 학교폭력과 못다 핀 꽃 한 송이와 같은 어린 생명들의 자살이 가슴을 짓누르는 듯하여 답답합니다. 하나님의 생명을 죽이는 교육, 하나님의 아들과 딸들에게 비인간적인 경쟁의식을 강요하는 교육, 국가나 조직을 위한 경제적 이익을 위한 수단적 개념인 자원으로 생각하는 교육은 예수님이 강력하게 몰아내신 사탄의 정체입니다.

아무 근심, 걱정 없이 화사하게 핀 꽃들을 바라보며 푸른 하늘, 푸른 빛깔을 머금고 내달리며 뛰놀면서 아빠를 바라보는 사랑이와 겨레에게 오늘의 교육현실을 어떻게 이해시켜야 하나 하는 생각에 그저 먼 하늘을 바라보았습니다. 서양 경구에 이런 말이 있습니다. "Some are guity, but all are responsible." 이 말의 뜻은 "일부가 잘못한 일이라도, 모두에게 그 책임이 있다"는 말입니다. 오늘의 교육현실을 정권이나 정부나 학교나 교회 등의 조직 탓으로 돌리면서 자신은 아무런 잘못이 없는 것처럼 여기는 것은 바른 자세가 아닙니다. 한 사람의 신앙인으로, 한 사람의 교육자로서 오늘의 교육 현실에 대한 책임을 통감하면서 오늘날 제게 주어진 교육 현실에서라도 작은 불꽃 하나가 되고자 합니다. 그래서 제 아이들과 제가 가르치는 학생들이 꿈과 희망과 사랑과 정의가 가득한 하나님의 나라에서 살게 되기를 간절히 기도해봅니다.

# 사나운
# 개가 있습니다

고전을 읽다보면 오늘을 사는 우리에게도 생각해보고 되짚어볼 귀한 가치와 교훈을 찾아볼 수 있습니다. 이런 점에서 고전읽기의 즐거움은 아무리 강조해도 지나치지 않습니다. 특히 동양고전은 짧은 하나의 이야기 속에 담긴 은유가 그야말로 '촌철살인(寸鐵殺人)'[19]과 같은 깊이와 힘을 전해줍니다. 저는 가끔 생각해보곤 합니다.

기독교에서 수많은 신흥종파나 이단, 사이비 종파가 생겨나고 그에 추종하는 사람들이 많은 것은 성경읽기에 대한 기본적인 이해가 없기 때문인 것 같습니다. 성경은 하나님의 특별한 계시에 따라 하나님의 공의와 사랑이 담긴 책입니다. 이러한 하나님의 계시가 각 시대와 공동체와 사람의 독특한 개성과 강조점에 따라 다르게 기록된 책

---

19) 촌철살인(寸鐵殺人)이란 날카로운 말로 상대편의 급소를 찌름을 비유하여 이릅니다. 즉, 말 한 마디로 상대를 제압하는 회심의 일격 또는 돌직구입니다. 어떤 사람이 한 수레의 무기를 싣고 왔다고 해서 사람을 죽일 수 있는 것이 아니라, 한 치도 안 되는 칼만 있어도 곧 사람을 죽일 수 있습니다. 원문은 중국 송나라 유학자 나대경의 『학림옥로』에 수록되어 있으며, 아즉지유촌철 편가살인(我則只有寸鐵 便可殺人)입니다. 여기서 살인은 상대를 죽인다는 뜻이 아니라 사람의 마음을 움직인다는 뜻입니다. 즉, 제압할 수도 있고 감동시킬 수도 있다는 말입니다.

입니다. 그러므로 성경은 어느 특정 시대, 한 사람, 하나의 문체로 쓰인 저작물이 아닙니다. 오랜 세월 다양한 시대정신과 다양한 직업과 입장에 따라 기록자가 저마다의 문체로 다양한 글 양식에 따라 기록한 책입니다. 제가 성경을 좋아하는 이유가 바로 이것입니다. 성경은 잘 가꾸어진 꽃밭과 같습니다. 저마다의 색깔과 모양을 뽐내지만 각각의 독특성이 인정되어 아름다움을 더합니다.

성경은 비온 뒤에 곱게 드러나는 무지개와 같습니다. 가만히 보면 하나의 빛깔 같으나 자세히 보면 일곱 색깔이 어우러져서 하나를 이룹니다. 성경은 오케스트라와 같습니다. 하나하나의 악기에 따라 모양과 소리가 다르지만 그 다름이 분명하게 인정되면서도 합목적적인 목표를 향해 조화(調和)를 이룹니다. 성경이 바로 이런 책입니다. 그러므로 성경을 제대로 읽고 이해하고 해석하고 적용하려면 성경을 그냥 읽는 것으로 그쳐서는 안 됩니다. 성경 전체에 흐르는 하나의 맥을 분명히 알고 성경 66권 각각의 시대와 기록자에 대한 기본 지식이 있어야합니다.

오늘날 교회에서 설교만 강조되는 듯하여 아쉽습니다. 더욱이 주일 설교가 설교자의 주관적인 본문 선택에 편중되어 성경 전체가 고르게 설교되지 못하는 현실을 감안하면 더욱 아쉽습니다. 교회에서 성경읽기를 위한 성경공부를 튼실히 해야만 성경을 오해하고 하나님의 말씀을 왜곡하는 종파들의 발흥을 막을 수 있을 것입니다. 이러한 이해의 하나로서 성경에 많이 나오는 은유(풍자)[20])에 대한 이해도 중요합니

---

20) 은유(metaphor, 隱喩)는 다른 2가지 대상을 비유적인 표현을 써서 비교하는 방법을 말합니다. '……같이', '……처럼' 등의 말을 써서 명백한 비교를 드러내는 직유(直喩)와 구별됩니다. 직유와 은유를 구별하기는 그렇게 단순하지만은 않습니다. 은유는 합리적이고 산문적인 비교를 벗어나 질적인 도약을 통해 2가지 대상을 동일시하거나 융합하여 그 2가지의 특성이 다 들어 있는 새로운 것을 만들어냅니다. 그러므로 은유는 논리에 앞서는 또는 우회하는 사고체계입니다. 은유는 시의 기본 언어지만 언어의 수준과 종류에 관계없이 모든 언어에서 쉽게 볼 수 있습니다.

다. 은유나 풍자는 문학 양식으로 이해해야합니다. 이를 사실(fact)로 이해하는 것은 지나친 말입니다만 무지의 소치입니다. 미국의 여성신학자 셀리 맥페이그는 은유에 대해 명쾌한 말을 해주었습니다.[21]

> 좋은 은유(풍자)는 충격을 던지고 서로 다른 것을 결합시키며, 관습을 뒤집고 긴장하게 하는 함축적이며 혁명적이다. 은유는 상징적이고 성례전적이라는 점에서 제사장적 특징과 예언자적 특성을 지닌다. 은유는 이미 현존하는 질서의 통일성과 완성을 기다리면서, 동시에 앞으로 실현되어야 할 변화의 가능성 질서와 통일성을 시험적으로 투사한다.

한비자(韓非子)의 『외저설우(外儲說右)』에 나오는 일화입니다. 중국 춘추전국시대, 송나라의 어느 주막에 술을 만들어 파는 장이라 불리는 사람이 있었습니다. 그는 장사를 하면서 단 한 번도 되를 속이지도 않았고, 친절했으며, 술 빚는 실력 또한 훌륭했습니다. 게다가 멀리서도 술집이라는 것을 확연히 알 수 있게 깃발까지 높이 세워 놓았습니다. 그러나 어찌된 일인지 그의 술은 도무지 팔리지 않았습니다. 그래서 술을 담가 놓은 독째로 상해 버리기 일쑤였습니다. 고민하던 그는 하도 답답하여 지혜 있기로 소문난 마을 어르신을 찾아가 그 까닭을 여쭈었습니다. 그런데 답은 간단했습니다. 이 답은 동네 어린 아이들도 다 아는 것이었습니다. 그의 주막 앞에 있는 사나운 개가 문제였습니다. 그 개가 너무도 사나워서 술을 사러 간 손님들이 도저히 안으로 들어갈 수 없었던 것입니다.

이 사람의 개는 낯선 사람만 오면 무척 사납게 짖어대고 위협을 주었지만 주인은 그 사실을 전혀 모르고 있었습니다. 시간이 지날수록 손님은 오지 않고 파리만 날리는 날이 많아졌습니다. 손님이 없으니

---

21) 김경재, 『내게 오는 자 참으로 오라, 함석헌의 종교시 탐구』(서울: 책보세, 2012), p.29.

팔리지 않는 술은 쌓여만 갔고 주인은 오지 않는 손님 탓만 늘어놓았습니다. 이러한 상황을 일컬어 '구맹주산(狗猛酒酸)'이라고 한 것입니다. 이 말의 뜻은 "사나운 개 때문에 술이 쉰다"라는 의미입니다. 이 이야기를 오늘 우리의 삶에 적용해보고 의미를 되새겨볼 수 있을 것입니다. 이를 철저하게 최적의 효율과 이윤을 극대화하는 것을 주된 목적으로 하는 기업의 경우를 중심으로 생각해보고자 합니다.

그 어떤 기업도 "우리는 고객만족 따위는 신경 쓰지 않는다"라고 공공연하게 이야기하는 곳은 없습니다. 그러나 실제로는 정성을 다해 고객을 만족시키고 이를 관리하는 회사가 많지 않습니다. 기업체에서 친절하지 않은 사람을 고객과 만나는 접촉점에 배치하는 것은 오는 손님을 쫓아내는 것과 같을 수 있습니다.

기업에서 고객만족을 파악하고 평가하기 위해 고려해야 할 사항은 무엇일까요? 고객만족을 측정하고 평가하기 위해서는 우선 고객과의 접촉점에서 일하는 직원을 파악해야 합니다. 그 이유는 고객이 느끼는 만족이 접촉점에서 일하는 사람에 의해서 결정될 가능성이 높기 때문입니다. 기업이 고객만족에 대해서 아무리 중요한 가치를 부여하고 교육을 한다고 해도 접촉점에서 고객과 만나는 직원이 얼마나 진심으로 정성을 다해 임무를 수행하느냐에 따라 그 결과가 전혀 다르게 나타날 수 있습니다. 또한 기업은 고객이 느끼는 필요성 그 자체에 대해서도 잘 파악하고 분석해야 합니다. 훌륭한 직원의 자질은 자기회사 제품에 대해서 잘 알고 설명을 잘하는 사람이 아니라 고객에게 무엇이 필요한지를 파악하여 그것에 대하여 잘 대응해주는 사람입니다. 고객만족 경영의 성패는 적절한 직원 채용에 달려있습니다. 이런 점에서 어떤 직원을 채용하여 고객과의 접촉점에 배치할 것인가와 관련된 의사결정만큼 중요한 것은 없을 것입니다.

고객만족에 있어서 매우 뛰어난 곳으로 평가받고 있는 '사우스웨스트 에어라인(SWA, Southwest Airlines)'의 경우 채용 기준이 다음과 같다고 합니다. "우리는 남의 말을 잘 들어주고, 다른 사람을 생각하고, 미소를 잘 짓고, '감사합니다' 라는 말을 잘하는 다정한 사람을 채용합니다." 단순히 고객이 현재 만족하였다는 것은 아직 충분하지 않다는 의미이기도 합니다. 항상 귀를 열어두고 고객의 말을 잘 들어주는 경청의 자세만이 지속적으로 고객만족을 실현할 수 있는 방편일 것입니다. 중요성은 외부 고객만 있는 것이 아니라 그 출발점은 내부 직원 만족으로부터 시작됩니다. 그러므로 기업의 경영자와 구성원 모두는 기업의 지위가 높고 낮음이나 하는 일의 중요성의 무게와 상관없이 한 사람, 한 사람, 모든 구성원이 소중함을 분명히 알아야 합니다.

최고 경영자의 고객은 누구일까요? 물론 최종적으로 소비자임은 두말할 필요 없지만 최말단의 직원이 내 고객이라는 의식을 가진다면 그 회사는 건강한 관계망으로 튼실하게 유지됨은 물론 크게 성장할 것입니다. 이를 위해 최고경영자와 상사들은 회사의 인사업무 평가에서 인성과 해당 직무분야의 능력 등 객관적인 평가기준이 아닌, 경영자나 상사 개인의 판단이나 타당하고 객관적인 확인 절차 없이 다른 사람의 말만 듣고 평가하면 절대로 안 됩니다. 이렇게 될 때 이 회사는 외부적 어려움 이전에 내부에서 사나운 개가 생기고 이들 개들의 늘어남과 자람에 따라 붕괴되고 말 것입니다.

그런데 경영자는 이처럼 사나운 개가 얼마나 위험하고 무서운 결과를 가져오는지, 누가 사나운 개인지를 모른다는 사실입니다. 더 큰 문제는 알려주어도 믿으려 하지 않습니다. 왜 믿지 않을까요? 그 이유는 사나운 개가 주인 앞에서는 너무나 순종적이고 복종적이고 꼬리치는 모습만 보이기 때문에 주인을 위해서는 목숨까지도 내놓을 충견(忠犬)이라 생각하기 때문입니다. 그러니 주인은 사나운 개를 잘한다며 더욱 사랑하며 자랑하며 가까이 둘 것입니다. 그러니 그 개는 아무런 제재나 견제나 주의도 받지 않고 도둑인지 손님인지 분간도 못하고 더욱 사납게 굴 것입니다. 이렇게 되는 문제는 사나운 개 때문일까요? 주인 때문일까요? 오지 않는 손님 때문일까요?

유능한 인재들이 회사에 정착하지 못하고 떠나는 현상이 발생하는 회사의 내부를 들여다보면 귀가 얇은 경영자, 편중된 자기 사람들로 일을 해나가는 편파적인 경영자, 자기만 옳다고 확신하고 자기반성 없이 다른 사람을 무시하며 주인 노릇하는 개와 같은 직원이 있는 경우가 많습니다. 이러한 기업에서는 불공정한 인사와 업무가 이루지는 경우가 다반사이며, 유능한 인재를 떠나게 하는 사나운 개는 오히려 회사를 위한 일등공신으로 추켜세워질 것입니다. 이러한 책임은 그 누구보다도 사나운 개와 같은 직원을 아낀 경영자의 잘못으로 스스로 회사를 망하게 하는 요인일 것입니다. 누구도 탓할 수 없는 경영자 본인의 책임인 것입니다. 탈무드에 보면 '뱀의 머리와 꼬리 이야기'가 나옵니다. 머리와 꼬리의 다툼에 애꿎은 몸통이 희생되고 결국은 전체가 죽어버린다는 이야기입니다.

우리나라에서 50년 이상 장수한 기업이 손꼽을 정도라니 처음엔 의아한 생각이 들기도 했지만, 사라진 기업들의 내면을 들여다보면 대다수가 망하는 길로 스스로 걸어왔음을 인정할 수밖에 없습니다. 어느 보고서에 의하면, 직장인들의 이직(移職)의 주된 이유가 연봉의 많고 적음보다는 불공정한 처우와 존중받지 못하는 것에 대한 불만이라고 합니다. 문제가 있는 잘못된 인사임을 남들은 다 아는데 경영자 혼자만 모르는 어리석음을 범하는 경우가 많습니다. 다른 사람의 고견(高見), 진언(眞言), 충언(忠言)에 귀 기울이지 않고 간언(諫言)에 현혹된다면 기업의 미래를 장담할 수 없습니다. 이와 같은 구맹주산의 예는 기업에서만이 아니라 우리의 학교, 교회, 가정에서도 쉽게 찾아볼 수 있습니다. 오늘 바로 우리 자신이 장 씨와 같은 어리석은 사람인지, 사나운 개인지를 생각해봅니다.

구맹주산의 이야기는 우리 자신의 마음도 되새겨보게 하는 이야기로도 읽을 수 있습니다. 사람이 아무리 재주가 뛰어나고 실력이 있고 여건이 허락된다고 해도 그 내면에 '사나운 개'가 있으면 그 재주와 실력과 좋은 여건도 쉬어빠진 술처럼 없어지고 맙니다. 저는 주위에서 남보다 재능이나 실력이나 여건이 훌륭한데도 주어진 일을 제대로 수행하지 못하거나 승진하지 못하거나 사람들의 인정을 받지 못하는 경우를 봅니다. 대인관계가 원만하지 못하여 불행하게 사는 사람들을 종종 만나게 됩니다. 그런 사람들을 대할 때마다 참으로 안타깝습니다. 마음이 조금만 너그러우면 많은 사람에게 사랑과 인정을 받으며 행복하게 살 텐데, 문 앞을 지키는 개가 허연 이빨을 드러내고 으르렁대어 사람들을 쫓아버리니 늘 혼자일 수밖에 없고 탁월한 재능과 실력과 여건도 그 그늘에 가려 빛을 발할 수 없습니다.

지그 지글러가 쓴 『정상에서 만납시다』를 보면, 정상에 이르는 여섯 단계 중 두 번째로 강조하는 것이 원만한 대인관계입니다. 마음이 온유하여 대인관계가 좋으면 재능이 조금 부족해도 그것을 극복할 수 있습니다. 주어진 여건이 부족해도 얼마든지 헤쳐 나갈 수 있습니다. 그러니 유순한 마음을 가져야 합니다. 사나운 마음으로는 사람들과 함께할 수 없습니다. 혹시라도 친구가 없는 사람들은 환경을 탓하거나 다른 사람을 탓하기 이전에 곰곰이 자신의 마음밭을 되짚어 볼 일입니다. 잠언 4장 23절 말씀입니다.

> 무엇보다도 네 마음을 지켜라. 네 마음에서 생명의 샘이 흘러나오기 때문이다.

버니 S. 시겔은 『내 마음에도 운동이 필요해』에서 마음에도 운동이 필요함을 일깨워주었습니다. 사람들은 운동으로 몸을 단련하고 건강을 지키는 일을 중요하게 생각합니다. 누구나 신체 운동의 중요성을 알고 있습니다. 그러나 대부분의 사람들이 중요하게 여기지 않는 사실이 하나 있습니다. 바로 마음에도 운동이 필요하다는 것입니다.

우리는 마음의 건강을 위해 얼마나 자주 운동하고 있을까요? 기도, 좌선, 명상, 여행 등은 마음 운동의 좋은 방법들입니다. 신체 운동에 땀과 고통이 따르듯 마음 운동도 그러합니다. 고생, 좌절, 실패도 마음의 근육을 단련시키는 재료들입니다. 마음 근육이 단련되면 사람 사이의 미움과 갈등조차도 이전보다 더 좋은 관계로 회복하게 만듭니다. 더 깊은 사랑을 하게 합니다. 그러나 마음먹기라는 게 몸의 운동처럼 쉽게 되는 것이 아닙니다. 하루에도 수십 번 변화무쌍한 마음을 마음 운동만으로는 조절할 수 없습니다. 그러기에 우리는 끊임없이 예수님과 함께하는 마음 공부를 해야 합니다. 그리고 겸손히 자신의 마음을 들여다보면서 반성하며 살아야 합니다. 마태복음 11장 29절 말씀입니다.

> 나는 마음이 온유하고 겸손하니 너희는 내 멍에를 메고 내게서 배우라. 그러면 너희 영혼이 쉼을 얻을 것이다.

# 새로운 시대,
# 새로운 소통과
# 공유를 위하여

　며칠 전 아이들과 인근 대학 내의 카페를 들른 적이 있습니다. 호수 중앙의 정갈하게 단장한 인테리어와 잘 정돈된 조경, 힘차게 하늘 향해 두 팔 벌린 분수, 금붕어들의 노니는 모습을 보면서 즐기는 커피 한 잔의 여유를 생각하며 들어갔습니다. 저는 커피 한 잔을, 아이들은 우유와 조각케이크를 시켰습니다. 전망 좋은 곳에 앉아 주문한 것을 기다리면서 주변을 둘러보았습니다. 그런데 제 눈에 비친 모습은 도란도란 이야기꽃을 피우던 정겨운 카페가 아니었습니다. 열심히 공부하는 대학생들의 모습인 양 고개를 숙이고는 스마트폰을 만지작거리고 있었습니다. 카페나 식당에서 흔히 볼 수 있는 이런 모습은 외국인들이 가장 이해할 수 없는 우리나라 사람들의 모습 중 하나로 꼽힌다고 합니다. 어느 순간 우리나라의 일상이 되어버린 이 모습을 보면 쓸쓸함마저 느끼게 됩니다. 그런데 이런 모습은 대학생들이나 중·고등학생들과 같은 세대에서만 볼 수 있는 모습이 아닌가 봅니다.

　며칠 전 학교에서 회식이 있었습니다. 업무처리로 좀 늦게 도착하는 분들이 있어, 회식 시간이 조금 지연되었습니다. 예상치 못한 시간의 여유, 그렇다고 뭘 하긴 뭐한 자투리 시간이 주어졌습니다. 저도 모르게 얼마 전에 구입한 스마트폰을 꺼내들곤 지인들에게 카카오톡으로 안부를 전하고 카카오스토리를 확인하였습니다. 문득 고개를 들고 보니 세상에~ 고개 숙이고 스마트폰에 빠져든 사람은 저만이 아니었습니다. 저와 같이 간 분들 중 스마트폰을 사용하는 이들 대부분이 저와 같은 모습이었습니다. 그리고 다른 테이블에서도 비슷한 모습들이 보였습니다. 순간 저는 머리끝이 쭈뼛하며 서는 듯한 충격으로 잠시 소름이 돋는 것만 같았습니다. '아, 스마트폰의 위력이 이정도일 줄이야!'

카페에 앉아 주문한 음료가 나오면 스마트폰으로 사진을 찍고, 어디에서 누구와 무엇을 하고 있는지에 대한 짤막한 글을 덧붙여 SNS(소셜네트워크서비스)[22]에 자신의 상태를 알립니다. 스마트폰의 카카오스토리나 페이스북에서 친구를 맺고 있는 사람들은 그 글에 댓글을 달고 답변을 하며 소통합니다. 하루에도 몇 번씩 SNS에 들락거리며 다른 사람들의 글을 읽고 자신의 이야기를 담은 글을 씁니다. 하루 이틀 이러다 보니 이제는 이런 모습이 일상생활의 습관처럼 당연시된 것만 같습니다. SNS는 정보를 공유하고, 시간과 공간을 뛰어넘어 사람들과 관계 유지를 할 수 있다는 장점이 있습니다.

SNS가 발달하면서 젊은 층의 정치에 대한 관심과 참여가 높아졌다는 긍정적인 변화도 있습니다. 또한 거시적인 차원의 사회문제에 대한 정보와 의견들이 빠른 속도로, 실시간으로 공유되면서 커다란 사

---

22) Social Network Service의 약어(略語)가 SNS입니다. SNS는 트위터, 페이스북, 요즘·미투데이와 같이 자신과 불특정 다수와 문자로 대화하는 것입니다. 카톡의 경우는 나와 불특정 다수가 아닌 나를 아는 사람과 1대 1 대화이니 SNS에 포함되는 것이 아닙니다.

회적 힘으로 작용하기도 합니다. 그러므로 이를 적절히 활용한다면 개
인적인 차원은 물론 사회적으로도 소통과 공유를 통한 활력이 될 수 있
을 것입니다.

이처럼 SNS와 같은 기기를 통한 소통과 공유가 일상화된 시대를
가리켜, '컨버전스(Convergence)' 시대라고 합니다. 컨버전스는 컴퓨
터, 인터넷, 영상, 모바일 등을 융합하여 하나의 상품으로 통합시키는
것을 의미합니다. 2010년에 들어오면서 지금까지 발전해왔던 각종 IT
들이 합쳐지면서 스마트폰이라는 새로운 기기가 등장하였습니다. 이
렇게 등장한 스마트폰은 단순한 생활용품이 아닌 소통과 공유를 위
한 중요한 도구로서 우리 삶의 중요한 위치를 점유하면서 그 역할을
감당하고 있습니다. SNS 중 하나인 트위터는 세대 간의 소통, 지역
간의 소통, 나라 안의 소통의 도구로 조금씩 자리 잡고 있습니다. 특
히 트위터와 스마트폰의 결합으로 인해 이동하면서 사용할 수 있게
되면서 앞으로의 정보 전달 속도가 더 빨라지고 정보 유통의 범위가
더 확산될 것입니다.

그렇다면 왜 사람들이 스마트폰과 트위터에 관심을 가지게 되었을
까요? 이에 대해 여러 가지 이유가 있겠지만 현대인이 소통과 공유에
대한 간절함과 갈증이 강렬하기 때문일 것입니다. 이러한 SNS의 확
산은 우리 사회 전반에 새로운 소통의 바람을 일으키고 있습니다. 정
치, 경제, 사회, 교육, 문화 등에서 빠른 속도로 정보가 공유되고 저마
다의 의견이 교류되는 시대입니다. 이는 기존 대중매체의 영향력을
능가할 정도로 그 영향력은 대단합니다. 이전 시대가 정보의 흐름이
수직적이고 일방적이고 단방향이었다면 오늘날의 정보의 흐름은 스
마트폰의 등장으로 실시간 수평적이고 양방향으로 다양하게 흘러가

고 있습니다. 이렇게 되다 보니 정부, 기업, 사회단체, 학교들은 기존의 언론과 대중 미디어(신문, TV, 라디오) 등을 통한 소통뿐만 아니라 개인들(국민)과 직접적인 소통을 하기 위해 SNS인 트위터 등을 도입하기 시작했습니다.

이처럼 스마트폰이 보편화되면서 트위터, 페이스북 등 SNS는 새로운 의사소통의 장이 되고 있습니다. 많은 사람은 불특정 타인과 관계를 맺어놓고 자신의 일상과 고민을 털어놓는가 하면, 친구나 직장 동료 등과 일상을 공유하고, 직장이나 시댁에 대한 불만도 털어놓습니다. 주로 올리는 글의 80%가 개인적인 경험이나 인간관계에 관한 내용입니다. 물론 정치적 의견을 곧잘 공유하기도 합니다. 언제 어디서든 하루에도 몇 번씩 SNS에 접속해 누군가의 새로운 메시지를 확인하면서 사소한 이야기를 털어놓는 재미에 푹 빠져듭니다.

사람들은 왜 이렇게 SNS에 사생활을 표현해 자신을 내보이고 싶어하는 것일까요? 이에 대해 김형자의 칼럼에 나온 과학적인 원인분석이 매우 흥미롭습니다.[23]

미국 럿거스 대학 커뮤니케이션정보학부의 모어 나만 교수는 SNS 사용자 350명의 트위터 대화 내용을 분석했습니다. SNS에 올려진 글의 주된 내용이 무엇인지 알아보기 위해서입니다. 그 결과 '지금 자신이 무엇을 하는지'에 대한 내용의 글이 가장 많았고, 다른 사람의 글에 자기의 생각이나 의견을 표현하는 내용이 그 뒤를 이었습니다. 모바일 기기로 SNS를 이용하는 사람들과 여성들은 특히 더했습니다. 모바일 사용자 여성들은 특히 자기 얘기를 하는 경향이 두드러졌고, 남성들보다 자기가 지금 하고 있는 일에 대한 글이나 사진을 더 많이 올리는 것으로 나타났습니다.

미국 하버드 대학 심리학부의 다이아나 타미르 박사팀에 따르

---

23) 김형자, "사람들은 왜 SNS에 사생활을 털어놓을까", ≪시사저널≫(2012년 6월 12일) 참조.

면, 많은 사람이 트위터·페이스북 등 SNS에 사생활을 표현하는 것은 자신에 관한 이야기를 함으로써 보상받는 듯한 느낌을 받기 때문이라고 합니다. SNS에 일상사를 털어놓을 때 우리의 뇌에서는 보상과 관련된 부분이 활성화되어 심리적으로 무언가 채워지지 않는 부분이 보충되는 것 같은 기분이 든다는 것입니다. 연구팀은 "차보다 커피를 좋아하는가"와 같은 질문을 통해 실험참가자들에게 자신의 생각이나 다른 사람의 생각을 추측해서 답하게 하는 실험을 했습니다. 그리고 참가자들의 뇌 변화를 FMRI(기능자기공명영상)로 촬영해 분석했습니다. 그 결과 차보다 커피를 왜 좋아하는지에 대한 자기의 생각을 말할 때 뇌의 보상 중추가 훨씬 더 활발하게 반응하는 것으로 나타났습니다. 즉, 뇌에 불꽃이 튄다는 이야기입니다. 다른 사람의 생각을 추측해 말할 때는 별 흥미를 느끼지 못했습니다. 보상 중추란 주변 환경에 대해 긍정적 영향을 기대하거나 음식이나 금전적 보상이 주어질 때 또는 성적 흥분이 일어날 때 활성화되는 영역입니다. 약물 중독과도 관련되어 있습니다.
다이아나 타미르 박사팀은 또 자신의 얘기가 아닌 다른 사람의 얘기를 할 때는 실험 참가자들에게 포상으로 돈을 제공하는 실험도 했습니다. 미리 자기에 대한 질문, 다른 사람에 대한 질문, 참과 거짓에 대한 질문을 만들어놓고, 실험 참가자들로 하여금 대답하고 싶은 질문을 선택하도록 한 후 타인에 대한 질문이나 참·거짓에 대한 질문을 선택해 대답할 때에는 매회 최대 4센트(약 46원)를 제공하는 실험이었습니다.

그런데 예상외로 실험 참가자 중 3분의 2 이상이 돈을 받는 다른 사람에 대한 질문보다는 자기에 대한 질문을 선택하는 경향이 뚜렷했습니다. 그만큼 자신의 얘기를 하고 싶어 하는 심리적 욕구가 강하다는 것입니다. 물론 타인의 얘기를 함으로써 받는 금액(평균 719원)이 많지 않았기 때문에 금전적인 손해도 기꺼이 받아들였을지 모릅니다. 이에 대해 타미르 박사는 "사람들은 엄청나게 큰 액수가 아닌 몇백 원 정도는 지불해서라도 자기의 얘기를 토로해 위로받거나 자신의 생각을 공유하고 싶어 했을 것입니다. 만약 실제 대화에서 자신의 돈을 내놓고 이야기를 해야 한다면 이보다 조금 더 많은 금액을 내더라도 자신의 얘기를 하려고 할 것입니다"라고 설명하고 있습니다. 결론은 사람들이 자신의 얘기를 많이 함으로써 보상받고 싶어 하고, 특히 여자들은 더욱 그렇다는 것입니다. 이들의 연구 결과는 미국 국립과학원회보(PNAS)에 발표되었습니다.

이제 우리의 교회도 실시간 모바일 웹 시대에 맞는 스마트폰목회와 교회교육에 관심을 가져야 할 때입니다. 과거 컴퓨터를 통해 인터넷을 검색하거나 이메일을 확인하는 일들이 이제는 스마트폰에서 실시간으로 가능해졌습니다. 교회나 선교단체에서 진행하는 예배나 집회의 실황을 녹화하거나 촬영하여 녹화된 내용을 즉시 자신의 이메일 계정에 전송시킬 수 있고, 설교에 필요한 영감이 떠오르면 전화기에 장착된 설교노트에 기록하거나 각종 아이디어를 녹음할 수 있습니다. 강의, 설교, 찬양 등을 MP3 기능을 통해 다시 들을 수 있으며, 심방을 위해 길 찾기 기능, 운전 때 사용할 수 있는 내비게이션 기능 등을 사용할 수 있습니다. 이 외에도 지하철이나 버스에서 간편하게 성경을 읽을 수 있고 원하는 성경구절을 검색할 수 있습니다. 나아가 말씀묵상, QT(개인 경건의 시간) 등도 컴퓨터가 아닌 스마트폰에서 가능하게 되었습니다. 신자들은 교회행사나 설교, 영상콘텐츠 등을 와이파이24) 지역에서 무료로 실시간으로 볼 수 있게 되어 언제 어디

---

24) Wi-Fi(와이파이, Wireless Lan(WLAN))는 Wireless Fidelity의 약자로 무선 접속 장치(AP: Access Point)가 설치된 곳에서 전파나 적외선 전송 방식을 이용하여 일정 거리 안에서 무선 인터넷을 할 수 있는 근거리 통신망을 칭하는 기술입니다. 1999년 9월 미국 무선랜협회인 WECA(Wireless Ethernet Capability Alliance; 2002년 Wi-Fi로 변경)가 표준으로 정한 IEEE802.11b와 호환되는 제품에 와이파이 인증을 부여한 뒤 급속하게 성장하기 시작하였습니다. 가끔 발음과 유사한 스펠링 때문에 혼동되는 Wi-Pi(위피, Wireless Internet Platform for Interoperability, 무선 인터넷을 통해 다운로드 된 응용 프로그램을 이동통신 단말기에 탑재시켜 실행하기 위한 환경을 제공하는 데 필요한 표준규격)와는 전혀 다른 개념입니다. 와이파이의 주된 목적은 정보를 더 쉽게 접근할 수 있게 하고, 주변 장치와 공존하여 호환성을 높이며, 응용 프로그램과 데이터, 매체, 스트림에 무선 접근을 사용하여 복잡함을 보이지 않게 하는 것입니다. 와이파이를 사용하기 위해서는 접속할 수 있는 지점인 액세스 포인트(AP; Access Point)가 필요합니다. AP가 있으면 와이파이를 지원하는 기기가 수신 전파를 잡아 인터넷 접속을 시도합니다. 최근에는 기술 향상으로 접속 지점 기준 50m에서 100m까지 거리에서도 통신할 수 있습니다. 와이파이의 AP 역할을 하는 장치로는 무선 인터넷 공유기, 무선 인터넷 전화기 등이 있습니다. Wi-Fi Alliance는 2009년 말 AP 없이도 Wi-Fi 단말을 직접 연결할 수 있는 P2P 개념의 새로운 Wi-Fi 기술인 Wi-Fi Direct를 개발하여 2010년 중반부터 표준규격을 확정하고 제품 인증에 들어갈 방침이라고 발표한 바 있습니다. 이 기술이 상용화되면 100m 이내에 있는 휴대폰, 카메라, 프린터, 컴퓨터, 헤드폰 등이 각각 또는 동시에 여러 대에 연결될 수 있으며, 통신 규격 완성 후에는 와이파이 다이렉트 인증을 받지 않은 기존 와

서나 말씀 속에서 살아갈 수 있게 되었습니다.

과거 컴퓨터가 담당했던 교적관리나 재정관리, 설교준비, 이메일 확인, 메신저, 인터넷검색, 트위터, 페이스북, 영상콘텐츠 제작, 인터넷라이브방송 등이 제한적이지만 가능하며, 교회 홈페이지에서 제공하는 공지사항과 자유게시판의 한계를 뛰어넘어 교회 구성원과 세상 사람들과의 소통의 도구로서 트위터는 자리매김하게 되었습니다.

다음세대를 준비하는 목회를 하려면 목회자의 열정과 교인과 소통하고자 하는 마음이 바탕이 될 때, 스마트폰과 트위터가 그 역할을 감당하게 될 것입니다. 스마트폰을 통한 SNS는 개인과 사회의 소통구조를 바꾸고 새로운 문화를 창출하는 혁신 패러다임으로 등장하고 있습니다. 스마트폰 문화는 기독교의 선교, 목회, 교육 등 교회구조와 신앙생활 전반에 엄청난 영향을 끼치게 될 것입니다. 그러므로 SNS 문화는 우리의 신앙과 목회 그리고 교육에 새로운 도전과 기회가 될 것입니다.

얼마 전, 기독교계 신문을 보니 휴대폰과 SNS 사용이 일상화된 영국 기독 청소년들은 자신의 신앙을 문자로 표현하는 '문자 캠페인(Textify)'이 활성화되고 있다고 합니다. 영국 소재 기독교구호개발기구 호프의 청소년 사역 담당 기구인 '호프 레볼루션(Hope Revolution)'에서 주관하는 문자 캠페인은 휴대폰과 SNS 사용에 익숙한 청소년들이 이를 활용해 알고 지내는 사람들과 예수 그리스도에 대한 대화를 나누게 하며 적극적인 신앙 표현을 할 수 있도록 유도하는 데 그 취

---

이파이 기기도 서로 접속할 수 있게 지원할 방침이라고 합니다. 와이파이를 공공장소에서 사용하는 경우, 같은 AP를 사용하여 다른 사람이 공유 폴더로 쉽게 접근할 수 있기 때문에 공유 폴더를 사용할 경우 암호를 걸어놓거나 공유를 해제하는 등 보안에 주의할 필요가 있습니다.

지를 두고 있다고 합니다. 이 캠페인은 베드로전서 3장 15절 말씀인 "너희 마음에 그리스도를 주로 삼아 거룩하게 하고 너희 속에 있는 소망에 관한 이유를 묻는 자에게는 대답할 것을 항상 준비하되 온유와 두려움으로 하고"를 주제로, 이 캠페인의 참가자들은 1주일에 3명의 친구를 선정해 이들을 위해 매일 기도하고 이들과 예수 그리스도에 대한 대화를 핸드폰과 SNS(페이스북과 트위터 등)상에서 나누게 된다고 합니다. 이 캠페인에 참여하고 있는 한 청소년은 "나는 핸드폰을 사용하는 것을 정말로 좋아하기 때문에 핸드폰을 통해 예수 그리스도의 신앙을 나누는 일이 생각보다 재밌고 쉽게 다가왔다"며 "핸드폰과 페이스북, 그리고 트위터의 사용처럼 신앙의 자유로운 표현이 우리의 삶에 당연하고 일상적인 일이 될 수 있다는 것을 배웠다"고 말했습니다.25)

CCM 가수 김 브라이언은 트위터를 통해 대중과 소통하고 있다고 합니다. 총 4,081명의 친구(follower)에게 "예수님은 당신을 너무너무너무 사랑하세요"라는 메시지를 전한다고 합니다. '주님 말씀하시면'을 작곡한 김영범은 첫 번째 솔로앨범을 준비하면서 그 과정을 SNS를 통해 알리고 있습니다. 1,020명의 페이스북 친구를 둔 김영범은 음반 녹음, 앨범재킷 작업 등 제작 과정을 공개하면서 기도와 재정적 후원을 동시에 받고 있습니다. 창작 워십곡의 부재에 대한 안타까움을 드러내기도 한 그는 "이번 음반에는 15년간 만들어진 14곡을 통해 한 사람이 하나님 안에서 회복되고 부르심을 따라 살게 되며 그분의 능력으로 교회와 세상을 회복해간다는 제 인생의 간증이 녹아져 있

---

25) "스마트폰·SNS에 복음을 싣고", ≪기독신문≫(2011년 8월 18일).

다”며 “제작 과정 자체가 간증거리로 완성됐으면 한다”고 전했습니다. 그의 첫 솔로 앨범이 곧 출시될 예정이라고 합니다.

오프라인의 활동 무대가 절대적으로 부족한 CCM 가수들도 SNS를 적절히 활용하고 있어 눈길을 끕니다. ‘섬김’으로 잘 알려진 강찬은 페이스북 담벼락에 사역 일정을 알리며 친밀한 소통을 시도하고 있습니다. 5,000명에 육박하는 그의 페이스북 친구들은 기도로 함께 하는 든든한 지원자입니다. 독특한 가사와 음악으로 주목받고 있는 크리스찬 밴드 NCM은 이제 막 그 이름을 알리고 있는 단계입니다. 멤버 중 가장 적극적으로 SNS 홍보에 앞장서고 있는 드러머 송현기는 “아직까지는 많은 반응을 얻고 있는 것 같지는 않다. 하지만 장기적으로 도움이 될 것이라고 보고 있다”고 속내를 드러냈습니다. 신선한 중독의 줄임말에서 따온 ‘신중한 콘서트’를 기획하고 매월 둘째, 셋째 주 화요일 홍대 인디팬에서 CCM 음악과 개그, 가스펠 매직이 곁들어진 콘서트를 진행하고 있는 그는 “최고의 문화공연을 만들고 싶다”는 바람을 전하기도 했습니다.

이밖에도 한국찬양사역자연합회에서 주관하는 문화소외지역을 위한 콘서트와 플랜트콘서트, Life Tree 토요열린모임 등의 일정과 자세한 피드백을 SNS상에서 확인할 수 있습니다. 이처럼 SNS를 적극적으로 활용한 사역이 주목을 끌고 있습니다.

김동호 목사는 그의 연령이 60대임에도 무려 15,000명이 넘는 페이스북 친구들과 교류하는 유저(user)[26]로 유명합니다. 한번은 그가 자신의 페이스북 담벼락에 아프리카 지역 어린이들을 위한 모기장 모

---

26) 현대사회에 새로운 용어가 많이 생겼습니다. 이 말은 컴퓨터를 이용하는 사람을 가리키는 말합니다.

금,27) 기독교 월간지 후원28) 등에 관한 내용을 올린 적이 있습니다. 그의 이 이야기는 단시간에 폭발적인 관심을 이끌어냈고 엄청난 금액의 후원을 이끌어냈습니다. 이 사례는 SNS를 통한 사역에 하나의 가능성을 시사한 것으로 생각해볼 수 있습니다.

오랜 시간 '카페 교회'를 구상하고 얼마 전 창립예배를 드린 P 목사 역시 페이스북을 통해 교회 개척의 전 과정을 상세히 알렸습니다. 카페 교회로 만들어지는 인테리어 과정과 후원자들의 이름을 이니셜로 채운 벽면, 기도 제목 등을 2,800여 명의 친구들과 공유한 결과, 해당 지역뿐만 아니라 먼 곳에서도 응원의 메시지가 날아왔고, 무리한 대출 없이 교회를 개척할 수 있었다고 합니다. P 목사는 "한번 새로운 시도를 해보자는 마음이 있었다. 교회 개척이 쉽지 않은 일인 만큼 하나님께서 SNS를 통로로 사용하실 수 있지 않을까 했다"며 "공개적으로 도움을 요청하는 것을 부정적으로 보는 분들도 있었지만 생각지도 못한 분들이 마음을 모아주시면서 은혜 속에 창립 예배를 드리게 됐다. 기적이라고 할 수밖에 없다"고 감격을 전했습니다.

이처럼 놀라운 효용성을 담아낸 SNS 시대와 문화를 맞아 우리 목사들이 준비해야 할 것들이 몇 가지 있습니다.

---

27) 지난 2012년 1월, 아프리카에서 말라리아로 속절없이 죽어가는 아이들을 생각하니 가슴이 찢어진다는 한 청년의 글을 읽고, 김동호 목사가 자신의 페이스북에 충동적으로 이를 도와야 한다는 내용으로 아이들을 살릴 10달러짜리 모기장을 사서 보내자고 선동하며 입금계좌도 올렸습니다. 김동호 목사의 페이스북 담벼락 안에서 벌어진 이 충동적인 모기장 프로젝트를 통해 일주일 만에 5천만 원, 한 달 후 무려 7천 5백만 원이라는 돈이 모였고, 생명의 위협에서 아프리카 아이들을 지켜줄 모기장을 전달하게 되었습니다. 김동호, 『복음을 위한다면 지갑을 찢어라』(서울: 두란노, 2012) 참조.

28) 김동호 목사가 제안한 '현대종교 돕기 모금'으로 ≪현대종교≫(발행인 탁지원)가 어려운 고비를 넘겼습니다. 김동호 목사는 지난 3월 6일 자신의 페이스북에 이단과 싸우는 ≪현대종교≫가 소송에 패소해 어려운 상황이라며 '페이스북 교인'들의 모금을 제안했고, 사흘 뒤 "46시간 만에 목표 모금액 2,000만 원을 넘었다"고 알렸습니다. "김동호, ≪현대종교≫ 위한 페이스북 모금", ≪뉴스앤조이≫(2012년 3월 12일).

첫째, SNS목회의 필요성과 활용에 대한 당위를 분명하게 인식해야 합니다. 분명한 사실은 오늘 우리 시대를 살아가는 사람들은 일방적이고 수직하달의 단방향적인 정보전달이 아닌 정보의 공유와 소통을 통한 관계맺음을 간절히, 강렬하게 원하고 있습니다. 그리고 이러한 바람을 무시하거나 외면할 수 없는 것은 이것이 가능한 시대이고 이미 우리 사회에 일반적인 소통의 생활문화로 자리 잡았다는 사실입니다. 이에 대한 긍정적이고 적극적인 자세로 인식하고 이를 인정하고 유용하게 활용할 방안을 고민하고 연구해나가야 합니다. 또한 새로운 시대, 새로운 소통의 도구로서의 SNS의 도입과 활용을 목적과 대상에 맞게 선택해야 합니다. 왜냐하면 그 어떤 도구도 사용자와 수용자에게 필요적절하게 활용되어야 그 효과를 기대할 수 있기 때문입니다. 꼭 그런 것은 아니지만 지금 이 시점에서는 일반적으로 20~40대가 트위터, 40~50대가 페이스북, 10대가 미투데이·요즘의 서비스를 이용하고 있습니다. 이러한 세대별로 향유하는 SNS 기기의 특성을 고려해야 합니다.

둘째, 교회 홈페이지를 넘어 교회 모바일페이지 제작(앱)이 필요합니다. 비교적 규모가 큰 교회나 인터넷에 관심을 둔 교회들은 교회 홈페이지를 구축했습니다. 그러나 이러한 기존의 홈페이지는 화면사이즈와 콘텐츠 등의 사이즈 및 포맷이 맞지 않아 적절하게 작동되지 않습니다. 이제는 스마트폰에 맞춘 교회모바일페이지를 만들어내야만 합니다. 이를 통해 시간과 공간을 넘어서는 교회 홍보와 정보 제공과 공유를 효과적으로 활용할 수 있습니다.

셋째, 짧은 시간의 영상 콘텐츠 제작이 필요합니다. 지금까지는 20~30분의 콘텐츠도 모바일에서 볼 수 있었고 아주 유용하게 활용되어 온 것이 사실입니다. 그러나 빠른 속도로 정보가 제공되는 그야말로 정보의 홍수 시대를 살아가는 다음 세대에게는 다소 긴 듯한 인상으로 열어보기도 전에 기피해버릴 가능성이 있습니다. 그러므로 다음 세대들이 부담 없이 쉽게 수용할 수 있도록 5분 내외의 영상 콘텐츠 제작을 실현해나가야 합니다. 왜냐하면 실제로 다음 세대들은 영상 콘텐츠가 5분이 넘어가면 아예 보려고도 않는 경우가 많기 때문입니다.

넷째, 교인들에게 스마트폰의 활용과 보급에 대한 정보와 활용을 가르쳐야 합니다. 스마트폰은 실시간 모바일 웹 시대를 가능하게 한 도구입니다. 언제 어디서나 교회 업무를 체크할 수 있으며 메신저를 통해 실시간으로 목회자와 교인, 교인과 교인, 교회와 세상이 소통하고 공유할 수 있습니다. 트위터 앱(애플리케이션 프로그램)을 설치하여 다양한 교회 상담에도 활용할 수 있습니다.

그러나 세상의 모든 것이 빛이 있으면 그림자가 있듯이 SNS가 장점만 있는 것은 아닙니다. 이것은 SNS의 기기나 장치나 기능의 문제가 아닙니다. 이런 문제라면 얼마든지 개선해나갈 수 있고 손쉽게 차단할 수도 있습니다. 문제는 이를 사용하는 바로 우리가 문제입니다. 분명 SNS는 그저 우리가 사용하기 편리하게 만들어낸 생활도구일 뿐인데 어느 순간 이것이 우리 몸에 새롭게 장착된 중요한 장기(臟器)가 된 듯이 떼려야 뗄 수 없는 것이 되고 말았습니다. 이것이 없이도 생활의 불편 없이 사는 사람들도 많은 것이 사실이지만 이를 지나치게 사용하는 사람들이 젊은 세대를 중심으로 급속도로 늘어가는 것 또한 사실입니다.

SNS는 중요한 소통과 공유의 문화구성체가 되어버렸습니다. 그러나 SNS를 지혜롭게, 적절하게 사용하지 못하면 이에 대한 부작용이

랄까 문제들도 드러날 수밖에 없습니다. 벌써부터 여기저기에서 SNS 사용의 적정선을 지키지 못하고 조절하지 못하여 오프라인에서 문제가 발생하기도 합니다.

많은 연구 결과에 나온 것처럼, 자신의 마음을 보상받기 위해 깊은 생각 없이 SNS에 남긴 한 줄의 글이나 사진이 엄청난 파문을 일으킬 수도 있습니다. 이를테면 페이스북은 가입자가 친구를 선택할 수 있지만, 트위터는 이용자가 모르는 수많은 팔로어에게 자신의 메시지가 공개되는 시스템이어서 부정적 영향이 더 클 수가 있습니다. 유명인들에게 SNS는 양날의 칼입니다. 팔로어가 1천만 명이 넘는 가수 레이디 가가처럼 SNS를 효과적인 마케팅 도구로도 활용할 수 있지만, 메시지 관리를 잘못할 경우 이미지에 큰 타격을 입고 '안티 팬'을 만들어낼 수도 있습니다.

또한 SNS로 인해 스트레스를 받는 이들도 점점 늘어가고 있습니다. 개인정보 유출과 사생활 침해에 대한 불안감, 포스팅과 댓글의 압박, 원하지 않는 지인들과의 교류를 위한 시간 소비 등이 피로감으로 연결되기 때문입니다. 한 줄의 글이나 사진 때문에 자칫 좋지 않은 자신의 성격이나 모습이 고스란히 드러나 이미지를 실추시킬 수도 있습니다.

미국 볼티모어에 있는 '습관 이상 센터'가 조사한 연구에서는, SNS가 자신의 체형에 대해 부정적 인식을 갖게 만든다는 결과가 나왔습니다. 16~40세의 페이스북 사용자 6백여 명을 대상으로 실시한 연구 결과에서 응답자의 41%는 페이스북에 올라와 있는 다른 사람들과 자신의 사진을 보고 있고, 그 사진들을 봄으로써 자신의 몸매에 대해 더 많이 인식해 스스로 비만이라고 생각하고 이로 인해 스트레스를 받는다고 응답했습니다. 또 SNS에 글을 올리거나 올라와 있는 글을 보면서 다른 사용자들과의 유대 관계를 형성하는 데 도움을 받기보다는, 악의적인 소문이 빠르게 퍼져나가 스트레스를 받는 경향이 많은 것으로 나타났습니다.

이에 대해 전문가들은, SNS는 사적인 공간이 아니라 공적인 공간이라는 사실을 인지하고 SNS를 통한 글이나 사진 게재에는 본인의 책임이 따른다는 사실을 알아야 한다고 제언합니다. 인터넷이나 모바일 공간에 올린 글이나 사진은 다른 누군가는 물론 나 자신에게도 흉이 될 수 있다는 생각을 가져야 한다는 것입니다. 따라서 사생활이 지나치게 노출될 수 있는 글은 올리기를 삼가는 것이 좋습니다.

최근에는 SNS의 빠른 전파성, 정의감을 악용하는 사례도 급증하고 있습니다. '실종된 딸을 찾아 달라. 경찰은 기다리기만 하라 한다'며 트위터에 도움을 호소한 일명 '공덕역 실종 여성사건'은 동거녀 딸 A(19) 씨에게 7년간 가혹행위를 저질러온 김 모(36) 씨가 범죄행각 은폐를 노리고 올린 글이라는 사실이 드러나 파장이 커진 적이 있습니다. 인터넷과 SNS의 빠른 전파성과 이용자들의 동정심을 악용했던 것이었습니다. 12일 구속영장이 신청된 김 씨는 경찰에서 "(동거녀의 딸이) 갑자기 집을 나가 다시 붙잡아 두기 위해 경찰에 신고하고 인터넷에 글을 올렸다"고 진술했습니다. 경찰은 가혹행위가 들통 날 것을 우려, 김 씨가 동거녀 딸을 압박하기 위한 수단으로 인터넷을 이용한 것으로 보고 있습니다. 김 씨는 실제로 글과 함께 A씨 인적 사항과 사진까지 올렸고 소설가 이외수 씨 등 수백만 명의 트위터 이용자들이 이를 퍼 날라 포털사이트 검색어 1위에 올랐습니다.

이처럼 김 씨의 경우뿐만 아니라 SNS 이용자들이 크게 늘면서 이를 범죄에 악용하거나 허위 사실을 올리는 사례가 급증하고 있어 우려를 낳고 있습니다. 이는 돌려보기(리트윗) 기능으로 빠른 시간 내 특정 정보를 널리 퍼뜨릴 수 있기 때문입니다. 특히 이번 사건처럼 공익적인 멘션은 선량한 이용자들의 리트윗이 많다는 특성을 갖고 있습니다.

지난 3월 발생한 '4040 사건'이 대표적입니다. 김 모(40) 씨는 "010-xxxx-4040으로 걸려오는 전화를 받으면 안 된다. 자동으로 25,000원이 결제되는 신종 사기범죄"라는 글을 카카오톡에 연결된 지인 12명에게 보냈고 이 글은 트위터에도 올려져 퍼졌습니다. 그러나 이는 김 씨가 전화를 잘못 걸었다가 시비가 생긴 C씨에게 앙심을 품고 C씨의 휴대전화 번호를 이용해 올린 허위 글이었습니다. 이 때문에 C씨는 영문도 모른 채 욕설이 담긴 문자 메시지 2,000여 통을 받는 등 시달리다 급기야 전화번호를 바꾸기에 이르렀습니다. 지난해 1월 트위터에서 광범위하게 리트윗된 '동생을 찾는다'는 내용의 글은 흥신소에서 빚쟁이를 찾으려고 올렸던 것으로 드러났습니다.

경찰청 사이버기획수사팀 관계자는 "SNS 이용자들의 정의감을 자극하는 글로 타인의 명예를 훼손하거나 사기에 악용하는 경우가 있다"며 "자신의 리트윗이 본인이나 남에게 피해가 될 수도 있다는 점을 염두에 두고 확인해볼 필요가 있다"고 지적했습니다. 이에 대해, 장덕진 서울대 사회학과 교수는 "'친구되기' 등 관계를 기반으로 하고 있어 익명성 부작용이 인터넷보다 덜하고 유용한 정보를 신속하게 전파하는 등 SNS가 사회에 미치는 긍정적 영향이 크다"며 "다만 사실확인이 쉽지 않아 잘못된 정보가 유통되거나 의도적으로 나쁜 정보를 퍼뜨리려는 이들이 있을 수도 있다는 점을 감안해야 한다"고 말했습

니다.29)

저도 그렇습니다만, 스마트폰 사용자들은 사람과 얼굴을 맞대고 있는 상황에서도 SNS와 메신저를 하느라 상대방의 말에 집중하지 못하곤 합니다. 지나치게 SNS상에서 많은 친구들과 교류를 하는 사람들 중에는 이러한 자기 감춤의 관계망이 좋다 보니 오프라인에서는 친구 맺기를 꺼리게 될 수도 있습니다. SNS상에서 사람 사귐을 많이 하는 사람들 중에는 오프라인상에서는 사람 사귐을 잘하지 못하는 사람들이 많습니다. 이들을 가리켜 심리학에서는 '외톨이증후군'이라고도 합니다. 더욱이 요즘 젊은 세대들은 대가족이 아닌 핵가족 세대들이고 외동아로 자란 경우가 많습니다. 그러다 보니 이전 세대에 비해 이른바 사회적 지능(SQ)지수30)가 낮습니다.

최근 한국정보화진흥원이 조사한 결과에 의하면 스마트폰 전체 사용자(3,740명) 중 8.4%가 중독 증세를 보이고 있고, 중독자 중 77.7%가 주로 채팅 메신저 SNS를 사용한다고 합니다. 많이들 오해하는 게 이러한 SNS 중독현상이 젊은 층만의 문제로 여기는 데 조사 결과는 그렇지 않았음을 분명히 보여주었습니다. 중독은 나이, 성별, 학력, 직업 등의 요인과는 무관합니다. 중독자들은 별다른 취미생활 없이 스마트폰을 언제, 어디서나 지니고 있었고, 온라인상에서 사람들과 많은 교류를 갖지만 정작 함께 사는 가족들과는 대화를 하지 않는 경우

---

29) "리트윗, 조심!", ≪한국일보≫(2012년 6월 13일).

30) 사회적 지능이란 사회성을 나타내는 지수(Social Quotient)로, 미국 하버드대학의 심리학 교수인 대니얼 골만의 『SQ 사회지능』에서 유래한 말입니다. 인생의 성공 여부를 결정짓는 요인으로 EQ(감성지수)를 제시했던 골만은 21세기에서는 SQ, 즉 사회성이 높은 사람이 성공한다고 주장했습니다. SQ는 상대방의 감정을 잘 이해하고 타인과 잘 어울리는 능력으로, 여러 사람 간의 협업이 늘어나는 현대사회에서 중요한 역할을 합니다. 또한, 후천적으로 길러지는 부분이 커서 원만한 인간관계를 통한 노력으로 SQ를 높일 수 있습니다.

가 많았습니다. 이와 같은 SNS 중독은 스마트폰의 보급과 함께 생겨난 증상으로 새로운 사회문제가 되고 있습니다. 더욱 안타깝고 심각한 것은 SNS에 대한 문제가 여러 곳에서 드러나곤 하는데도 이렇다 할 해결 방안이 제시되지 못하고 있다는 것입니다.

SNS의 바람직한 사용은 오프라인의 약점인 시간과 공간의 제약을 보완하는 하나의 형태일 것입니다. 그러므로 오프라인에서 사람관계를 잘하는 사람이 온라인의 SNS도 잘하게 되어야 합니다. 그리고 부득이 오프라인에서 사람 사귐이 어려운 여건인 경우는 보완으로서 온라인상의 SNS가 활성화되어 사람 사귐을 더욱 풍성하게 해야 할 것입니다.

분명한 것은 SNS는 오프라인의 인간관계를 뒷받침할 수 있는 수단 중에 하나일 뿐입니다. 그 이상도 그 이하도 아닙니다. 수단과 목적이 뒤바뀌면 안 됩니다. SNS 기기는 그저 가치중립적인 기기일 뿐입니다. 이를 지혜롭게 사용하는 주체적 자아는 분명 우리 자신입니다. 장점과 단점을 분명하게 숙지하고 장점을 살려나가되 단점을 사전에 차단하고 조절하는 지혜로움이 중요합니다. 자칫 장점보다 단점이 커지면서 자신을 일그러뜨리는 어리석음으로 치닫지 않도록 해야 할 것입니다. 우리는 현대사회의 급속한 과학기술을 만끽하는 축복의 시대를 살고 있습니다. 그러나 이 축복을 누리기 위해서는 분별하고 자제하고 조절하는 지혜가 필요합니다.

온라인상에서는 잘 알지 못하거나 전혀 모르는 사람들과도 친구가 될 수 있는 것이 SNS의 장점이자 치명적인 약점입니다. SNS에서 공개되는 정보의 속도와 폭은 우리가 생각하는 상상의 폭을 넘어섭니다. 무심코 올린 글 하나로 인해 돌이킬 수 없는 사회적 파장을 일으키기도 하고 자신에게 큰 손해가 되어 돌아오기도 합니다. 이러한 문제는 사생활뿐만 아니라 인간관계에서도 생길 수 있습니다. 그러니 지극히 개인적인 정보나 다른 사람에 대한 정보나 의견을 신중히 올려야 합니다. 우리가 잊지 말아야 할 것은 SNS를 사용함에 있어 적정성의 자기조절 능력과 유익한 활용, 그리고 정보매체 사용에 있어 성숙한 기독교인다운 윤리적 자세를 견지해나가는 것입니다.

# 공감의 힘을 길러주는 교육

저는 학교에서 종교와 국어를 가르치는 교목과 교사의 두 가지 역할을 병행하고 있습니다. 그러다 보니 어떤 아이들은 종교 선생님으로 부르고, 어떤 아이들은 국어 선생님으로 부릅니다. 또한 목사와 교사를 겸하다 보니 저를 부르는 호칭도 목사와 선생이 혼재되어 있습니다. 이렇듯 학교에서 여느 선생님들과는 다른 입장과 역할로 인해 정체성에 대한 애매함을 느끼곤 합니다. 그러나 한 해, 두 해 지나다 보니 그런 대로 제 스스로 이 두 가지가 틀림이 아니라 다름일 뿐이고, 좀 더 깊이 생각해보니 다름이 아니고 하나임을 깨닫게 되었습니다. 그리고 보니 제가 하는 종교수업과 국어수업은 어떤 면에서는 교과목명만 다르지 주제와 교수학습방법론이 비슷합니다. 또한 목사로서 설교를 하고 기도와 예배를 진행하고, 교사로서 수업과 업무를 진행해나감에도 같은 사명감으로 같은 열정으로 해나가리라 다짐하곤 합니다.

아쉽게도 우리 기독교인들이 잘못 생각하는 것 중의 하나가 있습니다. 이것은 지나치게 흑백으로 나누고 영과 육으로 나눔에 대한 것입니다. 물론 진리와 정의를 분명하게 해야 하고 이를 우선시해야 하는 것은 맞습니다. 진리를 수호하고 정의를 위해 그 어떤 대가를 치르더라도 지켜나가야 합니다. 올곧은 믿음으로 살아간 사람들은 우리의 신앙의 귀감이 됩니다. 그러나 이러한 일들은 특별한 시대와 상황에 따른 신앙의 결단이 요구되는 경우로 신중히 살펴보아야 합니다. "지나치면 모자람만 못하다"31)는 말처럼 모든 일에 철저하게 이분법적인 구분을 하는 것은 바람직하지 않습니다. 신중하게 조심해서 생각해볼 것은 모든 일이 다 그런 것이 아닙니다. 매사에 영적인 일과 육적인 일로 양분해서 좋은 것과 나쁜 것으로 나누는 것은 하나님의 뜻이 아닙니다.

흔히들 잘못 생각하는 것으로 하나님의 날은 주일(主日)만이 아닙니다. 주일부터 시작하는 일주일 내내 입니다. 그러니 주일을 주님의 날답게 보내는 것뿐 아니라 주일 이외의 날에도 하나님의 날이 되도록 해야 합니다.

---

31) "지나치면 모자람만 못하다"는 말을 한자성어로는 과유불급(過猶不及)이라고 합니다. 이 말은 『논어(論語)』, 「선진편(先進編)」에 나오는 말입니다. 이 문구는 자공(子貢)이 공자(孔子)에게 "자장(子長)과 자하(子夏) 중 어느 쪽이 어집(仁)니까?" 하고 묻자, 공자는 "자장은 지나치고 자하는 미치지 못한다"고 대답하였습니다. 이에 자공이 "그럼 자장이 낫다는 말씀입니까?" 하고 반문하였습니다. 이에 공자는 "지나친 것은 미치지 못한 것과 같다"고 말하였습니다. 우리는 가정과 교회생활은 물론 직장생활과 각종 조직 등 사회활동을 하면서 살아갑니다. 그런 생활 속에서 이 말은 항상 마음속에 되새겨볼 만한 말입니다. 우리는 흔히 지나친 사람에게 'Over' 한다는 표현을 종종 하곤 합니다. 무슨 일이건 시작할 때의 마음은 본질적으로 합리적인 근거와 효과 등에 대해 많은 자부심을 갖고 시작하지만 어느새 과도한 욕심과 집착으로 자부심을 넘어 자만심에 빠져들고 맙니다. 이렇게 되면 분별심이 사라지고 분별력도 떨어지고 맙니다. 바로 이때를 경계해야 합니다. 또한 '과유불급'은 작고 보잘것없는 것 같은 나의 행위가 조직 전체에 아주 긴요한 경우도 있음을 일깨워주기도 합니다. 이는 나만의 생각이 아니라 나와 상대, 그리고 조직 전체가 마치 하나로 뭉쳐 유기적으로 목표를 이룩해가는 데 아주 유용한 출발점임을 되새겨보게 합니다. 그리고 타인과의 대면에서도 또한 그렇듯 모든 인간의 삶 속에서 나는 '과유불급'임을 되새겨봅니다. 과유불급의 지혜로 완급을 조절하며 사는 삶의 여유와 지혜로, 중용(中庸)의 지혜를 이루는 성숙한 사람됨을 다짐해보곤 합니다.

또한 하나님의 일은 교회의 일만이 아닙니다. 교회의 일을 넘어서 가정과 직장과 사회 구성원으로서 수행할 의무와 봉사도 포함됩니다. 그러니 교회의 일에 마음과 뜻과 정성을 다해야 하는 것이 당연하듯이, 교회의 일이 아닌 곳에서의 일에도 최선을 다해야 합니다. 하나님의 사명자는 목사만이 아닙니다. 목사가 하나님의 부르심에 두렵고 떨리는 마음가짐으로 사명을 감당하는 것이 마땅하듯이 모든 사람도 주어진 사명을 하나님의 사명으로 알고 가정과 직장과 사회적 사명을 감당해나가야 합니다. 이것이 바로 우리 기독교인들만이 아니라 누구나 배우는 기독교개혁(종교개혁)[32] 정신 중의 하나인 만인제사장주의[33]이고, 직업소명설[34]입니다. 즉, 목사만 제사장이 아니라 모

---

32) 종교개혁은 16세기에 가톨릭교회의 타락 특별히 교황의 면죄부 발행 사건이 도화선이 되어 루터에게서 시작된 큰 개혁이 마침내 개신교를 탄생케 한 운동을 일반적으로 일컫는 말입니다. 이는 엄밀히 말하면 잘못된 말입니다. 이 말에 대한 영어는 'The Reformation'으로, 문자 그대로 '개혁'이란 말이지, 거기에 '종교'라는 말은 전혀 없습니다. 이 말을 우리 동양에서는 한자어로 중국에서 썼고, 같은 한자를 쓰는 일본과 우리나라가 그것을 따라 '종교개혁'으로 쓰고 있는데, 우리로서는 그렇게 쓸 이유가 없습니다. 왜냐하면 서양에서는 그 당시 종교라면 그대로 기독교(넓은 뜻)를 의미했지만, 동양으로 말하면 불교, 유교, 도교 등 여러 종교가 있으므로 그 의미를 분명하게 나타내기 위해서는 '기독교개혁'이라 함이 옳을 것 같습니다.

33) 만인제사장주의(Priesthood of All Believers)는 개신교 개혁자들에게 특징적인 기본적 원리들 중 하나입니다. 루터는 이를 이신칭의(以信稱義), 기독교인의 자유와 함께 상관된 개념으로 이해하였습니다. 모든 기독교인은 자기 자신은 '모든 것 위의 주'가 되게 만드는 양심의 자유를 가지고 있으며, 또한 모든 기독교인은 제사장, 혹은 '모든 사람의 종'이기도 합니다. 루터는 만인제사장주의 개념으로 단지 모든 사람이 그리스도께 직고(直告)할 수 있음을 가리킬 뿐 아니라, 모든 기독교인이 하나님 앞에서 다른 사람들을 위하여 기도할 수 있고, 하나님의 것을 서로 가르칠 수 있음을 뜻하는 것으로 말했습니다. 그는 제사장 개념을 성례전의 시행과 동일시한 중세의 가르침과의 단절을 의미할 뿐 아니라, 사제(성직자)가 하나님 앞에서 특별한 계급과 능력과 더 높은 도덕성을 가졌다는 데 대한 반대를 의미하는 것으로도 말했습니다. 그는 공적인 사역은 단지 실천적인 기능의 하나이거나 하나의 소명일 뿐이라고 주장하였습니다. "사제는, 더욱 고상한 종교적인 삶의 유형이 아니며, 하나님 앞에서의 특별한 지위도 갖고 있지 않다." 기독교개혁의 일파인 재세례파는 만인제사장주의를 사제와 평신도 간의 어떠한 기능적 구분도 완전히 없애버리는 것으로 이해하였습니다. 그들에게 있어 어떠한 신자도 신자들 모두가 공유하는 지위나 직능 외에 특별한 위치를 가질 수 없다고 본 것입니다.

34) 하나님 앞에서 모든 직업은 신성하다는 것을 말합니다. 우리가 일반적으로 알고 있는 목회(牧會)나 종교적인 일만 가치가 있고 하나님의 부름을 받은(Calling) 거룩한 것이 아니라, 이 세상에서 직업이라고 할 수 있는 모든 일도 하나님이 우리에게 맡기신 소중한 일이라는 것입니다. 그러므로 직업과 관련하여 돈 버는 일을 통해서도 우리는 하나님을 기쁘시게 하는 삶이 되어야 합니다. 성(聖)과 속(俗)의 구분을 탈피하여 모든 직업이 신성하고 하나님의 부름을 받은 것이

든 사람이 제사장이고, 목사만 성직자(聖職者)가 아니라 모든 사람의 직업이 하나님의 소명에 따른 성직자라는 정신입니다. 이를 한자성어로 하면 '성속일여(聖俗一如)', 즉 거룩한 일과 세속의 일이 다르지 않고 하나입니다. 이를 분명하게 일깨워주는 하나님의 말씀이 바로 골로새서 3장 23절입니다.

> 무슨 일을 하든지 사람에게 하듯 하지 말고 주께 하듯 마음을 다해 하십시오.

그러니 저는 목사의 일, 교사의 일이라는 구분 없이 모든 일에 하나님을 두려워하면서 하나님과 함께해나가야 합니다. 이렇게 나름대로 제 정체성을 정리하고 보니 한결 제가 수행해나가는 일에 임하는 마음가짐이 편해졌습니다. 그러고 나니 제가 목사의 일을 하든, 교사의 일을 하든 그 일이 제 마음가짐을 다르게 하지 않았습니다. 모든 날과 모든 곳, 모든 일과 모든 사람을 대하는 제 마음은 하나입니다. 그러니 사람들이 저를 목사로 부르든, 교사나 선생으로 부르든 그런 호칭이나 인식에 마음 상하지도 않게 되었습니다. 이런 마음으로 종교가 아닌 국어를 가르치고, 목사가 아닌 교사의 일을 하다 보니 더 많이 배우면서 성숙해가는 듯하여 감사하고 좋습니다. 올해도 1학년 전체와 3학년 한 반의 국어를 가르치고 있습니다.

---

라는 사실을 인식할 때, 우리가 가정과 학교와 사회에 임하는 자세와 각오와 다짐은 보다 진지하게 변화할 것입니다. 기독교개혁가인 칼뱅(Calvin. J. 1509~1564)은 개인의 운명은 하나님의 섭리에 의해 미리 예정되어 있다는 '구원 예정론'에 입각하여, 세속의 직업은 하나님이 각자에게 맡기신 사명이며, 직업에는 귀천이 없고, 거기서 얻어진 이윤은 하나님의 선물이라고 주장하였습니다. 우리나라 개신교의 많은 곳이 장로교입니다. 장로교단 신앙과 신학은 칼뱅에게서 나온 것인데 이와 같은 직업소명설의 기독교윤리적인 의미가 무시되는 것만 같아 안타깝습니다.

　다음의 내용은 올해 새롭게 국어 교과서가 바뀌면서 접한 중학교 1학년 1학기 국어 교과서에 실린 귀한 글샘입니다. 이 글은 독일의 아동문학가 미하엘 엔데가 1973년 발표한 작품 '모모(Momo)'에 나오는 내용입니다. 이 글을 가르치는 저나 배우는 아이들이나 모두가 감동을 받았던 내용입니다. 이처럼 좋은 글을 접하게 되고 이를 가르칠 때는 '국어 선생이 되길 잘했구나' 하는 생각을 하곤 합니다. 어느 때는 그저 지식을 전달하는 일종의 지식전달자나 지식장사꾼은 아닌가 하는 자괴감을 갖는 때도 있으나, 이처럼 지식의 정확성이나 양을 습득시키는 것이 아니라 삶을 이야기하고 그 안에서 자신을 돌아보고 다짐하는 글은 성경을 가르치는 것 못지않은 기쁨과 보람을 느끼곤 합니다.[35)]

　　"아무튼 모모에게 가 보게." 이 말은 인근 마을 사람들이 으레 하는 일상어가 되어 버렸다. 사람들은 무슨 일이 생기면 이렇게 말하는 것이었다. 도대체 왜 그랬을까? 모모가 누구에게나 좋은 충고를 해 줄 수 있을 만큼 똑똑하기 때문에? 현명하고 공정한 판단을 내릴 줄 알았기 때문에? 그 어느 것도 아니었다. 모모는 이 세상 모든 아이가 그렇듯이 그런 일을 잘 하지 못했다. 하지만 꼬마 모모는 그 누구도 따라갈 수 없는 재주를 갖고 있었다. 그것은 바로 다른 사람의 말을 들어주는 재주였다.
　　모모는 어리석은 사람이 갑자기 아주 사려 깊은 생각을 할 수 있게끔 귀 기울여 들을 줄 알았다. 상대방이 그런 생각을 하게끔 무슨 말이나 질문을 해서가 아니었다. 모모는 가만히 앉아서 따뜻한 관심을 갖고 마음을 다해 상대방의 이야기를 들었을 뿐이다. 그리고 그 사람을 커다랗고 까만 눈으로 말끄러미 바라보았을 뿐이다. 그러면 그 사람은 자신도 깜짝 놀랄 만큼 지혜로운 생각을 떠올리는 것이었다.

---

35) 미하일 엔테, 『모모』, 한미희 옮김(서울: 비룡소, 1999)을 노미숙 외, 『중학교 생활국어 1-1』 (서울: 천재교육, 2010), pp.22-23에서 재인용.

　　모모는, 결정을 내리지 못하거나 어떻게 해야 할지 모르는 사람들이 문득 자신이 무엇을 원하는지 정확하게 알 수 있게끔, 그렇게 귀 기울여 들을 줄 알았다. 모모에게 말을 하다 보면 수줍음이 많은 사람도 어느덧 거침이 없는 대담한 사람이 되었다. 불행한 사람, 억눌린 사람은 마음이 밝아지고 희망을 갖게 되었다.

　　내 인생은 실패했고 아무 의미도 없다, 나는 전혀 중요하지 않은 사람이다, 마치 망가진 냄비처럼 언제라도 다른 사람으로 대치될 수 있는 그저 그런 수백만의 평범한 사람 가운데 한 사람에 불과하다, 이렇게 생각하는 사람은 모모를 찾아와 속마음을 털어놓았다. 그러면 그 사람은 말을 하는 중에 벌써 어느새 자기가 근본적으로 잘못 생각하고 있었다는 사실을 깨닫게 되었다. 지금 있는 그대로의 나와 같은 사람은 이 세상에 단 한 사람도 없다, 그렇기 때문에 나는 나만의 독특한 방식으로, 이 세상에서 소중한 존재다, 이런 사실을 깨닫게 되는 것이었다. 모모는 그렇게 귀 기울여 들을 줄 알았다.


　　사실 이 글은 국어 교과서에서 중점적으로 다루는 부분으로 제시된 것이 아니라 더 읽을거리로 제시된 것이었습니다. 그러니 그저 한 번 읽고 넘어가면 되는 정도의 비중을 두면 그뿐이었습니다. 어쩌면 교과서를 편찬하신 분들도 이 글이 좋아서 게재하셨지만 교과서 편재나 수업 진도를 고려하여 더 읽을거리로 편재하셨는지도 모르겠습니다. 그러나 제가 보기엔 이 글의 가치는 그 어떤 단원의 중요한 내용보다도 중요하게 다루어야만 할 것 같았습니다. 왜냐하면 이 글은 요즘 우리 학교사회에서 심각한 문제로 제기된 학교폭력 예방을 위해서도 유용한 글감이기 때문입니다. 또한 최근 중요시되는 덕목인 공감(共感)과 경청(傾聽)을 일깨워주기도 좋습니다. 이런 이유로 이 글을 가르치기 위해 제 경험과 관련 자료와 동영상 자료 등을 준비했습니다. 제 나름대로 이 글을 읽을거리에서 생각해볼 거리로 경험을 나누는 이야기거리로 활성화해서 수업하니 준비한 것 이상의 효과를 얻을 수 있었습니다.

최근 중요하게 제기되는 개념이 감성지수라는 EQ,[36] 사회적 지수
라는 SQ입니다. 이전 세대에서는 IQ, 즉 지능지수가 높아야 성공하는
것으로 생각했습니다. 그러나 많은 연구결과 성공적인 삶의 요건에서
IQ는 생각보다 중요하지 않은 것으로 판명되었습니다. 오히려 IQ만
높고 EQ, SQ가 낮은 사람은 성공적인 삶을 살지 못하는 경우가 많습
니다. 실제로 우리 주변에서 보면 이른바 우수한 두뇌로 명문대를 나
온 이들이 성공하지 못하고 이러한 조건을 갖추지 못한 이들이 오히
려 더 큰 성공적인 삶을 사는 경우가 많습니다. 이러한 이유 중의 하
나는 이들에게는 아주 중요한 능력이 부족하기 때문인데, 이것이 바
로 '공감'입니다. 이들은 남보다 뛰어난 두뇌와 성공경험과 유리한 여
건으로 인해 자신보다 부족한 사람들의 고충이나 아픔이나 어려움을
헤아릴 줄 모르는 경우가 많습니다.

제가 고등학교 다닐 때의 일입니다. 그때 두 선생님의 대비되는 모
습이 생각납니다. 한 분은 잘생긴 얼굴에, 훤칠한 키에, 서울대를 나
오신 분으로 매사에 자신감이 넘치셨습니다. 이 선생님은 이런 말씀
을 자주 하셨습니다. "공부는 참 쉽다", "왜, 이걸 이해못하냐?", "바
보냐?", "부모님 고생하시는데 왜 말썽이냐?", "도대체 담배 피우고

---

36) 흔히 감성지수(感性知數, emotional quotient)를 감성지능(emotional intelligence)으로 이해
하기도 하고 혼용해서 사용하곤 하는데 이는 좀 다른 개념입니다. 미국 예일대학교 심리학 교
수 피터 샐로베이(Peter Salovey)와 뉴햄프셔대학교 심리학 교수 존 메이어(John D. Mayer)
가 감성지능(emotional intelligence)을 이론화해서 책을 출판했습니다. 두 교수에 의해 이론
이 발표된 이후 미국의 상업 작가 다니엘 골만(Daniel Goleman)이 아무런 심리학적 근거 없이
『감성지능』(emotional intelligence)라는 책을 썼는데, 이 책이 미국 내에서 관심을 끌자 타임
(TIME)지 기자가 다니엘 골만의 책을 일부 인용해서 임의대로 EQ라고 이름을 붙였습니다. 우
리나라에서는 타임(TIME)지가 보도하기 하루 전에 중앙일보에서 타임(TIME)지 보도를 일부
발췌해 부정확한 내용이 EQ라는 이름으로 알려지게 되었습니다. EQ가 자신의 감정을 다스리
고 다른 사람의 감정까지 읽어내는 지수로서 대인관계를 원활히 하는 사회 적응 능력을 평가한
것이라 알려져 있으나 감성지능(EI)은 IQ처럼 수치로 나타낼 수 없습니다.

술 마시고 가출하는 이유가 뭐냐?"

이 선생님은 매사에 자신의 경험과 입장에서만 판단하시곤 하셨습니다. 선생님의 말씀을 들어보면 그럴만하셨습니다. 선생님은 비교적 부유하시고 원만한 교육자의 가정에서 자라셨습니다. 그리고 남보다 탁월한 지능지수를 자랑스러워하셨습니다. 이처럼 선천적인 지능과 가정환경과 자신의 노력이 어우러져서 언제나 우수한 성적을 유지하셨고 그 결과 서울대를 졸업하시고 교사가 되셨습니다. 학창시절 술과 담배는 물론 이성친구도 없으셨다고 하니 그야말로 모범생이셨습니다. 이렇게 살아오신 선생님으로서는 공부를 좀 못하고 조금은 불량한 학생들을 이해할 수 없으셨을 것입니다. 그런데 모범적인 삶을 살아오시고 서울대를 나오신 우수한 선생님이 가르치시는데 저희 반의 교과 성적은 좋지 않았습니다. 그런데 이 선생님이 담임교사로 계신 반은 성적은 물론 생활지도에서도 문제가 많았습니다. 그러다 보니 선생님은 잦은 체벌과 야단으로 일관하셨는데도 성적과 생활지도는 나아지질 않았습니다. 그리고 이 선생님은 동료 선생님들과의 관계도 좋지 않으셨습니다. 조금은 교만한 분으로, 자기 본위로만 사시는 분으로 평판이 좋지 않았습니다.

반면에 이 선생님과는 비교도 안 되는 외모와 이름도 생소한 대학을 나오신 선생님이 가르치시는 과목의 성적은 좋았습니다. 그리고 이 선생님이 담임을 하시는 반의 분위기는 성적은 물론 생활지도 면에서도 아주 좋았습니다. 그 반에 가보면 늘 생기가 넘치는 분위기였습니다. 왜 그랬을까요? 여러 이유가 있겠지만 지금 생각해 보니 이 선생님이야말로 공감을 잘하셨기 때문인 것 같습니다. 이 선생님은 당신 말씀이 머리가 좋지 못하다고 하셨습니다. 집안 형편도 넉넉지 못하여 고학과 만학으로 어렵게 어렵게 대학에 가고, 겨우겨우 교사가 되었다고 하셨습니다. 그러면서 교직의 길이 너무도 감사하다고 하셨습니다. 선생님은 공부 잘하는 아이들에게는 "어쩌면 그렇게 어려운 공부를 잘하냐?"고 격려해주시고, 공부를 못하는 아이들에게는 "나도 공부가 얼마나 힘들고 어려운지 잘 알아" 하고 말씀하시면서 위로하시고 격려하셨습니다. 그러면서 적절한 조언을 해주셨습니다. 불량한 생활태도를 보이는 학생들을 일일이 만나서는 이야기를 충분히 들어주시곤 하셨습니다. 진심으로 학생들의 고민을 들어주시고 격려해주시고 함께 아파해주셨습니다. 그러다 보니 선생님이 가르치시는 반들과 닦임하시는 반은 아단치심이 직있음에노 늘 좋은 결과가 나오곤 하였습니다. 이 선생님은 동료 선생님에게도 겸손하시고 온화하신 분으로 좋은 평판이셨던 것으로 기억합니다.

지금도 생생하게 기억나는 두 분의 예는 목사로, 교육자로 살아가는 제게 큰 교훈으로 남아 있습니다. 제가 본 두 분의 예가 지극히 개인적인 시각일 수도 있습니다만, 저는 이 두 분의 예를 떠올리면서 명석한 두뇌나 이름난 학벌이 중요한 게 아니라 공감 능력이 얼마나 중요한 가를 되새겨보곤 합니다. 이처럼 IQ보다 중요한 EQ와 SQ의 원천이 바로 공감입니다.

미국 코넬대학교 존슨경영대학원에서 앞으로 10년 안에 비즈니스 리더들에게 가장 중요하게 요구될 덕목 중 하나로 발표한 것이 바로 '다른 사람에 대한 공감 능력'이었습니다. 치열한 비즈니스 현장에서 리더에게 가장 필요한 능력은 구성원들의 마음을 이해하고 격려하고 인정하며 구성원들의 마음을 움직이는 '공감'입니다. 관심과 사랑을 바탕으로 한 공감이야말로 성공을 이루는 강력한 도구이며, 구성원들의 잠재력과 능력을 이끌어낼 수 있는 가장 쉬운 방법입니다. 공감은 그저 다른 사람의 마음을 함께 느끼는 것이지만 공감능력은 감정과 사고를 적절한 방법과 시기를 택해 표현하고 전달하는 것까지를 말하는 것입니다. 구성원들이 서로 다름을 인정하는 것도, 서로 다름에서 대화와 타협을 통한 조화를 이루는 팀워크를 통한 시너지를 창출하는 것도 공감능력을 통해서 가능할 것입니다.

이러한 공감능력은 비즈니스 현장의 리더에게만 필요한 것이 아닙니다. 정치인들도, 목사들도, 교육자들에게도 꼭 필요하고 끊임없이 함양해야 할 능력입니다. 이 능력은 상대방을 이해하는 열린 마음에서 비롯될 것입니다.

어느 날 나귀가 등에 짐을 잔뜩 싣고 길을 걷다가 그만 연못에 빠지고 말았습니다. 나귀는 허우적거리며 살려달라고 소리를 쳤습니다. 그때 연못가에 있던 개구리가 소리를 쳤습니다.

"이 바보 같은 녀석아, 연못에 좀 빠졌다고 뭐 그리 엄살이냐! 나는 너보다 몇십 배나 몸집이 작지만 연못에서 헤엄치고 논다."

이 이야기 속에 나오는 개구리가 바로 우리의 모습이 아닐까 싶습니다. 우리는 종종 자신을 판단의 표준으로 삼고, 자신과 다른 말과 행동을 하는 사람들을 냉혹하게 비판합니다. 상대방의 입장은 전혀 고려하지 않습니다. 이 이야기 속의 당나귀는 죽을 수도 있는 상황입니다. 이 절박함을 모르고 개구리처럼 다른 사람에 대해서 쉽게 말하는 몰인정한 사람이 되어서는 안 될 것입니다.

흔히 말하는 입장 바꿔 생각해보기(易地思之)를 떠올려봅니다. 개구리는 자신이 당나귀라면 하고 생각해보는 것입니다. 개구리가 당나귀가 될 수는 없지만, 그 입장에 서 보는 것입니다. 인디언 속담에 이런 말이 있습니다. "그 사람의 가죽신을 신고 한 시간을 걸어 보지 않고는 그 사람에 대해서 왈가왈부하지 말아라."

미국 어느 작은 마을에 '윌리'라고 불리는 9세 된 아이가 있었습니다. 이 아이는 나이로는 4학년이지만 지적 능력이 다소 떨어져 2학년에 다니고 있었습니다. 그 해 성탄절 연극에 윌리는 여관집 주인 역을 맡았습니다. 성탄절이 되어 교회에는 많은 사람이 모여들었습니다. 연극 중에 요셉과 마리아가 여관으로 다가와 여관집 문을 두드렸습니다.

주인이 나와 여관에 방이 없으니 다른 곳을 찾아보라고 했습니다. 그러나 요셉과 마리아는 더욱 간절히 긴청하였습니다. "우리는 너무 멀리서 왔습니다. 아내는 출산할 날이 찼고 쉬어야 할 곳이 필요합니다." 그러자 여관 주인으로 분장한 윌리는 아무 말도 없이 마리아를 오래 쳐다보았습니다. 선생님은 윌리가 대사를 잊은 줄 알고 자꾸 읽어주었습니다. 한동안 말없이 서 있던 윌리는 "안 돼요. 방 없어요. 가요!"

요셉과 마리아는 슬픈 듯이 뒤로 돌아 걸어갔습니다. 이때였습니다. 각본과 상관없이 윌리는 문간에 서서 눈물을 흘리며 갑자기 소리를 질렀습니다.

"요셉, 마리아! 가지 말아요. 마리아를 데리고 돌아와요."

"내 안방을 써요. 내 방에서 쉬란 말이에요!"

이것은 각본에 없는 대사였습니다. 연극은 그것으로 엉망이 되고 말았지만 이 장면을 지켜 본 수많은 관중은 가장 뜻 깊은 성탄 연극을 보았다고 말했습니다. 이 세상을 아름답게 만드는 것은 돈과 권력이 아니라는 것을 뼈저리게 깨닫게 해주는 이야기입니다. 이 이야기에서 감동받는 이유는 윌리의 마음에 공감하기 때문입니다. 다른 사람의 고통을 냉정하게 외면하지 않고, 자신의 불편함을 감수하겠다는 그 마음이 우리의 마음을 두드렸기 때문입니다.

미국의 제26대 대통령 테오도어 루즈벨트는 뛰어난 인간관계를 보유했던 정치인으로 손꼽힙니다. 루즈벨트에게는 그를 깊이 따르는 많은 사람들이 있었는데, 그들은 한결같이 "루즈벨트를 돕고 그와 함께 한다는 사실만으로도 행복하다"고 말하곤 했습니다. 이는 루즈벨트가 역대 그 어떤 대통령보다도 주위 사람들에게 많은 관심과 애정을 기울였기에 가능했던 일이었습니다. 그는 주위 사람들이 무엇에 관심을 갖는지, 무엇을 좋아하는지 잘 기억해두었다가 예상치 못한 순간에 감동시키는 탁월한 공감능력을 발휘하곤 하였습니다. 이에 대한 하나의 일화입니다.

어느 날 루즈벨트가 비서와 대화하는 중에 메추라기라는 새가 화제에 올랐습니다. 비서는 "메추라기가 그렇게 예쁘다고 하는데, 자신은 그 새가 어떻게 생겼는지 본 적이 없어 모르겠다"고 하였습니다. 이 일이 있고 나서 어느 날 루즈벨트는 집무실에서 서류를 정리하다가 창 밖 나무 위에 메추라기가 앉아 있는 것을 발견하게 되었습니다. 그는 하던 일을 멈추고는 즉시 비서에게 전화를 걸었습니다. 그리고는 기쁨에 찬 목소리로 창을 열고 나무 위를 보면 새 한 마리가 있는데 그 새가 바로 메추라기라고 말했습니다. 이같이 루즈벨트가 주위 사람을 감동시키는 것은 지극히 사소한 일일 수 있습니다. 그러나 이러한 그의 관심과 애정은 조직이나 구성원들에게 깊은 공감을 불러일으키기에 충분했습니다.

우리나라 방송연예인 중에서 최강의 인맥으로 유명한 박경림 씨의 경우도 우연이 아니라 그녀가 탁월한 공감능력을 지닌 것임을 알

수 있습니다. 그녀가 제안하는 인맥관리 비법 5가지는 다음과 같습
니다.

> 첫째, 첫 만남 때 관심을 나타내라. '난 당신에게 관심을 가지고
> 있다'는 메시지를 전달합니다. "최근 ○○○ 잘 봤습니다", "당신의
> ○○○가 너무 마음에 드는군요"와 같은 표현으로 자신을 인식하
> 게 합니다.
> 둘째, 만난 사람은 반드시 기억하고 먼저 인사하라. '어디서 본
> 것 같은데……' 하고 망설이는 순간 인연은 물 건너갑니다. 물론 두
> 번째 만남에서 사람을 기억하는 게 쉽지 않지만 특정 부분을 자신
> 만의 코드로 체화시키는 방식을 터득하면 됩니다.
> 셋째, 생일을 반드시 챙겨라. 식구조차 잊기 십상인 생일을 빠뜨
> 리지 않고 축하해준다면 그 누가 감동하지 않겠습니까? 생일, 결혼
> 기념일 등 상대방의 특별한 날을 챙겨줄 때 생기는 신뢰지수는 상
> 상을 초월합니다. 수첩에 메모해 가지고 다닐 여유가 없다면 휴대
> 전화 스케줄 메뉴에 반드시 저장해야 합니다.
> 넷째, 결혼식·장례식은 꼭 참석하라. 자신과 한번 맺은 인연을
> 죽을 때까지 유지하고 싶다면 반드시 해야 할 일입니다. 다른 건
> 다 잘해도 이를 놓친다면 원상태로 관계를 복원하기는 사실상 불
> 가능합니다.
> 다섯째, 진심으로 대하라. 관계를 맺는 형식보다 중요한 게 본질
> 입니다. 상대방을 배려하고 아끼고 우선시하는 등 진심으로 대할
> 때 자신의 마음이 고스란히 전달됩니다. 의례적인 멘트나 행동은
> 깊이가 얕아 금방 바닥을 드러냅니다.[37]

어쩌면 우리의 학교교육에서 학교폭력과 학생자살과 같은 심각한
문제가 발생하는 이유 중의 하나도 이와 관련된 것은 아닌가 하는 생
각을 해보았습니다. 일반적으로 학교교육은 명시된 교육과정은 지덕
체를 함양하고 더불어 살아가는 인간상을 구현하는 것입니다. 그러나
실제 교육현장과 우리 사회가 학교교육을 통해 기대하고 요구하는

---

37) "박경림의 인맥관리", ≪메트로신문≫(2007년 9월 12일).

아니 강요하는 인간상은 이와 다릅니다. 치열한 경쟁사회에서 어떻게 하든 경쟁에서 이겨야 한다는 논리, 그저 공부 잘하고 이른바 이름난 학교를 나와야만 성공한다는 논리가 가득합니다. 이러한 공부만능주의가 보이지 않게 사회적 합의가 되어 우리의 학교교육을 지배하고 있습니다. 이에 따른 학벌지상주의는 우리 사회 전반에 걸쳐 확대재생산을 거듭해오고 있습니다. 그러니 학교교육에서 감성을 길러주고 사회성을 길러주고 공감능력을 길러주는 교육은 말뿐이고 입시교육에 혈안이 될 수밖에 없습니다. 우리의 학교교육의 문제에 대한 분석과 지적이 많습니다. 이에 대한 다양한 논의와 연구도 많습니다. 그럼에도 학교교육의 문제는 개선되기는커녕 더욱 심각성을 더해가고 있습니다.

요즘은 심각성을 더해가는 학교폭력의 실상과 못다 핀 꽃 한 송이와 같은 학생들의 자살로 인해 뉴스를 접하기조차 두려울 정도입니다. 이제는 우리의 학교교육이 지닌 실제적인, 근본적인 문제를 해결하려는 사회적 공감대를 통한 논의가 활성화되기를 기대해봅니다. 입시 위주의 학교교육을 강요하는 학벌사회의 틀 안에서는 그 어떤 논의와 교육정책으로도 학교의 문제는 해결될 수 없습니다.

아무튼 우리 학교의 교육이 참되고 바른 방향을 지향하려면 입시 위주의 교육현실에서 쉽지는 않지만, 주어진 여건에서라도 공감능력을 길러주는 교육을 실현해나가야 한다고 생각합니다. 이것은 새로운 이야기가 아니라 우리 학교가 마땅히 따라야 하는 교육과정에 명시되어 있는 내용입니다. 만일 우리 교육자들이 교육과정에 제시된 바람직한 인간상을 유명무실한 하나의 구호로만 여기고 현실이 그러니 어쩔 수 없다며 그저 지식전달과 입시 위주로만 교육한다면 이는 교육자로서 직무유기일 것입니다. 우리의 교육이 지식습득에만 치중하기보다는 꼭 필요한 공감능력을 길러주는 교육으로 개선되기를 기대해봅니다. 우리의 학생들이 따뜻한 감성으로 더불어 살아가는 사회성을 잘 길러가도록 다른 사람을 존중하고 다른 사람의 이야기에 귀 기울여 주는 경청을 잘하는 공감능력을 길러가도록 하는 교육이야말로 심각성을 더해가는 학교폭력과 학생들의 자살을 예방하는 '살림의 교육'이 아닐까 싶습니다. 이렇게 교육받고 자라나는 학생들은 더불어 숲을 이루는 건전한 사회인으로서 살아가는 자세와 지혜를 체득하게 될 것이기 때문입니다.

# 내 안의
# '닻'

　비둘기의 날개에 대한 이야기가 있습니다. 비둘기는 하나님께 불만을 갖고 있었습니다. 아름다운 깃털과 사랑받을 만한 눈동자를 주신 건 좋은데 이상하게도 어깨에 무거운 짐을 맡기신 것입니다. 이것이 무겁고 거북해서 견딜 수 없었습니다. 다른 무서운 동물이 쫓아온다면 이 무거운 어깨 때문에 금방 잡히고 말리라 생각하니 한 순간도 편안히 지낼 수가 없었습니다. 비둘기는 자신의 어깨를 볼 때마다 우울해지고 화가 나서 견딜 수가 없었습니다. 무서운 동물이 올까 두려워 근심과 걱정으로 불안에 짓눌려 지내다 보니 하나님께 원망도 하게 되었습니다. 이렇게 우울할 때마다 하나님을 원망하다가 가끔은 하나님께 자신의 무거운 어깨 문제에 대해 간절히 울면서 기도했습니다.

　그러던 어느 날, 비둘기는 하늘을 나는 꿈을 꾸었습니다. 그때 비둘기는 짐이 되는 무거운 어깨를 들어 올렸습니다. 그 짐이 점점 펼쳐지고, 그것을 흔들어 보았고, 가슴 위로 접어 포개었습니다. 비둘기

는 자신의 모습에 너무도 놀라 말
이 나오지 않았습니다. '아아, 무
거운 짐이 날개가 되는 것이구나!'
이것은 꿈이 아니었습니다. 실제
로 비둘기는 힘차게 하늘을 향해
날아오를 수 있었습니다. 그 짐이
바로 날개였던 것입니다. 비둘기
가 아름다운 깃털을 반짝이며 하

피카소의 〈무지개와 비둘기〉
(1952년 석판화)

늘을 나는 모습을 보면서 사람들은 그 모습이 어찌나 아름답고 사랑
스러운지 평화의 상징으로 존중해주게 되었습니다.

어떻습니까? 이 이야기 속에서 뭔가 떠오르는 것이 있지 않습니까?
만약 비둘기가, 날개가 있기에 무서운 동물이 쫓아와도 쉽게 벗어날
수 있음을 알았다면 어땠을까요? 그랬다면 비둘기는 불안에 떨지도
않고 늘 편안하게 지냈을 것입니다. 그러나 그랬다면 비둘기는 자신
에게 날개가 있음이 얼마나 소중한 것인지, 축복된 조건인지 깨닫지
못했을 것입니다. 무서운 동물이 쫓아올까 하는 두려움이 있기에 하
나님을 원망했습니다. 그리고 울었습니다. 그 과정들이 모아져서 기
도에 이르렀습니다. 이 과정을 통해 비둘기는 자신의 몸과 마음과 삶
을 바라보게 되었을 것입니다. 그러기에 비둘기는 하늘 높이 날아오
르면서도 자신의 날개짓을 뽐내지 않고, 땅 위의 동물들과 사귐을 가
졌습니다. 그리고 사람들을 돕는 일을 하기도 하였습니다. 이것이 바
로 비둘기가 평화의 상징이 된 이유입니다.

오늘 우리의 모습은 어떻습니까? 어떤 사람은 선천적으로 타고난
외모나 체형에서 마음에 들지 않는 모습에 대한 불만으로 자신의 모

습을 보기 싫어합니다. 부모님을 원망하고 하나님을 원망하기도 합니다. 심지어 사람들 만나기를 피하기도 하고, 이것이 지나친 사람은 자살을 생각하기도 합니다. 또 어떤 사람은 자신의 가정환경이나 자신의 지위, 학력, 건강 등에 대한 불만으로 괴로워합니다.

사실 저 또한 그랬습니다. 제 나이 40대 중반으로, 목사이고 선생이 된 지금도 외모나 가진 조건에 만족하지 못합니다. 저보다 나은 사람에 대한 부러움과 시기심으로 마음이 불편하고 화가 납니다. 제가 가진 것보다 가지지 못한 것들이 생각나서 저 자신의 못남에 화가 납니다. 하나님을 원망하기도 합니다.

저는 오랫동안 열등감과 원망으로 살아왔습니다. 이런 제 모습이 너무도 싫었습니다. 그런데 문득 깨닫게 된 것은 이러한 저 자신에 대한 부정적인 생각들과 하나님께 대한 원망이 결국엔 저 자신을 제대로 이해하고 하나님께 기도하게 되는 과정을 갖게 한 것이었습니다. 이런 기도를 통해 제가 가진 감사한 조건들도 발견하게 되고, 소중한 것들을 깨닫게 되었습니다. 그러고 나니 제가 가진 연약한 조건들이 오히려 제게 축복인 것을 알게 되었습니다. 제 약점이, 못나고 부족한 점이 다른 사람을 이해하고, 상담하고, 깊게 사귀는 데 귀한 조건임을 깨닫게 되었습니다. 그러니 제게는 이런 것들이 저를 겸손하게 하고 다른 사람과 협력함이 얼마나 귀한 것인지를 깨닫게 된 귀한 날개였습니다.

이처럼 우리의 열등감의 조건들은 버려야 할 것이 아닌 소중한 보물입니다. 이것이 우리를 교만치 않게 할, 사람답게 살아갈 조건이 되기도 하고, 다른 사람의 도움을 받고 도움을 주는 사귐을 가능케 합니다. 이 세상엔 완벽한 조건을 갖춘 완전한 사람은 없습니다. 때로는 힘들고 지칠 때가 있습니다. 그럴 때 그 상황과 시간에 절망치 마시기 바랍니다. 이러한 상황과 시기가 당장은 견디기 힘들지만 가만히 생각해보면 견디기에 불가능한 것도 아닙니다. 어쩌면 시간문제일 뿐입니다. 이 과정은 우리를 더 단단하게 성숙하게 만드실 축복의 때로 생각해보시기 바랍니다. 귀한 책의 한 구절은 우리에게 큰 울림으로 다가옵니다. 그렉 브레이든의 『잃어버린 기도의 비밀』에 나오는 구절입니다.

인생이 시련에 직면했을 때 극심한 고통의 나락으로 떨어지기도 하지만 한편으로는 내면에 있는 강력한 힘이 드러난다는 사실을 그들은 깨달았다. 그들은 그들 자신 안에서 '닻'을 찾아야만 했다. 그 마음의 닻 속에서 시련을 견뎌내는 강인한 힘을, 오늘보다 더 나은 내일이 올 거라는 믿음을 찾아야만 했다. 그리고 그들은 그 힘으로부터 위험을 감수하고 인생을 바꾸는 자신감을 얻을 수 있었다.

고린도전서 10장 13절 말씀입니다

사람이 감당할 시험 밖에는 너희가 당한 것이 없나니 오직 하나님은 미쁘사 너희가 감당하지 못할 시험 당함을 허락하지 아니하시고 시험 당할 즈음에 또한 피할 길을 내사 너희로 능히 감당하게 하시느니라.

로마서 5장 3-4절 말씀입니다.

그뿐만 아니라, 우리는 환난 가운데서도 자랑을 합니다. 우리가 환난은 인내를 낳고, 인내는 품격을 낳고, 품격은 희망을 낳는 줄을 알고 있기 때문입니다.

하나님은 우리와 함께하십니다. 이 믿음 안에 사는 사람은 그 어떤 고통 속에서도 절망하지 않습니다. 왜냐하면 하나님을 믿음으로 새 힘을 얻어 힘차게 날아오를 수 있기 때문입니다. 시편 55편은 가까운 사람에게서 배신을 당하고 실망하면서 괴로워하는 다윗이 하나님께 드린 기도 시입니다. 몇 구절을 간추려 소개하면 다음과 같습니다.

하나님, 내 기도에 귀를 기울여 주십시오. 내가 간구하오니, 숨지 말아 주십시오. 나를 굽어보시고, 응답하여 주십시오. 한 맺힌 탄식을 가눌 길이 없어서, 나는 분노에 떨고 있습니다. 저 원수들의 악담과, 저 악인들의 억압 때문입니다. 진실로, 그들은 나에게 저주를 퍼부으며, 나에게 원한 맺힌 마음으로 분노를 터뜨립니다. 내 가슴이 진통하듯 뒤틀려 찢기고, 죽음의 공포가 나를 엄습합니다. 두려움과 떨림이 나에게 밀려오고, 몸서리나는 전율이 나를 덮습니다. 나는 말하기를 "나에게 비둘기의 날개 같은 날개가 있다면, 그 날개를 활짝 펴고 날아가서 나의 보금자리를 만들 수 있으련만"……

나는 오직 하나님께 부르짖을 것이니, 주께서 나를 건져 주실 것이다. 저녁에도 아침에도 한낮에도, 내가 탄식하면서 신음할 것이니, 내가 울부짖는 소리를 주께서 들으실 것이다. 너희의 짐을 주님께 맡겨라. 주님이 너희를 붙들어 주실 것이니, 주님은, 의로운 사람이 망하도록, 영영 그대로 버려두지 않으신다.

# 고통의
선물

폴 브랜드가 자신의 실제 경험을 바탕으로 필립 얀시와 함께 쓴『고
통이라는 선물』이라는 책이 있습니다. 폴 브랜드는 장래가 촉망되던
외과 의사였으나 의료선교사로 헌신하기로 작정하고 인도에서 한센
병(문둥병)[38]자들과 생활했습니다. 그는 인도에서 20년, 미국에서 30

---

38) 한센병(Hansen病)은 나병(癩病, leprosy)이라고도 하는 전염병입니다. 하지만 나병이나 문둥
병이라는 말은 한센인들이 싫어하므로, 한센병으로 부르는 게 예의일 것 같습니다. 원인균인
나균에 의하여 피부와 말초신경을 주로 침해하는 만성전염성 면역 질환입니다. 나균은 항생제
투여를 통해 박멸이 가능합니다. 한센병은 구약성서에서 천벌로 묘사되거나 우리나라의 경우
문둥이라는 말이 전라도나 경상도 지방의 욕설일 정도로 옛날부터 멸시의 대상이었습니다. 이
러한 멸시는 근대에도 계속되어 일제강점기 당시 일본은 한센병 환자들을 소록도에 강제 수용
했으며, 불임수술, 강제노역 등으로 그들의 인권을 짓밟았습니다. 심지어는 당시 병원장이었던
수호원장이 언론에서는 환자들을 보살피는 선행을 베푼다고 미화되었지만 실제 삶 속에서는
한센인들에게 강제노역을 시키고, 여성과 남성의 분리, 불임수술 등으로 못살게 굴다가 환자에
게 살해당하는 일도 있었습니다. 특히, 일명 물방이라고 하는 독방에 가두기도 했는데 방의 구
조가 문턱이 굉장히 높고 방에 고의로 물을 채워 넣은 구조로서 이는 나병환자를 하루라도 빨
리 죽이기 위해서 특별히 고안되었다고 합니다. 이 물방에 갇힌 한센병 환자들은 겨울이 되면
물방의 얼음이 얼어붙는 바람에 얼어 죽기도 했습니다. 광복 이후에도 비토리 섬이라는 곳에서
는 토지소유문제로 분쟁이 발생, 지역주민들에게 학살당하는 일 등이 벌어질 정도로 한센인들
은 비극의 역사를 걸어왔습니다. 이들에 대한 처우가 개선된 것은 1965년 당시 소록도국립병
원장이 소록도에 거주하는 한센병 환자들을 배려하여, 과수업과 양돈업 등으로 자립할 수 있게
하면서부터였습니다. 병원장은 한센인들을 위한 축구팀도 만들어서 한센인들이 몸만 불편할
뿐, 비환자들보다 못한 게 없음을 보여주었습니다. 이러한 병원장의 활약은 소설가 이청준이
쓴 소설『당신들의 천국』에 잘 묘사되어 있습니다. 하지만 지금도 고령환자들의 경우 가족들

년 동안 오로지 나환자들을 위해서만 살았습니다. 선교사인 아버지와 어머니 또한 인도 산지에서 그 누구에게도 환영받지 못한 한센병자들을 위해 평생을 바쳤기에, 폴 브랜드에게 있어 신앙과 삶은 자연스럽게 하나가 되었습니다.

그가 오랜 세월 그들과 함께하면서 깨닫게 된 것이 하나 있습니다. 그는 한센병이 왜 심각한 병인지를 분명하게 발견하였습니다. 그는 고통의 문제에 대해 명확하게 말했습니다. "저는 고통을 주신 하나님을 찬양합니다."

이게 무슨 말입니까? 처참한 고통에서 울부짖는 한센병자들과 같은 고통을 겪는 사람들을 우롱하는 것은 아닐 테고……. 참으로 이해하기 어려운 말입니다. 대뜸 고통을 주신 하나님을 찬양하다니요. 솔직히 인간적인 마음으로는 원망하는 게 당연한 것일 텐데요……. 그런데 병으로 고통당하는 사람들을 누구보다 잘 알고 그들의 고통과 함께한 사람으로서 이렇게 말한 것은 아무리 생각해봐도 이해되지 않습니다. 그러나 그의 이야기를 좀 더 깊게 귀기울여보면 그의 결론에 수긍하게 됩니다.

한센병은 피부는 물론이고 신체의 각 부위를 상하게 해서 보기 흉한 모습으로 살게 하는 그야말로 치료가 어려운 난치병(難治病)입니다. 한센병이 심각한 것은 병의 진행이 몸의 신경조직을 파괴하는 데서부터 시작되기 때문입니다. 신경조직이 파괴되니 몸에서 고통이 사라집니다. 아파도 아픈지 모르고, 심지어는 자신의 몸의 일부가 떨어져 나가도 전혀 아프지 않습니다. 아픔을 느끼지 않으니 행복이거나

---

이 있는데도 만나지 못하는 사람들이 있을 정도로 이들의 인권 개선 문제는 사회가 해결해야 할 숙제 중 하나입니다.

다행이 아닙니다. 이 얼마나 끔찍한 일입니까? 손가락이 떨어져 나가고, 코가 떨어져 나가도 고통을 전혀 느끼지 못하다가 심하면 결국 죽음에 이르는 것입니다. 그래서 폴 브랜드는 이렇게 말합니다.

"한센병을 앓고 있는 환자들에게 줄 수 있는 가장 큰 선물은 고통입니다. 그보다 큰 선물은 없습니다. 그러므로 저는 고통을 주신 하나님께 감사합니다."

"고통이란 왜 존재하는가?"

"인생에서 가장 고통받고 있는 사람은 누구인가?"

"고통에 직면한 우리가 해야 할 올바른 삶의 태도는 무엇인가?"

의학지이자 선교사로서 고통의 신비를 50년 이상 파헤쳐 온 그의 노력과 인생의 통찰력이 담겨 있는 그의 책은 우리가 그렇게도 멀리하고자 하는 '고통'이 하나님의 선물임을 깨닫게 해주는 역설적 진실에 관한 인생의 통찰력이 담겨 있습니다.

우리는 아픔과 고통이 없는 세상을 소망하며 살고 있습니다. 우리가 바라는 천국은 아픔과 고통이 전혀 존재하지 않는 곳이기에 그렇게도 간절히 소망하는지도 모릅니다. 그러나 이 세상에는 아픔과 고통이 있는 세상에서 살고자 몸부림치는 사람들이 있습니다. 그리고 세상의 그 어떤 고통보다도 더 큰 아픔이 '고통 없음'임을 한센병자들은 알고 있습니다. 고통을 느끼지 못해 고통을 당하는 한센병자들과 함께 살아오면서 그는 그 무엇보다 고통이야말로 하나님이 우리에게 주신 특별한 선물임을 몸으로 깨달았습니다.

우리는 흔히 고통 없는 삶이 곧 행복한 삶이라고 생각합니다. 그래서 우리는 할 수만 있다면 고통을 피하려고 합니다. 그러나 고통은 우리의 삶을 돌아보게 하는 소중한 시기입니다. 이 시기가 견디기 힘들고 외롭고 괴로운 것은 사실입니다. 그러나 이 시기야말로 자신의 삶을 돌아보게 하고 지금의 시점에서 과거와 미래를 깊게 생각해보게 합니다. 또한 주변사람들에 대한 관계도 분명히 알게 합니다. 고통을 통해 삶의 의미를 생각하게 합니다. 이렇게 볼 때 고통의 시기는 우리 자신을 성숙하게 만드는, 다시금 태어나게 만드는, 더욱 단단하게 만들어 주는 지혜의 산실입니다. 예수 믿고 교회 다니면 '무병장수', '불행끝―행복시작', '기쁨충만'일까요? 그렇지 않습니다. 아니 더 큰 고통이 시작되는지도 모릅니다. 참으로 예수님을 믿고 따른다는 것은 그렇게 녹녹한 일이 아닙니다. 마태복음 16장 24절 말씀입니다.

그때에 예수께서 제자들에게 말씀하셨습니다. '누구든지 나를 따르려거든 자기를 부인하고 자기 십자가를 지고 따라야 한다.'

예수님은 그 누구도 예외 없이 당신의 뒤를 따르는 사람은 자기 십자가를 짊어져야 하는 사람임을 말씀해주고 있습니다. 십자가를 진다는 것은 참으로 고통스러운 일입니다. 누가 대신해줄 수도 없고 피할 수도 없는 숙명입니다. 이 십자가를 제대로 짊어지기 위해서는 끊임없이 자기를 부정해나가야 합니다. 우리는 게으름과 나태함과 싸워야 하고, 이기적인 욕망과 싸워야 하고, 세상의 불의와도 싸워야 합니다. 이 싸움에서 부단히 자신을 단련시켜나갈 때만이 우리가 짊어질 십자가를 짊어지고 예수님을 따를 수 있습니다.

예수님을 믿고 따르는 사람들은 고통이라는 선물을 믿음으로 받아들이는 사람들입니다. 그러기에 자신이 당하는 고통에 대해 감사할 수 있습니다. 왜냐하면 당장의 고통만을 바라보고 생각하고 느끼는 것이 아니라 고통의 현장을 바라보시고 함께 고통당하시는 예수님을 바라보고 위로받고 힘을 얻기 때문입니다. 그러기에 믿음은 고통을 성숙하게 맞이하는 지혜를 제공합니다. 또한 믿음은 고통에 두려워 떨지 않고 당당하게 맞이하도록 하는 용기를 제공합니다. 그리고 믿음은 고통을 넘어서게 하는 확신에 찬 의지와 힘을 제공합니다. 그러기에 우리는 공동체의 고통을 느낍니다. 비록 자신은 고통스럽지 않고 행복과 축복이 가득할지라도 주변의 이웃이 고통당하는 것을 보면 가슴이 아파서 견디지 못하는 사람들입니다. 왜냐하면 고통받는 이웃은 남이 아니라 한 몸 공동체를 이루는 우리이기 때문입니다. 예수님을 믿고 따르는 사람에게 고통당하는 이웃은 하나님께서 맡기신 사명입니다. 그러므로 시급히 찾아가서 위로해주고 격려해주고 회복시켜주어야 합니다. 그렇지 않으면 자신이 못 견딜 것만 같기 때문입니다.

만일 우리가 자신이 속한 공동체의 고통받는 사람들의 고통을 느끼지 못한다면 이것이야말로 큰 불행입니다. 자신의 이웃이 처참한 지경에 처해서 고통스러워하고 힘겨운 삶에 울부짖는데 전혀 아랑곳하지 않고 살아간다면 이것이야말로 영혼의 한센병입니다. 이것은 자기를 부인하지 못한 것입니다. 이처럼 사회공동체의 도덕불감증은 자기를 부인하지 못한 것이기에 십자가를 짊어질 수가 없습니다. 아니 고통의 십자가를 외면합니다. 그리고 찬란한 부활의 기쁨만 만끽하려고 합니다. 이것은 사이비(似而非)입니다. 말 그대로 진짜가 아닌 가짜입니다. 참된 기독교는 고통이라는 선물에서 피어나는 한 송이 꽃과 같습니다.

마치 바닷속 조개가 제 몸의 돌멩이로 인해 고통을 감내하다 보니 결국에 아름다운 진주를 만들어내는 것처럼 예수님을 믿고 따르는 사람들은 고통이라는 선물을 통해서 참된 믿음의 사람으로 자라나는 것입니다.

상처 입은 조개가 진주를 만듭니다. 진주조개는 잘못 삼킨 이물질에 소화기관이 상처를 입으면 그 이물질을 녹여 없애기 위해 강력한 소화액을 분비한답니다. 이때 그 이물질이 소화되지 않으면 분비물들이 둥글게 감싸져서 점점 자라 영롱한 진주가 된다고 합니다. 이처럼 영혼의 상처를 감싸 안을 줄 아는 사람들만이 진정한 삶의 새로운 지평을 열어갈 수 있습니다. 예수님이 그랬고, 바울이 그랬고, 슈바이처와 마더 테레사가 그랬습니다. 그러기에 오늘도 예수님을 믿고 따르는 사람들은 묵묵히 저마다 십자가를 짊어지고 한 걸음 한 걸음 순례의 길을 이어가는 것입니다.

# 관심과
# 경청

　요즘 저희 집 넷째 아들 벼리를 보면서 느낀 것이 하나 있습니다. 벼리는 이제 생후 6개월을 조금 넘긴 간난 아기로 먹고 자는 것은 물론 생활의 모든 것을 부모에게 의지해야만 생존이 가능합니다. 제힘으로는 앉아 있을 수도 없고 누울 수도 없고 대소변을 처리할 수도 없습니다. 그러다 보니 부모로서 손이 참 많이 갑니다. 때마다 먹여줘야 하고 기저귀를 갈아줘야 하고 보채면 안아줘야 합니다.

　이런저런 일들로 바쁘고, 때로는 피곤이 쌓이다 보면 벼리를 돌보는 일이 여간 녹록치 않음을 실감하곤 합니다. 아기를 돌보는 일이 얼마나 힘들고 고달픈지는 경험해본 사람만이 알 것입니다. 이렇게 힘든 아기 돌봄임에도 이를 이겨나가게 하는 재미가 있습니다. 이 재미 중 하나가 바로 요즘 벼리가 한창 옹알이를 하는 데 그 모습이 어찌나 귀여운지 모릅니다. 부모를 보고는 환하게 웃으면서 "으응…으응…" 하는 모습이 신기합니다.

　그런데 저는 벼리의 옹알이를 바라보는 자세에서 아내와는 다름을

알게 되었습니다. 저는 그저 벼리의 옹알이가 귀엽고 신기하게만 보여 놀아주고 대충 벼리가 원하는 것을 들어주려고 애를 쓰는 것으로 아비의 본분을 다하는 것으로 여기는 반면, 아내는 저보다 한 걸음 더 나아가는 모습이었습니다. 어느 날 가만히 보니 아내는 벼리가 하는 옹알이에 적극적으로 반응을 하면서 대화를 나누고 있었습니다. 똑같은 벼리의 옹알이를 경험하는데 저와 아내는 왜 다른 것일까요? 아무래도 아비인 저보다는 좀 더 벼리와 시간을 함께하고 사랑하고 정성을 기울이는 아내이기에 가능한 일일 것입니다. 이처럼 아기의 옹알이를 적극적으로 받아주면서 대화하는 모습은 저희 집만은 아닐 것입니다.

엄마들은 아기가 옹알이를 할 때, 마치 아기가 말을 알아듣는 것처럼 묻고 대답합니다. "배고파? 응, 알았어. 엄마가 맘마 줄게." "기저귀 갈아주니까 기분 좋아? 네가 좋아하니까 엄마도 참 좋아." 아기와 눈을 맞추며 둘만의 행복한 대화를 합니다. 이렇게 지내다 보면 어느새 말을 할 줄 모르던 아기가 시나브로 말을 하게 되는 것을 보게 됩니다. 이처럼 말도 안 되는 이야기를 들어주는 엄마들은 이 세상 그 누구보다 뛰어난 국어교육 전문가입니다. 엄마들은 언제 아기들에게 유효적절하게 말을 하도록 가르치는 기술을 배웠을까요? 어디 가서 이런 좋은 것을 배우고 익혔을까요? 이런 엄마들의 재능과 능력은 어디서 배운 것이 아니라 사랑의 힘입니다.

사랑하면 들립니다. 왜냐하면 사랑하는 만큼 상대방을 향한 관심이 있기 때문입니다. 사랑하면 상대방을 바라볼 때 그냥 눈으로만 그치지 않습니다. 관심(觀心)은 한자성어에서 알 수 있듯이 마음을 담아서 보는 것입니다. 관심이 얼마나 중요한지는 사랑의 반대말에서도 알 수 있습니다. 사랑의 반대말은 미움, 다툼, 시기, 질투, 증오가 아닙니다. 그것은 바로 무관심입니다. 왜냐하면 미움의 감정은 어찌 보면 사랑의 반대가 아니라 사랑의 또 다른 면으로, 미워하는 만큼 우리의 마음에 상대방이 담겨 있기 때문입니다. 그러나 무관심은 더 무서운 것입니다. 우리의 마음속에 상대방이 담기지 않는 것은 마음에서 상대방을 지워버리는 것과 같습니다. 우리의 마음에 아무런 관심조차 없는 것은 이미 상대방이 마음속에서 존재하지 않는, 죽은 대상일 뿐입니다.

하나님은 우리를 사랑하십니다. 그러기에 우리를 불꽃 같은 눈동자로 지켜보시고 우리의 삶에 관심이 많으십니다. 하나님의 사랑과 관심을 경험한 다윗은 이렇게 고백하고 있습니다. 시편 139편 1-18절입니다.

> 오 여호와여, 주께서 나를 살펴보셨으니 나를 아실 것입니다. 내가 앉고 서는 것을 아시고 멀리에서도 내 생각을 아십니다. 주께서는 내가 길을 다니는 것과 내가 눕는 것을 아시니 내가 하는 모든 일을 샅샅이 알고 계십니다. 오, 여호와여, 내가 말을 혀에 담기도 전에 주께서는 그것마저 다 아십니다. 주께서는 나를 앞뒤로 둘러싸 주시고 내게 손을 얹으셨습니다. 그토록 잘 아시다니 너무도 놀랍고 너무도 높아서 나는 이를 수 없습니다. 내가 주의 영을 떠나 어디로 가겠습니까? 내가 주 앞을 떠나 어디로 피하겠습니까? 내가 하늘로 올라가도 거기에 계시며 지옥에 잠자리를 마련해도 거기에 계십니다. 내가 새벽 날개를 타고 바다 저 끝에 내려앉더라도 어디에서든 주의 손이 나를 인도하시며 주의 오른손으로 나를 꼭 붙드실 것입니다. 내가 "어둠에게 나를 가리고 밤에게 나를 둘러 달라" 해도 어둠조차 주로부터 숨지 못하며 밤도 낮처럼 환하게 빛

날 것입니다. 주께는 어둠이나 빛이나 다를 바 없으니 말입니다. 주께서는 내 장기를 지으셨고 내 어머니의 모태에서 나를 만드셨습니다. 내가 주를 찬양합니다. 주께서 나를 경이롭게, 멋지게 지으셨습니다. 주의 작품은 정말 놀랍습니다. 내 영혼이 너무나 잘 알고 있습니다. 내가 아무도 모르는 데서 지어지고 땅속 가장 아래쪽에서 지음을 받았을 때 내 것 하나하나가 주께 숨겨진 것이 없었습니다. 아직 완성되지도 않았는데 내 틀을 주의 눈으로 보셨고 아직 아무것도 없을 때도 나를 구성한 재료들이 이미 낱낱이 주의 책에 적혀 있었습니다. 오, 하나님이여, 주의 생각이 내게 너무나 귀합니다! 그 수가 얼마나 크고 많은지요! 내가 다 셀 수 있다면 모래알보다 많을 것입니다. 깨어나 보면 나는 여전히 주와 함께 있습니다.

다윗의 일생은 그야말로 파란만장한 고난의 삶 그 자체였습니다. 그의 증조모는 이방인인 모압 지방 출신인 룻이었습니다. 요즘 말로 하면 다문화가정 출신이었습니다. 그리고 그는 변두리 출신으로 가난한 가정의 여덟 아들 중 막내로 어려서부터 목동의 일을 해야만 했습니다. 거기다가 끊임없이 강대국 블레셋이 침략해 오기에 불안정한 상황 속에서 살아야만 했습니다. 이런 어려움을 극복해나가는 것만으로도 감당하기 벅찬 상황인 그에게 시기심과 증오로 죽이려고 달려드는 사울왕으로 인해 때로는 도망자로, 방랑자로 떠돌아 다녀야만 했고 사랑하는 아들의 반란으로 도망을 다기기도 했습니다. 그럼에도 다윗이 좌절하지 않고 자신의 꿈을 이루면서, 성공적인 사람이 될 수 있었던 것은 하나님의 사랑에 대한 확신 때문이었습니다. 그는 모든 상황과 많은 사람이 그를 힘들게 해도 하나님만은 그와 함께 하실 것을 믿었습니다. 이 사랑을 체험하는 삶이기에 그 어떤 어려움과 외로움 속에서도 승리할 수 있었습니다. 하나님은 언제나 변함없이 그를 주의 깊게 바라보시고 그의 기도에 귀 기울이셨습니다.

사랑하면 상대방을 이해할 수 있습니다. 이해하기를 멈추거나 거부하는 것은 곧 사랑하기를 포기한 것입니다. 상대방을 이해할 수 없는 것은 상황이나 여건의 문제가 아니라 사랑의 문제입니다. 지식이 부족해서가 아니라, 사랑이 부족해서입니다. 깊은 사랑이 있으면 이해 안 될 사람, 품지 못할 사람이 없습니다.

우리는 누구나 관계 속에서 살아갑니다. 이 관계 속에서 행복하기도 하고 불행하기도 합니다. 우리가 행복하지 못하고 불행하게 사는 이유는 자기 방식대로만 자신을 이해해달라고 소리 높였기 때문입니다. 자기 목소리만 높입니다. 듣지는 않고 자기 소리만 높이니 소음만 가득할 뿐입니다. 그러디 결고 들어줄 사람을 찾지 못해 공허하고 외로운 마음을 품고 살아갑니다.

우리가 성공적인 삶을 위해 열심히 최선을 다해 잘해야 하는 것이 참 많습니다. 이러한 것들은 공부나 가정생활이나 신앙생활이나 직장생활만이 아닙니다. 듣기도 참 잘해야 합니다. 오늘 우리에게 필요한 덕목이 바로 주의 깊게 들어주는 사랑과 정성의 힘인 경청(傾聽)입니다. 잘 듣는 데서부터 좋은 대화(對話)가 시작이 됩니다. 대화는 한자말 그대로 마주보고 이야기하는 것입니다. 대화를 통해 상대방을 이해할 수 있습니다. 대화를 통해 좋은 관계를 형성할 수 있고, 행복한 사귐을 누릴 수도 있습니다. 대화를 잘하면 행복하게 살 수 있습니다.

이러한 대화를 잘하려면 먼저 잘 들어야 합니다. 그런데 문제는 듣는 것이 쉬운 일이 아니라는 사실입니다. 잘 듣는 것은 집중해서, 관심을 기울여서 적극적으로 듣는 것입니다. 그저 들리는 소리만을 듣는 것이 아니라 그 소리에 담긴 억양, 분위기에 주의를 기울여야 합니다. 그리고 상대방의 표정과 손짓 등 모든 것에 촉각을 곤두세워

들어야 합니다. 그저 들리니까 듣는 것이 아니라 적극적으로 최선을 다해 들어야 합니다. 이렇게 잘 듣고자 하면 언어적 표현의 한계를 넘어 그가 무엇을 원하고 말하고자 하는지 알 수 있습니다. 로마서 8장 28절 말씀입니다.

> 우리는 하나님을 사랑하는 사람들, 곧 그분의 뜻을 따라 부르심
> 을 받은 사람들에게는 모든 것이 합력해 선을 이루는 줄을 압니다.

하나님은 오늘을 사는 우리에게 하나님의 마음으로 살아갈 것을 원하십니다. 다윗의 말에 귀 기울이시고 힘이 되어주신 하나님의 마음으로 우리 주변의 사람들을 대할 때, 마음을 담아 바라보는 관심과 주의 깊게 들어주는 경청의 힘을 길러가야 합니다. 사랑과 관심으로 듣는다면 자기를 이해해달라는 주변의 갈급한 외침을 들을 수 있습니다. 말을 잘 들어주는 사람이 참으로 절실한 때입니다.

# 어떻게
# 보다는
# 왜?

　아프리카 초원에 가면 흔히 볼 수 있는 모습이 있다고 합니다. 많은 수가 떼를 지어 사는 들소들의 모습인데, 이 모습은 단지 들소들만의 모습은 아닌 것 같습니다. 들소들은 맹수의 위협을 받으면 그 즉시 있는 힘을 다해 달려갑니다. 처음 한두 마리가 달리기 시작하면 곧이어 다른 소들이 따라 달립니다. 이렇게 달리다 보면 어느새 수천 마리의 소떼가 함께 달려갑니다. 맹수 한 마리의 위협 앞에 수천 마리의 들소떼가 내달리는 모습은 보는 이들로 하여금 탄성을 자아낼 정도로 놀랍습니다.

　이러한 감탄은 생존본능과 군집성에 감탄하는 것이 아닙니다. 그런데 이를 가만히 보면 우리에게 주는 교훈이 있습니다. 처음 맹수를 발견한 들소 몇 마리를 제외하고 대부분의 들소들이 도대체, 왜 달리는 줄도 모르고 있는 힘을 다해 달린다는 사실입니다. 그저 다른 소들이 달리니까 그냥 달리는 것입니다. 이렇게 무작정 달리다가 낭떠러지나 절벽을 만나면 멈추지 못하고 그대로 떨어져 죽는 경우가 많습니다. 안타깝게도 이와 같은 비극적인 상황은 많은 소가 목숨을 잃은 후에야 멈추게 됩니다. 처음 몇 마리의 소는 맹수의 공격을 눈으로, 귀로 감각으로 확인하였기에 달립니다. 이렇게 달리는 소들이 한 마리 두 마리 세 마리 늘어나다 보면 어느 순간 쏜살같이 달리는 소떼들을 보고 이를 따라서 달리는 소들이 많아집니다. 맨 처음 달린 소는 맹수의 위협을 피하는 것이었지만 뒤따라오는 소들은 왜 달리는 지, 어디로 가는지도 모르고 다른 소들을 따라 뛰다가 그냥 죽고 마는 것입니다. 그러다 보니 수십, 수백, 수천 마리의 소가 내달리는 진풍경이 벌어집니다. 그저 아무 생각 없이 풀을 뜯어 먹고 있다가 갑자기 소떼가 달리니까 그렇게 해야 하는가 보다 하고는 뒤따라 달리는 소들은 어디로 달려가는지도, 왜 달리는지도 모르고 그냥 따라 합니다. 온몸으로 최선을 다해서 달리는데 정작 그 방향도 그 이유도 모른다면 얼마나 어리석은 일일까요?

이러한 소 떼의 어리석음은 오늘날 우리의 삶이기도 합니다. 왜 공부를 하는지, 왜 일을 하는지, 왜 돈을 벌어야 하는지 깊게 생각하지 않고 그저 남들이 하니까 덩달아 하는 것은 아닐까요? 남이 큰 차를 사면 나도 사야 하고, 남이 좋은 집에 살면 나도 거기서 살아야 하고……. 도무지 생각 없이 달리기만 하는 것 같습니다. 남들과 비교하면서 더 나아지려고 아등바등하고 남들에게 어떻게 보일까를 생각하면서 살아가는 우리의 모습을 보면 그저 남들이 달리니까 어디로 가는지, 왜 가는지도 모르고 달려가는 소떼와 다를 바가 없습니다.

언젠가 오랜만에 서울에 갈 일이 있었습니다. 서울에서 사는 사람들은 그런가 보다 하겠지만 저처럼 작은 농촌에서 살면서 가끔 서울에 가보는 사람들은 놀라움을 금치 못하곤 합니다. 이른 아침 서울의

지하철역에 가보면 엄청나게 많은 사람들이 걸음을 재촉하며 다니는 모습을 쉽게 찾아볼 수 있습니다. 이른바 러시아워(rush hour)[39]라고 하는 출·퇴근 시간대에 지하철을 타는 것은 여간 고역이 아닙니다. 이처럼 많은 사람들이 고통을 감내하면서 열심히 일하는 모습이 바로 오늘날 우리나라의 경제를 추동해낸 원동력일 것입니다.

이처럼 남보다 일찍 일어나고, 더 늦게 자고, 더 열심히, 더 많이 일하는 사람들의 모습을 볼 때마다 마음 깊이 감탄하곤 합니다. 이렇게 바쁘고 성실하게 살다 보면 어제보다는 오늘이, 오늘보다는 내일이 더 행복하리라는 기대와 희망이 있습니다. 그러기에 지치고 힘들지만 그럼에도 열심히 살아갑니다. 이렇게 열심히 살아가는 모습은 참으로 아름답습니다. 오늘 우리가 살아가는 시대를 가리켜 '스피드' 시대라고들 말합니다. 그야말로 하루가 다르게 빠르게 변화하는 세상이 바로 우리가 살아가는 세상입니다.

이러다 보니 우리는 뭔가 쫓기듯 살아갑니다. 이렇게 급변하는 세상에서 제대로 살아가기 위해서, 아니 살아남기 위해서 열심히 살아갑니다. 그러나 문득 드는 생각이 있습니다. '왜들 저렇게 바쁘게 살아야만 하는 건가, 좀 지나치게 바쁜 건 아닌가, 꼭 그래야만 하는 건가' 하는 생각을 하게 될 때는 바쁘게 살아가는 사람들을 보면서 안쓰러운 마음이 들기도 합니다. 우리는 도대체 왜 이렇게 바쁘게 살아야 하는 걸까요?

어느 날, 나무꾼이 산에서 열심히 톱으로 나무를 베고 있었습니다.

---

39) 많은 철도 노선의 경우 아침에는 기업이나 학교로 향하는 방면의 열차가 통근·통학객으로 인해 혼잡하며, 저녁이나 야간에는 기업이나 학교로부터 귀가하는 방면의 열차가 혼잡합니다. 이 혼잡한 시간대를 '러시아워'라고 부릅니다.

근처를 지나가던 나그네가 그것을 보고 있었습니다. 땀이 온몸에 흐르며 열심히 나무를 썰고 있지만 그 나무가 잘 베어지고 있는 것 같지 않았습니다. 톱이 녹이 슬고 무뎌져 있는 것 같아서 나그네가 물었습니다.

"지금 뭐하시는 겁니까?"

"보면 모르겠소? 나무를 자르고 있지 않소."

"잘 되십니까?"

"글쎄, 빌어먹을! 잘 안 되고 있소."

"제 생각에는 잠깐 일을 멈추고 톱을 갈아서 다시 하시는 게 좋을 듯합니다."

"제정신이요? 온 종일 나무를 자르는데도 아직 반도 못 잘랐는데, 톱을 갈 시간이 어디에 있겠소?"

그리고는 그 나무꾼은 계속 나무를 베었습니다. 이 모습을 본 나그네는 하는 수 없이 그냥 가던 길을 가고 말았습니다. 혹시 우리의 모습이 지금 이와 같지는 않은지요? 뭔가 열심히는 하는데 근본적인 문제를 모른 채 해오던 일이니까 그저 하다 보니 이렇다 할 성과나 능률도 안 오르고, 의미와 보람과 가치도 모르는 것은 아닌지요?

언젠가 5살인 아들 겨레가 밤하늘에 떠 있는 초승달을 보면서 한 말이 생각납니다.

"아빠, 초승달이다. 오늘도 초승달이 나보고 윙크한다. 초승달이 옛날옛날에도 나한테 윙크했었지."

초승달을 보고는 윙크하는 것으로 표현한 말이 기특하고 재미있어 빙그레 웃어주었습니다. 웃으면서 문득 이런 생각을 해보았습니다. '왜 이렇게 바쁘게 사는 건지요?' 달은 윙크 한 번 하는데 한 달이 걸립니다. 그 오랜 시간이 지나고 어김없이 윙크하는 것을 기쁘게 바라보는 어린 겨레의 눈망울……. 우리는 왜 이런 여유의 시선을 갖지 못하는 것일까요? 이런 상념에 젖어 들다 문득 성서의 세계로 빠져들게 되었습니다. 고린도전서 9장 24-27절입니다.

> 경기장에서 경주자들이 모두 힘껏 달리지만 상을 받는 사람은 오직 한 사람뿐인 것을 여러분이 알지 못합니까? 이와 같이 여러분도 상을 받기 위해 달리십시오. 경기에 참가하는 사람은 누구나 모든 일에 절제합니다. 그들은 썩어 없어질 면류관을 얻으려고 절제하지만 우리는 썩지 않을 것을 얻으려고 절제합니다. 그러므로 나는 목표가 없는 것처럼 달리지 않고 허공을 치듯이 싸우지 않습니다. 내가 내 몸을 쳐 복종시키는 이유는 내가 다른 사람에게는 복음을 전하고 도리어 나 자신은 버림받지 않도록 하기 위함입니다.

사도 바울이 자신의 일생을 돌아보면서 자신의 각오를 다짐하는 강한 의지가 마치 신앙고백처럼 담긴 말씀입니다. 이 말씀은 우리의 삶을 육상선수들의 경주에 비유하면서 최선을 다해 달려갈 길을 달려가야 함을 일깨워주고 있습니다. 육상선수들의 달리기 시합을 보면 그야말로 최선을 다해 달리는 선수들의 모습에 감탄하곤 합니다. 그러나 모든 사람이 다 잘 달려도 상을 받는 사람은 오직 한 사람뿐입니다. 그러니 더 열심히 달려야만 상을 받을 수 있습니다. 이렇게 이기기를 원하는 사람은 모든 일에 절제할 줄 알아야 합니다. 왜냐하면 절제된 삶 속에서만이 최선의 결과를 얻을 수 있기 때문입니다.

경주에서 상을 받는 것은 그냥 얻어지는 것이 아닙니다. 육상선수들은 남보다 더 잘 달리기 위해서 모든 생활에서 절제된 삶을 삽니다. 이들은 체중조절을 위해서 먹고 싶은 것도 참고 조절합니다. 달리기에 지장을 주는 술과 담배와 같은 것도 안 합니다. 이와 같은 노력과 아픔이 바로 절제입니다. 불필요한 것, 해로운 것들을 차단하고 유익한 것들로 자신을 채워나가는 노력과 결단이야말로 승리의 비결입니다. 여기까지는 그저 세상적인 교양서나 도덕윤리 서적에서도 쉽게 찾아볼 수 있는 명구(名句)입니다. 그러나 성경은 여기서 그치지 않습니다. 그저 상을 받기 위해 최선을 다해야 하는 것을 말씀하지 않습니다. 상을 받기 위해 최선을 다해야 하는 것이 중요하지만 이것은 더 중요한 것을 위해 나아갈 예비단계입니다. 더 중요한 것은 무엇을 위해 달려가야 하는지를 알아야 합니다. 그저 최선을 다하면 되는 것이 아닙니다.

우리가 가는 길에 대해 도대체 왜, 무엇을 위해, 바람직한 방향인지, 참된 것인지를 끊임없이 물어야만 합니다. 혹 우리가 최선을 다하는 이유가 남들에게 잘 보이려고, 남들보다 잘나고 싶어서, 남들이 하니까 따라하는 것은 아닌지요? 그저 이기적인 욕망과 썩어질 이 땅의 가치를 위해 온몸이 부서져라 달려가는 것은 아닌지요? 그저 허공을 치는 무의미한 삶이나 방향성 없이 그저 되는 대로 살아가는 모습은 단호히 떨쳐내야 합니다. 인생의 목표와 의미에 대한 깊은 성찰 없이 어디를 향해 달려야 하는지조차 모르고 무조건 달려가기만 하는 들소떼가 되지 않기 위하여, 우리는 어떻게(How)가 아니라 왜(Why)를 끊임없이 묻고 또 물어야합니다. 시인 타고르는 이렇게 말했습니다. "어리석은 사람은 서두르고, 영리한 사람은 기다리지만, 현명한 사람은 정원으로 간다." 진정한 쉼과 아름다움이 있는 곳, 하루에 한번쯤은 꼭 시간을 내어 정원의 꽃길을 걸어보시기 바랍니다.

인디언들에 대한 이야기 중에 이런 이야기가 있습니다. 어느 날 한 인디언이 말을 신나게 타고 달리다가 느닷없이 멈추어 섰다고 합니다. 옆에서 함께 가던 사람이 물었습니다.

"말이 힘들어 그럽니까? 왜 멈추어 섭니까?"

이에 대한 인디언의 대답입니다.

"내가 너무 빨리 달려서 내 영혼이 못 따라올까 봐 그럽니다."

인디언은 이렇게 한참 시간을 보낸 뒤 다시 말에 올라타고는 길을 떠난다는 것입니다. 오늘 우리는 뒤도 옆도 안 보고 빨리 달리는 데 열중하느라 정작 우리의 마음, 우리의 영혼, 우리의 소중한 사람들과의 사귐을 놓치고 사는 것은 아닌지 생각해보아야 합니다.

프로 야구의 유명한 투수였던 더치 래오나드(Dutch Leonard) 선수의 말입니다. "위대한 피칭의 비결은 속도의 빠름에 있지 않습니다. 페이스의 변화(Change of pace)가 더 중요합니다." 인생의 행복과 성공은 달려가는 속도에 있는 것이 아닙니다. 멈추는 시간, 혼자만의 시간, 천천히 쉬어 가는 여유가 중요합니다. 아무리 성능 좋은 자동차라도 브레이크가 고장 나면 쓸모가 없습니다. 달리기만 하면 안 됩니다. 정지할 때는 정지해야 합니다. 우리 하나님께서도 천지를 창조하신 후 제7일에 안식하셨습니다.

하나님께서 인간을 창조하신 목적은 하나님의 창조 세계를 더욱 아름답게 다스리고 가꾸도록 하는 데 있습니다. 노동이야말로 인간만이 소유한 매우 거룩한 권리요, 책임입니다. 그러나 이러한 노동도 휴식이 없는 것이라면 결코 아름다운 것도 못 되고 거룩한 것도 못 됩니다. 경쟁 사회 속에서 스트레스가 우리를 짓누르고 있습니다. 컴퓨터 앞에 앉아 있는 시간이 너무 깁니다. 사람들과 종일토록 만나서 일한다는 것도 너무 과중합니다. 현대인들은 이 과중한 일들에서 잠시 멈추어 한적한 곳으로 나갈 필요가 있습니다. 잠시라도 쉼이 필요합니다. 그래야 삶의 균형과 리듬을 제대로 잡을 수 있습니다. 배터리의 전기가 다 소모되면 재충전을 해야 다시 기계를 작동할 수 있습니다. 우리에게도 재충전을 위한 쉼이 필요합니다. 잠시 뒤로 물러 앉아 쉬는 것이 필요합니다. 앞으로 달린다고 해서 모든 문제가 해결되는 것은 아니기에 보다 나은 내일을 위해 잠시 쉬어야 합니다. 일을 쉬면서 하나님과 조용한 시간을 갖는 것은 더욱 중요한 일입니다. 균형 잡힌 신앙생활, 리듬을 잃지 않기 위해서 하나님과 조용히 만나는 시간을 가져 보시기 바랍니다. 바쁜 일을 잠시 내려놓고, 우리의 마음을 하나님께 조용히 열어 보시기 바랍니다.

알렉스 파타코스는 여유로운 마음의 중요성을 일깨워주었습니다.

> 우리의 삶은 의미로 가득합니다. 그러므로 우리가 하는 모든 행동, 모든 순간순간이 의미입니다. 시간은 과거나 현재나 충분한데도 점점 더 시간에 쫓기며 살고 있습니다. 시간을 되찾는 것은, 의미에 마음을 열면서 살아가기 위한 첫걸음입니다.[40]

김난도는 걸음을 멈추고 돌아보는 시간의 중요성을 일깨워주었습니다. "자신과의 냉철한 대면이 주기적으로 이루어지지 않는 무조건적인 성실이란, 또 그런 인생이란, 무딘 톱날처럼 얼마나 밋밋한 것인가?"[41]


40) 알렉스 파타코스, 『무엇이 내 인생을 만드는가』, 노혜숙 옮김(서울: 위즈덤하우스, 2012) 참조.
41) 김난도, 『아프니까 청춘이다』(서울: 쌤 앤 파커스, 2010), p.76.

기도

뛰지 마.
그러면 너는 볼 수 있을 거야
네 주위에 많은 아름다운 것들을.
꽃 속에 사랑이 가득한 세상이 있다는 걸 모르니?

뛰지 마.
그러면 너는 찾을 수 있을 거야
길가 돌 틈에서 너만을 위해 빛나고 있는 다이아몬드를

멈춰서면 볼 수 있을 거야
너는 많이 뛰었지만 항상 그 자리인 것을.

언제니 뛰라는 말만 들었을 테지.
오늘만큼은 뛰지 마.
인생에서 중요한 것은 속도가 아니라 방향이야.

뛰지마.
그러면 볼 수 있어.[42]

우리가 직면한 현실에는 무수히 많은 소리와 목소리들이 웅성거리고 있습니다. 하루에 한 번쯤은 이렇게 많은 소리 중에서 가장 작은 소리에 귀를 기울여봅니다. 이 작은 소리가 확실히 들린다면 이번에는 이보다 더 작은 소리를 찾아내서 귀기울여봅니다. 이 소리가 또 확실하게 들린다면 그보다 더 작은 소리를 찾아내고, 이 소리에 귀를 기울여봅니다. 이렇게 귀기울이다보면 어느 순간 우리 곁으로 소리의 근원에서 울려나오는 소리를 들을 수 있습니다. 그러면 마치 어부가 그물을 당기듯이 우리의 내면 깊숙한 곳의 울림, 온 우주의 삼라만상

---

42) 가톨릭교육재단협의회, 『중학교 종교』(서울: 가톨릭문화원, 2001), p.135.

의 외침과 온 생명의 숨결을 들을 수 있습니다.

가장 작은 소리, 그보다 더 작은 소리를 주의 깊게 들으려면 우리의 내면 깊숙한 곳의 마음이 고요해야 합니다. 바쁜 일상에서 잠시 멈춤을 통해 생각과 감정을 내려놓고 고요한 침묵으로 자신을 내맡겨봅니다. 그러면 그 침묵 속에서 나무 끝 가지에 매달린 바람소리, 땅 위를 기어가는 개미의 숨소리도 들을 수 있습니다. 그리고 우리의 마음 깊은 소리와 하나님의 음성도 들을 수 있습니다.

정신없이 바쁘게 살아야만 하는 우리에게 한 번쯤은 가던 길을 멈추고 한참 뒤를 돌아보는 삶의 여유와 성찰과 사색과 명상의 시간이 필요합니다. 때로는 걸음을 멈추고 자신이 걸어온 길을 반추해보시기 바랍니다. 언제요? 바로 지금! 어디서요? 바로 여기에서요!

# 감정조절능력의 지혜

　한 사람이 바르게 잘 사는지를 알 수 있게 해주는 척도가 바로 열매입니다. 참된 것과 거짓된 것은 쉽게 구별해내기가 어렵습니다. 나무도 마찬가지입니다. 눈에 보이는 나무가 무슨 나무인지도 쉽게 알기 어렵습니다. 그러나 열매를 보면 무슨 나무인지를 아주 쉽게 알 수가 있습니다. 사과가 열리면 사과나무입니다. 배가 열리면 그 나무는 누가 뭐라고 해도 배나무입니다.

　우리의 말과 행동은 우리가 살아가는 모습을 드러내는 열매입니다. 우리의 마음은 눈에 보이지 않습니다. 이처럼 눈에 보이지 않는 마음이 거짓 없이 그대로 발현되는 것이 바로 우리의 말과 행동입니다. 그러므로 우리의 말과 행동을 보면 우리의 마음이 어떤지를 쉽게 알 수 있습니다. 고운 마음으로 고운 말과 행동의 열매를 맺어 가시기를 바랍니다. 오늘 말씀은 고운 마음을 갈고 닦아나감에 꼭 필요한 삶의 지혜 중의 하나를 말씀드리고자 합니다. 사람들은 감정이 상하면 합리적으로 행동하지 못하는 경우가 많습니다.

1894년 봄, 미국 보스턴에서 벌어진 일입니다. 볼티모어 올리올스와 보스턴 레드삭스 팀의 프로야구 경기에서 예상 밖의 소동이 벌어졌습니다. 양 팀 선수 2명이 사소한 일로 싸움을 시작하자 순식간에 양쪽 선수 모두가 뛰어나와 집단 싸움이 일어났습니다. 싸움은 곧 관중들에게까지 번져갔고, 누군가 관중석에 불을 질러 경기장 전체가 타버렸습니다. 그리고 이 불은 다시 인근 건물로 번져 보스턴의 107개 건물이 피해를 입었습니다.

몇 년 전, 제가 사는 곳에서 매우 안타까운 일이 벌어진 적이 있었습니다. 어느 청소년이 공중전화 박스에서 통화를 오래하고 있었습니다. 이 공중전화 박스 밖에서는 중년 남자가 뒤에서 기다리고 있었습니다. 용건만 간단히 하면 좋았는데 생각보다 통화가 길어졌습니다. 참다못한 중년남자는 박스 안으로 들어가 빨리 끊으라고 소리를 질렀습니다. 갑작스런 침입과 야단치는 말을 들은 청소년은 순간 화가 나서 중년남자를 향해 욕을 퍼붓기 시작했습니다. 이렇게 시작된 둘의 말싸움 끝에 청소년은 마침 지니고 있던 칼로 중년남자를 찔러 사망에 이르게 하였습니다. 이렇듯 순간적인 감정 상함으로 돌이킬 수 없는 결과를 초래하는 경우가 종종 있습니다.

화가 나서 소리 지르고 물건을 부수고 집어던지는 일은 누구나 쉽게 할 수 있습니다. 그러나 화가 나도 침착하게 생각하고 참는 일은 아무나 할 수 있는 일이 아닙니다. 한 사람이 분노를 표현하면, 불에 나무를 더 올리는 것처럼 걷잡을 수 없는 분노와 폭력이 불길처럼 번지게 됩니다. 그래서 보스턴의 화재처럼 상상도 하지 못할 엄청난 결과와 사람을 죽이는 엄청난 비극을 초래하기도 합니다.

정복자 칭기즈칸에게 신중함을 가르친 매의 이야기입니다. 칭기즈

칸이 어느 날 사냥을 나섰을 때의 일입니다. 사냥터에 먼저 도착한 그는 신하들을 기다리고 있었습니다. 목마름을 심하게 느낀 그는 때마침 머리 위 바위틈에서 맑은 물이 뚝뚝 떨어지는 것을 발견하고 물잔을 꺼내 물방울을 받아 마시려고 하였습니다. 그때였습니다. 사냥에 늘 데리고 다니던 매가 하늘에서 빙빙 돌더니 재빨리 날아와 물잔을 툭 치고 다시 날아갔습니다. 그는 땅에 떨어진 물잔을 집어 다시 물을 받았습니다. 하지만 이번에도 매가 날아와 그가 손에 든 물잔을 떨어뜨렸습니다. 그러더니 마침내 물잔을 잡아채 날아가더니 어딘가에 버리고 돌아왔습니다. 그 순간 화가 머리끝까지 났습니다.

"아니, 이놈이 정말!"

그는 화를 참지 못한 나머지 칼을 휘둘러 그 매를 죽였습니다. 그리고 물을 먹기 위해 바위 위로 기어 올라갔습니다. 물웅덩이에 입을 댄 채 벌컥벌컥 물을 마시기 위해서였습니다. 그런데 그는 웅덩이에 독사 한 마리가 빠져 죽은 것을 보고 깜짝 놀랐습니다. 그때서야 그는 매의 행동을 이해하였습니다.

"내게 위험을 알리려고 그랬구나. 어리석게도 그 사실을 알아채지 못했으니……."

그는 자기가 죽인 매를 가지고 돌아오면서 이렇게 중얼거렸습니다.

"이제부터는 어떤 일이든 절대로 홧김에 결정을 내리지 않겠다."

화가 난 상태에서는 누구나 올바른 판단을 하기 어렵습니다. 그는 아끼던 매를 잃고 나서야 그 사실을 깨달았으나 이 일을 계기로 냉정한 판단과 뛰어난 통솔력을 발휘할 수 있었습니다.

우리도 살다 보면 이런저런 이유로 화를 낼 때가 있습니다. 내가 옳고 다른 사람이 잘못을 한 경우도 있지만, 내가 잘못했으면서도 오히려 화를 내기도 합니다. 또 엉뚱한 사람에게 화풀이 하는 경우도 있습니다. 그래서 실수하고, 결국엔 자신과 남들에게 손해를 끼칠 때가 있습니다. 가만히 생각해 보면 화를 낼 때는 내가 다 옳은 것 같지만 그 결과는 항상 나에게도, 또 남에게도 손해가 되는 것을 깨닫게 됩니다. 이에 대한 하나님의 말씀입니다. 잠언 26장 21절입니다.

> 숯불엔 숯을 넣고 타는 불에 나무를 넣는 것처럼 다투기 좋아하는 사람은 싸움에 불을 붙인다.

싸움을 그치기 가장 좋은 때는 시작하기 전에 멈추는 것입니다. 노병천의 『서른과 마흔 사이 인생병법』이라는 책에 나오는 글귀입니다.

> 성공적인 삶을 살아가려면 순간적으로 뜨거워지는 감정을 다스려야 합니다. 물론 그게 쉬운 일은 아닙니다. 하나의 어떤 사람은 '3초 법칙'이 있습니다. 욱하고 치밀어 오르는 게 있을 땐 속으로 '1초, 2초, 3초'를 헤아린 다음 다시 생각해 보면 대부분 가라앉는다는 것입니다. 욱하는 성질만 이길 수 있어도 우리는 세상의 많은 부분을 이미 얻은 것이나 마찬가지입니다.

그렇습니다. 순간적으로 치밀어 오르는 화를 그대로 표출하기보다는 그 화를 차분히 가라앉히고 나서 일을 처리하는 성숙한 지혜가 필요합니다. 이러한 '자기감정 조절능력'이야말로 그 어떤 것보다 중요합니다.

채근담에 보면 이런 구절이 있습니다. "性燥心粗者(성조심조자)는 一事無成(일사무성)이요 心和氣平者(심화기평자)는 百福自集(백복자집)이니라." 이는 성격이 조급하고 마음이 거친 사람은 한 가지 일도 이룰 수 없고 마음이 부드럽고 기상이 평온한 사람은 온갖 복이 저절로 모여든다는 말입니다.

오래전 독일의 수도 베를린이 분단되어 동베를린은 사회주의 체제이고 서베를린은 자유주의체제일 때의 일입니다. 몇 명의 동베를린 사람들이 한 트럭의 쓰레기 더미를 서베를린 진영으로 가져다가 무단으로 투기하였습니다. 화가 난 서베를린 사람들은 그 쓰레기 더미를 다시 주워 모아 동베를린 진영으로 쏟아 부어 버릴까 생각했습니다. 그러다가 그들은 그런 식으로 일을 처리하지 않기로 했습니다. 대신 그들은 덤프트럭 한 대에 통조림과 쉽게 부패하지 않는 식료품을 채워서 동독으로 가져가 그것을 산뜻하게 쌓은 후 그 옆에 이런 내용의 표지판을 하나 세웠습니다.

"사람들은 각자 자기 속에 있는 것을 준다."

이 이야기를 곱씹어보면 오늘 우리의 삶에서 적용할 거리가 참으로 많습니다. 이런 서베를린 사람들의 성숙한 자세와 지혜가 어우러져서 독일은 통일을 이룩했는지도 모릅니다. 만약 서베를린 사람들이 '욱' 하는 성질에 못 이겨 쓰레기 더미를 보냈다면, 아니 더 많은 쓰레기 더미를 보냈다면 동베를린 사람들의 마음을 상하게 하고 분노케 하였을 것입니다. 그에 따라 더 많은 쓰레기나 오물을 받게 되고, 그로 인해 서베를린 사람들의 적개심도 계속되었을 것입니다. 이렇게 양쪽의 분노가 심해질수록 베를린 장벽은 점점 더 높아지고 그들의 마음은 적개심과 분노와 증오심으로 가득해졌을 것입니다. 가만히 생각해보면 동베를린 사람들 모두가 아닌 그저 몇몇 사람들의 미숙한 행위로 인해 동·서 베를린의 많은 사람들의 마음에 상처를 주고 민족적 비극이 더욱 공고하게 될 뻔 하였습니다. 그러나 서베를린의 몇

몇 사람들의 성숙한 자세는 동베를린 사람들을 부끄럽게 만들고 화
해와 사랑을 원하는 마음을 잘 전해주었습니다. 서베를린 사람들이
이렇게 할 수 있었던 이유는 순간적으로 일어나는 격한 감정을 참고
인내할 줄 아는 성숙함이 생활화된 결과입니다.

　동양 고전 중의 고전으로 손꼽히는『삼국지(三國志)』43)에는 자기감
정 조절능력을 갖춘 인물이 나옵니다. 그가 바로 유비(劉備)입니다.
그는 지략과 용병술이 부족한 지도자였습니다. 그는 수많은 전쟁에서
패전을 거듭하곤 하였습니다. 그는 또한 우유부단한 성격이었습니다.
형주 태수 유표가 죽음을 맞이할 즈음 제갈공명은 이때 형주를 점령
해야 함을 말했습니다. 만약 조조였다면 이 좋은 기회를 놓칠세라 곧
바로 점령했을 것입니다. 하지만 유비는 거절하였습니다.

　유비는 이러한 단점에도 새로운 나라를 창건한 제왕이 된 삼국지

---

43) 중국 기전체 역사서인『이십사사(二十四史)』가운데 한 권입니다. 위(魏)·촉(蜀)·오(吳)의 3
　　국이 정립한 시기부터 진(晉: 220~280)이 중국을 통일한 시기까지의 역사를 기록했습니다. 서
　　진시대에 진수(陳壽: 233~297)가 지었습니다. 총 65권으로『위서(魏書)』,『촉서(蜀書)』,『오서
　　(吳書)』의 3서로 구성되어 있습니다. 위나라를 정통으로 하여『위서』에 기(紀)·전(傳)을 두고,
　　『촉서』와『오서』에는 열전(列傳)만 두었으며, 모두 표(表)와 지(志)는 없습니다.『삼국지』는 단
　　대사(斷代史)를 나라별로 저술하여 사체(史體)의 새로운 형식을 열었습니다. 왕침(王沈)의『위
　　서』, 위소(韋昭)의『오서』, 어환(魚豢)의『위략(魏略)』을 참고로 하여 편찬했으며, 복잡하고 모
　　순된 3국의 역사를 간결한 문체로 일목요연하게 기록했습니다. 그러나 너무 간략하게 사실을
　　기록하여 빠진 부분이 많습니다. 남조 송나라 때 배송지(裴松之)가 본서의 간략함을 보충하기
　　위해 많은 책을 참조하여 상세한 주(注)를 달았는데, 이미 없어진 많은 자료를 인용했기 때문
　　에 삼국시대 연구의 귀중한 문헌으로 평가됩니다. 청대에도 많은 학자들이『삼국지』에 보주
　　(補注)와 보표(補表)를 달았습니다. 근대에 기존의 연구 성과를 종합하여 노필(盧弼)이『삼국
　　지집해(三國志集解)』를 저술했습니다. 우리가 일반적으로 접하는『삼국지』는 중국 명대(明代)
　　초기의 장편소설로 나관중(羅貫中)이 지은『삼국지연의(三國志演義)』를 기초로 한 것입니다.
　　그는 진수(陳壽)의『삼국지』와 배송지(裴松之)의 주(注), 원대(元代)의『삼분사략(三分事略)』과
　　『삼국지평화(三國志平話)』에 근거하여 썼습니다. 후한(後漢) 말에서 삼국시대까지의 다양한 정
　　치적·군사적 분쟁을 그렸고, 전쟁의 묘사에 주력하여 경쟁적인 생활의 경험과 책략을 제공했
　　습니다. 제갈량(諸葛亮), 조조(曹操), 장비(張飛) 등의 전형적인 인물을 형상화했는데, 제갈량
　　은 지혜가 많고 책략에 뛰어나서 중국인들에게는 지혜의 화신으로 일컬어집니다. 등장인물이
　　많고 구성이 웅대하며 내용이 복잡하나 맥락이 분명하고 소재의 취사선택에 타당성이 있습니
　　다. 쉬운 문어체와 거친 필법을 사용했고 묘사에 치중했습니다. 연의소설(演義小說)의 최고걸
　　작으로 후대에 큰 영향을 끼쳤습니다.

의 실질적인 주인공입니다. 힘과 규모와 역량으로 볼 때 유비의 촉(蜀)나라는 조조의 위(魏)나라나 손권의 오(吳)나라에 비해 작습니다. 그럼에도 『삼국지』는 유비라는 인물을 중심으로 이야기가 전개되었습니다. 그는 사람들을 강압적인 힘에 의해서가 아니라 자발적으로 따르게 하였습니다. 그가 사람을 대함에 진심으로 겸손하게 임한 것은 이루 헤아리기 어려울 정도로 많습니다.

그가 자신보다 나이가 어린 제갈공명을 얻기 위해 세 번이나 고개를 숙이고 찾아간 것은 유명합니다. 이를 한자성어로 '삼고초려(三顧草廬)'라고 합니다. 그는 이러한 자세가 습관처럼 생활화된 사람이었습니다. 그의 사람됨은 지위고하(地位高下)를 막론하고 대하는 모든 사람에게 한결같았습니다. 이를 알려주는 일화입니다. 그는 후한(後漢) 말기의 어지러운 세상을 바로잡겠다는 야망을 품고 관우, 장비 두 의제와 결연히 일어섰으나, 기라성 같은 제후들과 호족들 틈바구니에서 이리 밀리고 저리 쫓기기만 했습니다. 간신히 같은 종실인 형주 태수 유표의 호의로 신야현(新野縣)이라는 작은 고을을 마지막 근거지로 삼아 한숨을 돌리긴 했으나, 생각만 해도 자기 처지가 한심했습니다. 그나마 다행으로 서서(徐庶)라고 하는 출중한 인재를 얻어 군사(軍師)로 삼고 의욕에 불탔지만, 조조의 계략에 걸려 그 서서가 어쩔 수 없이 떠나게 됨으로써 그의 낙심은 이만저만이 아니었습니다. 이별의 술잔을 나누는 자리에서 그가 헤어짐의 슬픔에다 자기의 처량한 신세까지 보태져서 눈물을 흘리자, 서서도 같이 눈시울을 적시며 말했습니다.

"명공께서는 너무 상심하지 마십시오. 저 같은 사람은 발바닥 근처에도 가지 못할 만한 특출한 인재를 천거할 테니, 그를 발탁해 쓰시면 명공의 앞날이 훤히 트일 것입니다."

그로서는 귀가 번쩍 뜨이는 소리가 아닐 수 없었습니다.

"그, 그게 누구란 말이오?"

"지금은 한가하게 쉬고 있는 와룡(臥龍)이라는 사람으로, 바로 제갈량 공명(孔明)이지요. 그렇지만 그 사람은 쉽게 움직이려고 하지 않을 테니까 특별한 정성과 노력을 기울여야 할 겁니다."

그는 서서를 보내자마자 즉시 예의를 갖추어 양양(襄陽) 어느 촌구석에 살고 있는 제갈량의 집으로 달려갔습니다. 그에게는 그림자 같은 관우와 장비가 동행했음은 물론입니다. 때는 마침 살을 에는 듯한 추운 겨울이었습니다. 쏟아지는 눈보라 속에서 고생고생하며 제갈량의 집에 겨우 도착했으나, 그는 외출하고 집에 없었습니다. 낙심하여 돌아온 그들은 며칠 후에 다시 찾아갔습니다. 그렇지만 역시 마찬가지였습니다.

"아니, 형님께서 다녀가셨고 다시 찾아오리라는 것을 가족으로부터 분명히 들었을 텐데, 와룡인지 뱀인지 하는 작자가 이토록 무례할 수 있단 말이오?"

성미 급하기로 유명한 장비가 버럭 소리를 지르며 화를 냈고, 입이 무겁고 점잖은 관우조차 노여움으로 얼굴이 붉어졌습니다. 그러나 그는 두 아우를 잘 달래어 조용히 돌아왔습니다. 그런 다음 봄이 되기를 기다려 다시 제갈량을 찾아 나서려고 했습니다.

"형님은 그냥 계십시오. 내 당장 달려가서 이 무례한 서생 나부랭이 놈을 꿰차고 오리다."

장비는 더 참을 수 없다는 듯이 펄쩍 뛰었고, 관우도 공연한 헛걸음하고 체면만 손상될 뿐이니 그만두자고 말렸습니다. 그런 두 아우를 나무라고 달래어 세 번째 방문했더니, 제갈량은 마침 집에 있었으나 낮잠을 자고 있었습니다. 그는 당장 걷어차서 깨우려는 장비를 간신히 말려 놓고 제갈량이 깨어날 때까지 끈기 있게 기다렸습니다. 제갈량 입장에서 보면 지금까지의 태도는 그의 인물됨을 파악하기 위한 일종의 시험이었습니다.

'초라한 자기 집에 세 번이나 찾아온' 유비의 끈기와 정성에 감복한 제갈량은 못 이긴 듯 은둔의 돗자리를 걷어버리고 그를 따라 나섰습니다. 천하의 재사 제갈량을 얻은 그는 이때부터 마치 물을 만난 고기처럼 승승장구하기 시작했고, 마침내 촉(蜀) 땅에 나라를 세워 조조, 손권과 더불어 삼국정립(三國鼎立)의 시내를 열어 갔습니다.

그는 이러한 자세가 습관처럼 생활화된 사람이었습니다. 그의 자기감정 조절능력은 때와 장소, 지위고하를 막론하고 대하는 모든 사람에게 한결같았습니다. 이를 알려주는 일화입니다. 그가 새로운 인재를 만나기 위해 길을 가고 있었습니다. 얼마를 가니 제법 넓은 개울 하나가 앞을 가로막았습니다. 주변을 둘러보았지만 배도 사공도 없었습니다. 할 수 없이 그는 신발을 벗고 바지를 걷은 채 물을 건너기 시작하였습니다. 물은 매우 차가웠고, 또 꽤 깊었습니다. 그가 겨우 물을 건넜을 때, 뒤쪽에서 어떤 노인의 목소리가 들렸습니다.

"거기 귀 큰 놈아! 나를 건네주어야지. 사공도 없는데 어떻게 건너란 말이냐?"

마치 그가 배를 없애기라도 한 듯한 말투였습니다. 그는 갈 길도 멀고, 노인의 말에 화가 나기도 했습니다. 그러나 그는 어차피 젖은 몸이니 좋은 일 한번 하자는 생각에서 노인 쪽으로 건너왔습니다. 노인을 업은 그는 다시 물을 건너기 시작했습니다. 노인이지만 업고 물을 건너기는 매우 힘들었습니다.

겨우 강기슭에 도착한 그가 제 갈 길을 가려는데, 노인이 다시 화를 내는 것이었습니다. 자신의 침(鍼)을 저쪽 강기슭에 놓고 왔다는 것이었습니다. 마치 그가 잘못해서 짐을 놓고 왔다는 식의 말투였습니다. 그는 화가 났지만 "제가 강을 건너서 침을 갖다 드리지요"라고 말했습니다. 그러나 침을 가지러 돌아서는 그에게 "네가 어딜 가서 찾는단 말이냐 잔말 말고 나를 업어라" 하는 노인의 말이 들려왔습니다.

그는 잠시 생각한 후에, 노인을 업고 묵묵히 다시 물을 건넜습니다. 침을 찾고 겨우 강을 다시 건너서 이쪽 언덕에 도착하자, 노인이 웃으며 그에게 물었습니다.

"처음 나를 업어 준 것은 그렇다 치고, 짐을 가지러 가자고 했을 때는 가버릴 수도 있었는데, 왜 다시 강을 건넜느냐? 무엇을 바라고 한 번 더 수고로움을 참았더냐?"

그러자 그가 말했습니다.

"그때 제가 화를 내고 돌아가 버리면 어르신을 업고 강을 건넌 처음의 수고마저도 의미가 없어집니다. 그러나 잠시의 어려움을 참고 한 번만 더 강을 건너면, 제 노력은 두 배의 의미를 갖게 될 것입니다. 이미 들인 수고마저도 의미 없이 만드는 것과 한 번 참아서 두 배의 의미를 얻는 것에 대해 생각해 보았습니다."

창세기 26장에 보면 이삭의 성품을 보여주는 이야기가 나옵니다. 그는 가나안 땅에 큰 기근이 들어 블레셋 사람들이 사는 그랄 지역으로 이주하였습니다. 그곳도 기근으로 살기 어려워 애굽으로 내려가려고 하자 하나님이 이삭에게 나타나셔서, 그랄을 떠나지 말라고 말씀하셨습니다. 순종의 사람 이삭은 그 말씀에 순종하였더니, 하나님이 이삭을 축복하셔서 기근으로 농사짓기 어려운 땅임에도 농사가 잘 되어 백배나 얻고 양과 소가 번성하였습니다. 그러자 블레셋 사람들이 이삭을 시기하여 이삭의 우물을 빼앗았습니다. 참으로 어이없는 상황이었습니다. 그가 블레셋 사람들에게서 그 어떤 도움을 받은 것도 없고 피해를 준 것도 없는데 우물을 빼앗아버렸습니다. 그럼에도 그는 아무런 항변조차 하지 않고 우물을 내주고는 다른 곳으로 이주하였습니다. 이렇게 고생하면서 다시 우물을 팠는데 그들은 또 따라와 우물을 빼앗았습니다. 이번에도 그는 참고는 다시금 그곳을 떠났습니다. 그는 다시금 그들을 피하여 르호봇에 이르러 우물을 팠더니 거기서도 샘이 솟아나왔습니다. 이번에는 빼앗던 사람들도 더 이상 쫓아오지 않았습니다.

　그곳에서 짐승을 먹일 풀이 다하자, 그는 브엘세바로 올라갔습니다. 그런데 그곳에 블레셋 왕 아비멜렉과 군대장관 비골이 찾아왔습니다. 그리고 서로 싸우지 말자는 불가침 언약을 맺자고 했습니다. 그는 그들을 받아들여 언약을 하고, 그들을 성대히 대접하고 돌려보냈습니다. 그러자 종들이 와서 "우물을 파서 샘을 얻었습니다"라고 보고하는 것입니다. 그래서 이삭이 그 샘 이름을 '브엘세바'라고 명명했습니다. 브엘은 '우물'을 뜻하고, 세바는 '맹세' 혹은 '일곱'을 뜻합니다.44) 이는 성경본문에서는 5번째 우물을 판 것으로 나오지만 실제로

---

44) 가나안의 남쪽 경계가 되는 브엘세바(사사기 20장 1절)는 예루살렘에서 남쪽으로 80km 떨어진 곳으로 해발 240m에 위치합니다. 브엘세바란 "맹세의 우물"(창세기 21장 31절) 또는 "일곱 개의 우물"이란 뜻이고 아브라함의 우물이라고 전해져 오는 두 개의 우물이 베두윈 시장이 열리는 남쪽에 있습니다. 아브라함이 그랄 왕 아비멜렉과 계약을 맺은 이후(창세기 21장 22-34절)부터 브엘세바로 불렸으며 이때부터 성경에 등장합니다. 브엘세바는 아브라함이 사흘 길을 걸어 모리아 산에서 이삭을 하나님께 바치기 위해 떠났던 곳이며, 사무엘의 아들들이 사사로 있던 곳으로(사무엘상 8장 1-2절) 이스라엘의 왕정시대를 거쳐 느헤미야가 바벨론 포로에서 돌아 온 후 회복된 곳입니다(느헤미야 11장 27절).

는 7번 판 것으로 추정해볼 수 있습니다. 아마도 2곳은 성경에 나오지 않는 우물인 듯합니다. 아무튼 그는 우물을 파느라 이리저리 이사를 다니는 수고를 감내해야만 했습니다. 일반적으로 우물은 한 번 파기도 어려운 것으로 한 번 파서 성공하면 더 이상 파지 않습니다. 그의 아버지 아브라함도 그랬습니다. 창세기 21장 30절 말씀입니다.

> 아브라함이 대답했습니다. "이 새끼 암양 일곱 마리를 제 손에서 받으십시오. 이것으로 제가 이 우물을 판 증거로 삼으십시오."

그런데 그는 자기 아버지가 판 우물을 다시 팠는데도 말 한마디 못하고 우물을 빼앗겼습니다. 그럼에도 그는 고생고생해서 판 우물을 어이없게도 그들의 억지 주장에 넘겨주고 말았습니다. 이러한 그의 모습은 참으로 바보 같고 숙맥 같기만 합니다. 그러기를 5 내지 7번이나 거듭했습니다. 이처럼 바보같이 화 한번 내지 못하고 양보만 한 그가 실패하고 좌절한 것이 아니라 결국에는 하나님의 사랑을 받고 지역민들의 인정을 받으면서 축복의 사람이 되었습니다. 일반적으로는 힘이 약한 쪽에서 강한 쪽을 찾아가 평화를 청하게 되어 있습니다. 그런데 힘이 강한 블레셋 왕이 힘이 약한 그를 찾아와 화평하자고 한 것입니다. 이것이 우리가 본받을 그의 브엘세바의 삶입니다.

유목민에게 우물은 생명과도 같고 전 재산과도 같습니다. 그런 재산을 여러 차례 빼앗겼습니다. 그러면 사생결단하고 그들과 싸워야 할 것입니다. 그런데 그는 그렇게 하지 않았습니다. 자기들 것이라고 빼앗으면 그들에게 양보하고 다른 지역으로 갔습니다. 또 쫓아와 빼앗으면 또 양보했습니다. 결국 빼앗는 사람들이 스스로 부끄러움을

느끼고는 평화를 청하게 되었습니다. 이처럼 그의 자기감정 조절능력
에 따른 인내와 양보가 평화를 이루게 하였습니다.

이것이 평화의 삶입니다. 평화는 평화를 만들어냅니다. 그래서 우
물을 빼앗던 아비멜렉이 브엘세바까지 찾아와서 평화의 언약(조약)
을 맺자고 간청하였습니다. 평화를 이루며 사는 것의 중요성에 대한
예수님의 말씀입니다. 마태복음 5장 9절입니다.

> 복되도다! 평화를 이루는 사람들이여, 그들은 하나님의 아들들
> 이라 불릴 것이다.

오늘 우리의 삶은 경쟁이 당연시되는 척박한 현실입니다. 참으로
안타까운 현실은 자라나는 세대들이 너무도 아파하고 힘들어한다는
사실입니다. 제가 몸담고 있는 기독교학교와 교회는 무엇을 해야 할
까요? 우리가 감당해야 할 기독교교육은 입시지도나 인성교육에 앞
서 자라나는 세대에게 하나님의 사랑을 분명하게 일깨워주고 하나님
의 자녀답게 살도록 하고, 평화의 왕으로 이 땅에 오신 아기 예수님
의 사랑 깊음을 전하는 평화의 사람들이 되도록 가르쳐 지키게 해야
합니다.

**평화를 위한 기도**

성 프란시스코

오, 주님 저를 당신의 평화의 도구로 써주소서
미움이 있는 곳에 사랑을
다툼이 있는 곳에 용서를
의혹이 있는 곳에 믿음을

절망이 있는 곳에 희망을
어두움에 빛을
슬픔이 있는 곳에 기쁨을 가져오게 하는 자 되게 하소서.
위로받기보다는 위로하고
사랑받기보다는 사랑하며
용서받기보다는 용서하게 하여 주소서.
우리는 줌으로써 받고 용서함으로써 용서받으며
자기를 버리고 나아감으로써 영생을 얻기 때문입니다.

오늘날 심각한 사회문제로 이야기되는 우리의 학교 문제인 학교폭력과 집단따돌림 등의 문제를 해결하는 비결 중의 하나도 성숙한 자기감정 조절능력을 길러나가도록 가르치는 것입니다. 성경은 이러한 자기감정 조절능력의 중요성을 일깨워주고 있습니다. 잠언 16장 32절입니다.

화내는 데 더딘 사람은 용사보다 낫고 마음을 다스릴 줄 아는 사람은 성을 빼앗는 사람보다 낫다.

성경은 마음을 다스리고 지키는 것의 중요성도 일깨워주고 있습니다. 잠언 4장 23절입니다.

모든 지킬 만한 것 중에 더욱 네 마음을 지키라 생명의 근원이 이에서 남이니라.

그러나 이처럼 중요한 마음, 자기감정 조절은 우리가 결심만 한다고 되는 것이 아닙니다. 늘 기도하면서 반성하면서 습관화하지 않으면 안 됩니다. 습관이 인격이 되고, 인격이 생활이 되고, 사람됨을 결정지을 것입니다. 우리의 키와 몸이 자라듯 우리의 마음도 넉넉한 여유와 성숙과 지혜로 자라나야 합니다. 조급한 성격, 성급한 결정, 격한 감정의 노예가 되지 않도록 인내하며 절제하는 사람됨을 다짐해 보시기 바랍니다.

# 트로이 전쟁의
# 두 영웅

　고대 그리스 시대, 가장 잔인하고 불운한 사랑에 빠지고 만 비련의 두 주인공이 있었습니다. 이들이 바로 트로이의 왕자 '파리스'와 스파르타의 왕비 '헬레네'입니다. 사랑에 눈 먼 두 남녀는 트로이로 도주하고, 파리스에게 아내를 빼앗긴 스파르타의 왕 '메넬라오스'는 치욕감에 미케네의 왕이자 자신의 형인 '아가멤논'에게 복수를 부탁합니다. 이에 아가멤논은 모든 그리스 도시 국가들을 규합해 트로이로부터 헬레네를 되찾기 위한 전쟁을 일으킵니다. 이 전쟁의 명분은 동생의 복수였지만, 전쟁을 일으킨 실질적인 이유는 모든 도시 국가들을 통합하여 거대한 그리스 제국을 건설하려는 야심이었습니다. 이렇게 금지된 사랑이 일으킨 거대한 10년 전쟁이 그 유명한 트로이 전쟁입니다.

　트로이 전쟁 이야기를 배경으로 볼프강 패터슨 감독의 '트로이'(2004년)라는 영화가 있습니다. 이 영화는 전승되어온 신화의 이야기에 새로운 인물들의 삶을 예술성으로 형상화하여 제시하여 새로운

재미와 의미를 더해주었습니다. 신화에
서는 아킬레스(신화의 이름은 아킬레우
스로 아킬레스는 영어식 이름)가 헥토르
를 죽였지만 영화에서는 헥토르라는 인
물이 아킬레스와 맞서는 대칭적 인물로
새롭게 탄생되었습니다.[45]

　영화 트로이에서는 두 영웅이 등장합
니다. 그리스 연합군의 선봉장이자 신의 아들인 '아킬레스'(연기: 브
래드 피트) 그리고 트로이의 용맹한 장수 '헥토르'(연기: 에릭 바나)
입니다. 영화 속에서 두 사람은 비교의 대상이 됩니다. 아킬레스는 신
의 아들인 만큼 전쟁에 나갈 때마다 승리를 하며, 모든 영광과 재물

---

45) 아킬레스는 미르미돈족의 왕인 펠레우스와 바다의 님프(네레이스)인 테티스의 아들로 트로이
　　전쟁 때 아가멤논의 군대에서 가장 잘생기고 가장 용감하며 뛰어난 전사였습니다. 호메로스에
　　따르면 테티스는 프티아에서 아킬레우스를 그의 사촌이며 절친한 친구인 파트로클로스와 함께
　　길렀다고 합니다. 다른 전설에 따르면 그가 어릴 때 테티스가 스틱스 강물에 그를 담가서 불사
　　신(不死身)으로 만들었지만 그녀가 잡고 있었던 발꿈치만은 물에 젖지 않아서 그의 약점이 되
　　었다고 하며, 거기에서 '아킬레스건(腱)'이라는 말이 생겼습니다. 훗날의 신화작가들 이야기에
　　따르면, 펠레우스는 아들이 트로이 전쟁에서 전사하리라는 신탁(神託)을 받고는 아킬레스를 스
　　키로스에 있는 리코메데스의 궁궐로 보내 여자 옷을 입히고 공주들과 같이 키웠다고 합니다.
　　그러나 점성가 칼카스가 아킬레우스 없이는 트로이를 함락시킬 수 없다고 경고했기 때문에 그
　　리스인들은 그를 찾아다녔고 결국은 찾아냈습니다. 이처럼 아킬레스는 자발적인 동기가 아니
　　라 그리스인들의 강권에 못 이겨 전쟁에 임하게 되었습니다. 그것도 이 전쟁에서 죽는다는 운
　　명으로 불안한 마음이었습니다. 트로이 전쟁의 처음 9년 동안 아킬레스는 트로이 주변 지역을
　　휩쓸면서 12개의 도시를 점령했습니다. 10년째 되던 해에 아가멤논과 아킬레우스가 다투는 일
　　이 생겼는데, 이는 아가멤논의 전리품이었던 크리세이스의 아버지가 아폴론 신의 제사장이었
　　으므로 아폴론의 분노로 인해 군사들이 전염병으로 죽어가게 되자 아킬레우스가 그녀를 아버
　　지에게 돌려주어야 한다고 주장했기 때문이었습니다. 그러자 화가 난 아가멤논은 아킬레스가
　　가장 아끼는 노예 브리세이스를 빼앗아 자신의 손해를 보충했습니다. 이 때문에 아킬레스는
　　더 이상 전쟁에 참가하지 않겠다고 했지만, 그리스군이 너무나 패배를 거듭하고 있었기 때문
　　에 파트로클로스에게 마차와 갑옷을 빌려주어 자기로 가장하게 했습니다. 그러나 트로이 왕
　　프리아모스의 장남인 헥토르가 파트로클로스를 죽이자, 아킬레스는 아가멤논과 화해를 하고
　　헤파이스토스 신에게서 새로운 갑옷을 얻어 싸움에 나가 헥토르를 죽였습니다. 시인 아르크티
　　노스는 "아이티오피스 Aethiopis"에서 '일리아드 Iliad'의 이야기를 다루어, 에티오피아 왕 멤
　　논과 아마존족 펜테실레아를 죽인 아킬레스는 아폴론에게 화살을 얻은 파리스에게 죽음을 당
　　했다고 노래했습니다. 아킬레스는 레우케·스파르타·엘리스, 특히 헬레스폰트에 있는 시게움
　　에서 숭배되었습니다.

을 얻습니다. 그에게 왕의 명령은 중요하지 않습니다. 그가 속한 나라도 별로 중요하지 않습니다. 이런 그의 자세는 그야말로 기고만장(氣高萬丈)이었습니다. 이처럼 자신감과 교만으로 방탕하게 생활하던 그는 결국 비참한 최후를 맞게 됩니다.

아킬레스와 달리 헥토르는 신의 아들이 아닌 인간의 아들이었습니다. 그는 자신의 적수인 아킬레스와 비교하면 상대도 되지 않는 잘난 것 하나 없는 인간에 지나지 않았습니다. 타고난 재능이나 여건 어느 것 하나 대등하게 맞설만한 것이 없었습니다. 이건 아킬레스나 헥토르 그리고 이들을 따르는 사람들과 두 나라의 왕과 국민들도 잘 아는 객관적인 사실이었습니다.

누구나 예상한 대로 전쟁의 시작부터 파죽지세로 아킬레스가 이끄는 그리스 연합군이 승전을 거듭했습니다. 아킬레스가 이끄는 군대는

사기충천한 자신감으로 헥토르가 이끄는 트로이 군대를 밀어붙였습니다. 계속되는 공격에 트로이는 이리 찢기고 저리 찢기며 패전을 거듭했습니다.

그런데 놀랍게도 마지막 승자는 신의 아들인 아킬레스가 아닌 인간의 아들인 헥토르였습니다. 헥토르는 대승을 거두면서 나라를 구했고 아킬레스는 비참한 최후를 맞았습니다. 이 두 사람의 이야기는 마치 이솝우화에 나오는 토끼와 거북이의 경주 이야기를 연상시킵니다. 자신의 타고난 재능과 신체적인 조건에 자신감이 지나쳐 방심한 결과 경주에서 진 토끼가 아킬레스의 경우입니다. 비록 타고난 신체적 조건과 재능에서 비교조차 안 되는 악조건이었지만 도전하고 포기하지 않는 집념과 끈기로 경주에서 이긴 거북이가 헥토르의 경우입니다.

또한 이들의 이야기는 중국고대사의 유명한 두 인물인 항우와 유방을 연상시키기도 합니다. 항우와 유방의 이야기는 『초한지(楚漢志)』[46]로 형상화되었고 우리가 즐기는 장기로도 형상화되었습니다. 항우와 유방은 중국 천하를 놓고 대결한 영웅이었습니다. 두 사람은 여러모로 상반된 인물이었습니다. 항우는 명문가 출신으로 기세나 실력 면에서 뛰어난 인물인데 반하여 유방은 시골 건달 출신으로 전쟁에서는 여러모로 서툰 지략가에 속했습니다. 이 둘의 싸움은 초반부터 상대가 되지 않을 정도로 항우의 압승이었습니다. 그러나 최종 승자는 유방이었습니다. 바로 이 유방이 한나라를 세운 한 고조입니다. 이 둘의 차이를 단적으로 드러내 주는 이야기가 있습니다.

항우가 잘 쓰는 말은 "어떠냐(何如)!"였습니다. 싸워서 이길 때마다 부하들을 향해 이 말을 던지며, 당대 최고의 장군이자 지도자임을 자부했습니다. 이와는 달리 유방은 늘 부하들에게 "어떻게 하지(如何)?"라고 물어보았습니다. 닥친 어려움에 대한 의견을 구하기 위해서였습니다. 그 결과, 자신의 능력을 과신한 항우는 동료나 부하들의 의견을 무시하고, 단독으로 일을 진행하는 경우가 많았고 충성스런 부하장수들과 신하들은 점차 말문을 닫았습니다. 반면 항상 능력이 부족하다고 생각했던 유방은 부하 장수와 신하들에게 권한을 나누어주고 그들을 잘 활용했습니다. 동료나 부하들의 의견을 존중했던 그를 많은

---

46) 『초한지(楚漢志)』, 『초한연의(楚漢演義)』는 중국의 역사 소설입니다. 진나라 말기 초나라 항우와 한나라 유방의 기나긴 대립을 묘사하고 있습니다. 진나라의 악정(惡政)에 못 견디고 각지에서 유방과 항량 외 많은 자가 군사를 일으켰습니다. 항량은 진나라의 명장 장한과의 전투 중에 전사하고, 그 뒤를 조카인 항우가 잇게 됩니다. 항우는 역발산기개세의 영웅으로 그 용맹함은 누구도 따라갈 수 없으며, 유방은 인덕이 넘치며, 장량, 진평 등의 모사들 지혜로 항우로부터 죽음을 모면합니다. 항우와 유방의 싸움은, 항우 밑에서 말단 관리로 있던 한신에 의해 유방 쪽으로 기울어지게 됩니다. 유방은 천하를 통일했지만, 그 후에는 한신을 비롯한 많은 공신들이 반역의 죄로 죽게 됩니다.

이들이 믿고 따랐고, 수많은 부하 장수들의 도움으로 한 나라의 초대 황제가 될 수 있었습니다.

이러한 인간형은 『삼국지(三國志)』에 나오는 유비에게서도 볼 수 있습니다. 유비는 매사에 겸손하게 다른 사람의 의견과 입장을 존중하고 자신의 이익보다는 공의를 중시했습니다. 그의 이러한 성품으로 관우와 장비와 같은 용장, 제갈공명과 방통과 같은 지략가들과 함께 할 수 있었습니다. 이처럼 일방적인 통보나 지시보다는 존중과 신뢰를 바탕으로 상대방의 의견을 경청하고 존중하는 과정이 중요합니다.

옛말에 '고장난명(孤掌難鳴)'이라는 말이 있습니다. 이 말은 '한 손바닥으로는 울 수 없다'는 뜻입니다. 아무리 힘이 센 장수라도 한 손바닥으로는, 어린아이조차 손쉽게 내는 박수 소리를 내지 못합니다. 이처럼 혼자가 아닌 여럿이 함께하는, 협력(協力)과 조력(助力)이야말로 승리의 비결입니다. 판소리에서도 '일고수 이명창(一鼓手 二名唱)'47) 이라는 말이 있습니다. 북을 치는 사람이 첫째이고 소리를 잘하는 사람이 그다음이라는 뜻으로 아무리 명창이라 할지라도 고수가 잘해야 실력을 발휘할 수 있다는 의미로 해석될 수 있습니다. 다시 말해 판소리의 주인공은 명창(名唱)만으로 충분한 것 같지만, 소리를 북돋아 주는 고수가 있어야 멋진 공연이 이루어 질 수 있고, 진정한 명창은 뛰어난 고수를 알아보고 존중한다는 의미입니다.

우리 인간의 유형을 두 가지로 나눈다면 아킬레스형 인간과 헥토르형 인간으로 나눌 수 있습니다. 아킬레스는 선천적으로 남보다 뛰

---

47) 소리판에서 북 치는 고수의 중요성을 이르는 말입니다. 아무리 뛰어난 명창이라 해도 소리북이 제대로 소리길을 열고 쉬고 닫게 하지 않으면 소용없을 만치 소리북은 중요합니다. 반주자로서 고수는 사실 그다지 대중의 주목을 받지 못하지만 그 역할이 너무도 중요하기 때문에 명창일수록 고수 선정에 까다롭습니다.

어난 두뇌와 재능과 가정환경을 배경으로 하는 사람을 상징합니다. 그에 반해 헥토르는 아킬레스와 비교해서 보면 그저 그런 재능과 가정환경에서 태어나고 자란 사람을 상징합니다. 이 두 가지 유형의 사람을 놓고 볼 때, 대부분의 사람들은 아킬레스와 같은 사람을 부러워합니다. 그러나 이런 사람은 백 명 중 한 명 정도로 극소수이고 원한다고 되는 것도 아닙니다. 그에 반해 대부분의 사람들은 헥토르와 같은 사람입니다. 이렇게 주어진 그저 그런 조건과 여건 이것이 바로 저와 같은 평범한 사람들의 어쩔 수 없는 현실입니다. 문제는 바로 이 현실을 어떻게 받아들이느냐에 따라 패배자 헥토르와 승리자 헥토르가 결정됩니다.

아킬레스는 자신의 타고난 조건과 자신의 군대와 트로이 군대를 보고는 승리를 확신했습니다. 이렇게 눈에 보이는 것만 보고 성급하게 승리에 도취되어버린 것입니다. 이것은 마치 토끼와 거북이의 경주에서 토끼가 자신보다 못한 거북이의 신체조건과 경주코스만 바라본 것과 같습니다. 아킬레스의 결정적인 패인은 겉으로 드러나지 않는 헥토르의 마음을 보려고 하지 않았기 때문입니다. 헥토르가 승리한 것은 그가 타고난 재능이나 좋은 여건 때문이 아닙니다. 신의 도움도 아닙니다. 그가 승리한 비결은 그가 바라보는 초점과 그의 자세에 있었습니다. 그는 눈에 보이는 자신과 아킬레스의 조건을 바라본 것이 아닙니다. 그는 분명하고 옳은 목표를 보았습니다. 그는 침략자들로부터 자신의 나라를 지켜야 한다는 굳건한 신념이 있었습니다. 이 목적 아래 그는 자신의 모든 것을 걸었습니다. 이 일은 하고 싶으면 하고 하기 싫으면 안 하는 그런 취미활동이나 선택이 아닙니다. 자신의 모든 것을 걸고 반드시 해야만 하는 가치였습니다. 이처럼 목숨을 걸고 모든 것을 걸고 전쟁에 임하는 헥토르에게 그저 자신의 기분대로 전쟁에 임하는 아킬레스는 적수가 되지 못합니다.

또한 헥토르는 전쟁의 승패에 연연하지 않았습니다. 한 번, 두 번, 세 번, 아니 계속되는 승전을 거듭하면서 아킬레스는 자신감이 넘쳐 자만에 빠져들었지만 헥토르는 패전을 거듭할 때마다 부하들을 위로하고 격려하면서 패전의 원인을 분석하고 다음을 대비하는 교훈으로 삼았습니다. 그러기에 그에게 있어 패전은 고통만이 아니었습니다. 다음의 승리를 위한 큰 교훈이었고 자신의 신념을 더욱 굳건하게 하는 자극제였습니다.

토끼와 거북이의 경주에서도 마찬가지입니다. 토끼가 거북이에게 진 것은 경주에 임하는 마음이 달랐기 때문입니다. 토끼는 그저 장난스럽게 대수롭지 않게 승리를 확신하며 경주에 임했습니다. 그러나 거북이는 자신의 자존심을 내걸고 토끼에게 도전을 한 것이기에 죽기 살기로 경주에 임했습니다. 그러기에 토끼는 경주의 과정에서 거북이와는 비교도 되지 않는 거리에 자만하였지만 거북이는 자신보다 훨씬 앞선 토끼는 바라보지 않았습니다. 오직 그의 마음은 반드시 이길 것이라는 확신으로 최종 목적지만을 바라보았습니다.

우리는 지금 기술이 엄청나게 발달한 문명사회 속에서 살고 있습니다. 그러나 각 분야의 기술 발달이 풍요로운 환경에서 온 것은 아닙니다. 부족하고 결핍된 상황이 오히려 기술을 발달시켜 더 많은 자원을 누리게 했습니다. 물고기가 너무나 풍부해서 쉽게 잡을 수 있는 곳은 어업 기술이 상대적으로 덜 발달하였습니다. 뉴질랜드처럼 목축이 발달하여 쉽게 천연섬유를 구할 수 있는 곳에서는 섬유화학 기술이 다른 나라보다 발달하지 못하였습니다. 그러니 노력하지 않아도 무엇인가를 쉽게 얻을 수 있는 환경은 게으름과 나태와 자만을 불러와 이후에 더 큰 낭패를 볼 수도 있습니다.

오늘 우리에게 그저 평범한 조건과 연약한 여건들이 우리를 불편하게 하고 불안하게 하고 어렵게 하는 것은 피하거나 외면할 수 없는 사실입니다. 그러나 이러한 조건들이 우리를 좌절하게 하고 실패로 결정짓지는 못합니다. 왜냐하면, 중요한 것은 '우리가 무엇을 바라보고, 어떤 마음으로, 우리의 삶을 이어가느냐'이기 때문입니다. 승리자 헥토르가 되느냐, 패배자 아킬레스가 되느냐는 결정된 것이 아니라 우리가 만들어 가는 가능성입니다. 그러므로 우리의 강함은 교만하기 쉬운 것이기에 조심해야 할 요인일 수 있습니다. 자칫하다가는 패망의 지름길에 들어설 위험한 요인일 수 있습니다. 그에 반해 우리의 약함은 그로 인해 우리를 더욱 단단하게 하고 기도하게 하고 겸손하게 하고 다른 사람들과 합력하여 선을 이루게 하는 축복의 요인입니다. 그러기에 우리의 머리털 하나까지 다 헤아리시는 하나님의 지혜와 섭리의 눈으로 보면 우리의 약함이 축복입니다. 이를 잘 드러내 주는 하나님의 말씀입니다. 고린도후서 12장 7-10절입니다.

받은 계시들이 지극히 큰 것으로 인해 나로 교만하지 않게 하시려고 내 육체에 가시 곧 사탄의 사자를 주셨습니다. 이는 나를 쳐서 교만하지 않게 하시려는 것입니다. 나는 이것이 내게서 떠나도록 주께 세 번이나 간구했습니다. 그러나 그분은 내게 말씀하셨습니다. "내 은혜가 네게 족하다. 왜냐하면 능력이 약한 데서 온전해지기 때문이다." 그러므로 나는 내 약한 것들에 대해 크게 기뻐하며 자랑할 것입니다. 이는 그리스도의 능력이 내게 머물게 하기 위함입니다. 그러므로 나는 그리스도를 위해 약한 것들과 모욕과 궁핍과 핍박과 곤경 가운데 있으면서도 기뻐합니다. 왜냐하면 내가 약할 그때에 곧 강하기 때문입니다.

　　사도 바울의 고백처럼 자신의 약함을 부끄러워하지 않고 자랑하는 신앙인들은 하나님께 이러한 기도와 찬양을 올려드릴 수 있습니다. 성가대의 지휘를 따라 '아들의 죽음'이라는 곡조에 맞춰 부른 다윗의 시입니다. 시편 9편 1-2절입니다.


　　오 여호와여, 내가 온 마음을 다해 주를 찬양하겠습니다. 주께서 행하신 놀라운 일들을 내가 모두 말하겠습니다. 내가 주를 기뻐하고 즐거워하며 가장 높으신 주의 이름을 찬양하겠습니다.

# 아름다운 눈 맞춤

　사랑하는 사람들은 눈빛만 봐도 애틋한 감정이 통합니다. 사람은 태어나서 죽을 때까지 많은 눈과 마주치면서 살아갑니다. 저희 집 막내아들인 1살배기 한벼리는 자기를 안아주거나 봐주면 어찌나 좋아하는지 환하게 웃으면서 마치 춤추듯이 팔과 다리를 흔들어댑니다. 반대로 자기를 안아주지도 않고 봐주지 않고 있으면 큰 소리로 울어 댑니다. 그러면 그 울음소리가 듣기 싫어서라도 얼른 가서 안아주고 눈을 마주치면 또 언제 그랬냐는 듯이 눈을 마주치면서 좋아합니다. 문득 저도 아기였을 때 이랬나 싶었습니다. 아기들은 어머니의 따뜻한 눈 맞춤에 사랑을 배웁니다. 사랑하는 가족과 이웃, 친구, 동료의 따뜻한 시선 속에서 사랑하며 살기를 바랍니다. 이처럼 사람은 사랑받고 싶고 인정받고 싶어 합니다.

　그런데 나를 지켜보는 이가 아무도 없다면 우리 삶은 얼마나 무미건조할까요? 우리가 흔히 하는 말로 "남의 눈밖에 난다"는 것은 얼마나 두려운 일입니까? 남의 눈총을 받는 것은 얼마나 불행한 일입니까? 남의 눈치를 보면서 사는 일은 얼마나 초라하고 불편한 일입니까? 그러나 누군가 나를 사랑하여 한없이 따뜻한 눈빛으로 바라봐 준다면 얼마나 감격스럽고 신이 날까요? 누군가 나를 지켜보고 있다는 사실이 고맙고, 흐뭇하고, 감격스럽습니다.

창세기 16장에는 하갈의 이야기가 나옵니다. 아브라함이 86세 때의 일입니다. 하갈은 아브라함의 아들을 임신한 몸으로 본처인 사래의 학대에 못 이겨 떠나게 되었습니다. 그동안 아브라함의 품안에서 아무런 걱정 없이 편안하게 살아온 그녀에게는 감당키 어려운 현실이었습니다. 몸종 출신으로 모아놓은 재산도 없었습니다. 그렇다고 아는 사람, 도와줄 사람이 있는 것도 아니었습니다. 이디서 누군가가 반겨줄 가족이나 친구가 있는 것도 아니었습니다. 그저 학대에 못 이겨 무작정 떠났습니다.

그녀는 척박한 사막과 광야에 내몰린 것입니다. 임신한 몸으로 감당할 현실의 무게는 너무도 컸습니다. 자신을 괴롭힌 사래가 원망스럽고 자신을 보호해주지 않은 아브라함과 동료들이 원망스러웠을 것입니다. 그리고 자기 뱃속의 아기도 원망스러웠을 것입니다. 모든 것이 슬픔이요, 절망이요, 원망이요, 분노의 대상이었습니다. 이런 그녀에게는 그 어떤 희망이나 방향도 없었습니다. 바로 이 절대 절명의 순간이 그녀에게는 축복의 시간이었습니다. 왜냐하면 이 순간에 그녀는 하나님의 사자를 만났기 때문입니다. 이 일로 그녀는 마침내 "나를 살피시는 하나님"을 고백하였습니다. 창세기 16장 10-13절입니다.

여호와의 천사가 하갈에게 말했습니다. "내가 네 자손을 크게
번성케 해 셀 수 없을 만큼 불어나게 할 것이다." 여호와의 천사가

하갈에게 말했습니다. "네가 지금 임신했으니 아들을 낳을 것이다. 그 이름을 이스마엘이라 하여라. 여호와께서 네 고난을 들으셨기 때문이다. 그가 들나귀 같은 사람이 돼 모든 사람과 싸울 것이고 모든 사람은 그와 싸울 것이다. 그가 그 모든 형제들과 대적하며 살 것이다. 하갈은 자기에게 말씀하시는 여호와의 이름을 "주는 나를 보시는 하나님"이라 불렀습니다. "내가 어떻게 여기서 나를 보시는 하나님을 뵐 수 있었단 말인가"라고 말했기 때문입니다.

우리는 살면서 힘들고 지치고 외로울 때가 참으로 많습니다. 때로는 남모를 고민과 억울함에 흐느껴 울기도 합니다. 이렇게 어려울 때 문득 드는 생각들입니다. '아! 나는 혼자이구나', '외롭다', '너무 슬프다', '결국은 아무도 나를 알아주는 사람이 없구나' 이런 생각으로 돌이킬 수 없는 결정을 하는 사람들도 있습니다. 이것은 우리 신앙인들도 마찬가지입니다. 찬송가 256장 '눈을 들어 하늘 보라'에 나오는 가사입니다.

1. 눈을 들어 하늘 보라 어지러운 세상 중에 곳곳마다 상한 영의 탄식 소리 들려온다 빛을 잃은 많은 사람 길을 잃고 헤매이며 탕자처럼 기진하니 믿는자여 어이할고

2. 눈을 들어 하늘 보라 어두워진 세상 중에 외치는 자 많건마는 생명수는 말랐어라 죄를 대속하신 주님 선한 일꾼 찾으시나 대답할 이 어디 있나 믿는자여 어이할고

3. 눈을 들어 하늘 보라 살아계신 주 하나님 약한자를 부르시어 하늘 뜻을 전하셨다 생명수는 홀로 예수 처음이요 나중이라 주님 너를 부르신다 믿는자여 어이할고

4. 눈을 들어 하늘 보라 다시 사신 그리스도 만백성을 사랑하사 오래 참고 기다리셔 인애하신 우리 구주 의의 심판 하시는 날 곧 가까이 임하는데 믿는자여 어이할고

그러나 이 순간은 오히려 하나님을 만날만한 축복의 때입니다. 하갈의 이야기는 아주 먼 옛날 저기 저 먼 곳의 이야기가 아닙니다. 바로 오늘 이 시각 지금 여기의 이야기이기도 합니다. 성경의 이야기는 아주 오래된 박물관의 유물과 같은 것이 아닙니다. 성경은 오늘 우리의 모습으로 다시금 쓰이는 살아 숨 쉬는 생명책입니다. 그러기에 하갈의 모습이 바로 오늘 우리의 모습입니다. 이를 믿는 것이 복된 일입니다. 이를 믿을 때 새 힘이 솟아납니다. 믿음 생활이란 하나님이 나와 함께 하심을 믿는 것입니다. '하나님이 나와 함께 하신다'는 말의 히브리 원어가 '임마누엘'입니다. 하나님이 나를 사랑하시어 보고 계신다는 것을 믿고 사는 것이 하나님이 주시는 시혜입니다. 하나님은 높고 높은 보좌에서 낮고 천한 우리를 내려다보시지 않습니다. 하나님은 자신을 낮추셔서 우리와 함께 하시면서 불꽃같은 눈동자로 우리를 바라보십니다. 빌립보서 2장 6-7절 말씀입니다.

그분은 본래 하나님의 본체셨으나 하나님과 동등됨을 기득권으로 여기지 않으시고 오히려 자신을 비워 종의 형체를 가져 사람의 모양이 되셨습니다.

우리를 바라보시기 위해 우리와 눈높이를 맞추셨습니다. 시편 121편 1-8절 말씀입니다.

내가 산을 향해 눈을 든다. 내 도움이 어디서 오겠는가? 내 도움은 하늘과 땅을 만드신 여호와께로부터 온다. 그분은 네 발을 미끄러지지 않게 하시리라. 너를 지키시는 그분은 졸지도 않으시리라. 이스라엘을 지키시는 그분은 졸지도 않으시고 주무시지도 않으신다. 여호와는 너를 지켜주시는 분이시니 여호와께서 네 오른손의

그늘이 되신다. 낮의 해도, 밤의 달도 너를 해치지 못하리라. 여호
와께서 모든 해악에서 너를 지켜주시며 네 영혼을 지켜주시리라.
여호와께서 네가 나가고 들어오는 것을 지금부터 영원히 지키시리라.

왜 산을 쳐다본다고 하였을까요? 산은 무슨 의미일까요? 산은 예
루살렘 성전이 있는 곳입니다. 그러므로 산은 곧 하나님을 의미하기
도 합니다. '하나님이 계신 예루살렘 성전 모리아 산을 바라보라'는
말입니다. 또 하나는 그들의 역사적 경험에서 고백할 수밖에 없었던
사건들이 산과 관련된 일들이 많았습니다. 모리아 산은 아브라함이
이삭을 하나님께 바치려고 했던 곳입니다. 바로 그 자리에 예루살렘
성전이 건축되었습니다. 하나님은 이 산에서 아브라함의 믿음을 인정
하셨습니다. 창세기 22장 12절입니다.

천사가 말했습니다. "그 아이에게 손대지 마라. 그에게 아무 것
도 하지 마라. 네가 네 아들, 곧 네 외아들까지도 내게 아끼지 않았
으니 이제 네가 하나님을 경외하는 것을 내가 알았노라."

우리 조상 아브라함에게 들려주셨던 하나님의 음성이 임했던 그
산을 바라보기 위해 눈을 들라는 것입니다. 왜냐하면 하나님이 거기
계시기 때문입니다. 나의 도움이 어디서 올까? 바로 그 하나님께로부
터입니다. 하나님이 천지를 창조하신, 그리고 인간을 첫 번째 살게 해
주신 장소도 산이었습니다. 에덴동산입니다. 눈을 들어 하나님이 최
초의 인간에게 축복을 내려주신 그 산을 바라보라는 것입니다.
하나님은 은밀한 곳에 계신다고 합니다. 자연이 잎이요, 인생이 줄
기라면 하나님은 뿌리입니다. 왜냐하면 뿌리는 언제나 땅속에 묻혀
있기 때문입니다. 그러나 보이는 세계만이 아닌 그 세계를 떠받들고

있는, 가능하게 하는 보이지 않는 세계가 있다는 것을 알아야 합니다. 왜냐하면 보이는 것은 잠깐이요, 보이지 않는 것은 영원하기 때문입니다.

우리는 보이지 않는 영원한 세계를 알아야 합니다. 왜냐하면 보이지 않는 세계만이 흔들리지 않기 때문입니다. 잎도 흔들리고 줄기도 흔들리지만 보이지 않는 뿌리는 결코 흔들림이 없습니다. 자연은 잎과 같아서 바람이 휘날리면 안팎을 다 볼 수가 있습니다. 그러나 우리는 나무줄기 같아서 돌아가지 않으니 앞뒤를 다 볼 수가 없습니다. 우리는 하나님을 볼 수가 없습니다. 다만 하나님을 믿을 뿐입니다. 싹이 트는 것을 보고 뿌리가 있음을 짐작하고, 자연이 있고 인생이 있음을 보고 하나님이 계심을 인정합니다.

우리는 하나님의 품에 안기지 않으면 참된 평화와 기쁨을 누릴 수가 없습니다. 왜냐하면 흔들리는 잎과 줄기만 가지고는 얻을 수 없기 때문입니다. 뿌리는 한없는 힘을 나무에게 제공합니다. 그러므로 우리는 뿌리와 연결되어야 합니다. 우리 삶의 뿌리이신 하나님과 같이 하면 못할 일이 없습니다. 마치 거대한 불도저를 가지면 산도 옮길 수 있는 것과 마찬가지입니다. 하나님과 함께하면 죽음을 이길 수도 있습니다. 왜냐하면 잎은 떨어지고 줄기는 말라도 뿌리는 영원히 살아있기 때문입니다. 이것이 뿌리의 힘입니다. 하나님은 졸지도 아니하시고 주무시지도 아니하시는 분이십니다. 하나님은 항상 우리를 불꽃같은 눈으로 지키시는 분이십니다. 메어리 스티븐슨의 신앙고백입니다.

## 모래 위의 발자국

어느 날 밤 나는 꿈을 꾸었습니다.
주님과 함께 해변을 걷고 있는 꿈이었습니다.

하늘 저편에 내 인생의 회상 장면들이 펼쳐졌습니다.
한 장면씩 지나갈 때마다 나는 모래 위에 새겨진
두 쌍의 발자국을 보았습니다.
하나는 나의 것이고 다른 하나는 주님의 것이었습니다.

내 인생의 마지막 장면이 비쳐졌을 때
나는 모래 위에 새겨진 발자국을 뒤돌아보았습니다.

나는 내가 긴 세월 동안 걸어 온 길에 발자국이
단지 한 쌍밖에 없을 때가 많이 있었던 것을 보았습니다.
그때가 바로 나의 인생에서는
가장 어렵고 슬픈 시기들이었다는 것도 알게 되었습니다.
나는 이 사실이 몹시 괴롭고 마음에 걸려 주님께 물었습니다.

주님,
주님께서는 제가 당신을 따르기로 결심하고 나면
항상 저와 함께 동행하시겠다고 약속하셨습니다.
그런데 지금에 보니 제 삶의 가장 어려운 시기에는
단지 한 쌍의 발자국밖에 없었습니다.
제가 주님을 가장 필요로 했던 시기에
주님께서 왜 저를 버리셨는지요?

주님께서 대답하셨습니다.
나의 보배롭고 소중한 자야,
나는 너를 사랑하기 때문에 결코 한 순간도 버리지 않았단다.
네 시련과 고난의 시절에 보이는 그 한 쌍의 발자국은
네 발자국이 아니라 바로 내 발자국이란다.
그때에는 내가 너를 업고 걸었기 때문이란다.


하나님은 언제나 우리와 함께하시면서 끊임없이 일하고 계십니다.

바로 이 하나님을 믿고 기도할 때, 우리 마음의 눈은 하나님을 바라보게 됩니다. 이제 우리는 문제투성이의 땅을 바라보던 눈을 돌려 하나님을 바라보아야 합니다. 이를 잘 드러내 주는 CCM곡으로 천주교 청소년성가 239장에 실린 곡입니다.

> 목마른 사슴 시냇물을 찾아 헤매이듯이
> 내 영혼 주를 찾기에 갈급하나이다
> 주님만이 나의 길 나의 방패 나의 참소망
> 나의 몸 정성 다 바쳐서 주님 경배합니다.

우리 눈이 하나님의 눈동자를 마주칠 때, 붉은 마침표를 찍고 희망이 시작될 것입니다. 새날의 출발점이 펼쳐질 것입니다. 이제 절망과 슬픔과 좌절의 눈에서 벗어나야 합니다. 언제나 우리와 함께하시는 하나님의 시선을 믿고 의지하면서 기도하면서 나아가야 합니다. 시편 6편 2-4절입니다.

> 여호와여, 내가 쇠약하오니 나를 가엾게 여기소서. 내 영혼이 몹시 떨고 있습니다. 여호와여, 언제까지입니까? 여호와여, 돌아오셔서 나를 구하소서. 주의 신실하신 사랑으로 나를 구원하소서.

우리가 잊지 말아야할 것은 이러한 믿음은 여기서 한 걸음 더 나아가야만 한다는 것입니다. 하나님을 믿고 따르는 우리에게는 하나님이 기뻐하시고 명령하신 사명이 있습니다. 이것은 바로 이 땅의 사람들에게 하나님의 사랑을 전한다는 것입니다. 우리를 불쌍히 여기시고 힘과 능력을 부어주시는 하나님의 사랑을 전해야 합니다. 그리고 우리는 하나님의 자녀답게 힘들고 지쳐 울부짖는 사람들을 향해 따뜻

한 시선으로 바라보고 손 내밀어 주어야 합니다. 제가 참 좋아하는
곡입니다.

### 누군가 널 위하여

마음이 지쳐서 기도할 수 없고
눈물이 빗물처럼 흘러내릴 때
주님은 우리 연약함을 아시고
사랑으로 인도하시네

누군가 널 위하여 누군가 기도하네
네가 홀로 외로워서 마음이 무너질 때
누군가 널 위해 기도하네

마음이 지쳐서 기도할 수 없고
눈물이 빗물처럼 흘러내릴 때
주님은 우리 연약함을 아시고
사랑으로 인도하시네

누군가 널 위하여 누군가 기도하네
네가 홀로 외로워서 마음이 무너질 때
누군가 널 위해 기도하네
누군가 널 위하여 누군가 기도하네
네가 홀로 외로워서 마음이 무너질 때
누군가 널 위해 기도하네

하갈에게 하나님의 말씀을 전한 천사가 오늘 우리의 삶으로 재현
되어야 합니다. 바로 지금 여기에서 우리가 만나는 모든 사람을 하나
님의 마음으로 따뜻한 시선으로 바라보아야 합니다. 우리의 눈과 우
리의 이웃의 눈이 만나는 눈 맞춤이야말로 우리가 사는 세상을 하나
님의 사랑이 더욱 깊고 넓게 펴져나가게 하는 원동력이 될 것입니다.

# 건강한 몸,
# 그 너머의
# 정결한 마음

제가 다니던 초등학교 운동장 구령대에는 이런 말이 새겨져 있었습니다. '건전한 신체에 건전한 정신' 이 말은 지금도 약이나 운동화 등의 홍보에 자주 쓰이고 있습니다. 이 글은 고대 그리스의 시인 '유베나리스'의 글귀에서 유래된 것입니다. 그는 인간의 끝없는 욕망과 그것의 허무함을 풍자적으로 말했습니다. "권력을 자랑하던 '티베리우스'의 충신 '세이야누스', 웅변가 '키케로', 명장 '한니발' 등의 종말이 얼마나 비참했던가?" 그러면서 말을 이어갔습니다. "외모와 신체적 우수함은 도움을 받기보다 해를 가져오는 수가 더 많다. 그러므로 가장 바람직한 것은 '건전한 신체에 건전한 정신'이다." 여기서 '건전한 신체에 건전한 정신이 깃든다'는 것은 건전한 신체에 건전한 정신이 깃든다는 것이 아니라, 이 두 가지를 아울러 갖춰야함을 강조한 것입니다. 눈에 보이는 몸과 눈에 보이지 않는 마음이 다른 것이 아니라 하나임을 일깨워주는 책이 있습니다. 리처드 브레넌이 지은 『자세를 바꾸면 인생이 바뀐다』에 보면 이런 이야기가 나옵니다.

> 몸과 마음의 감정은 본질적으로 하나다. 각자 개별적으로 영향을
> 주고 있다고 생각하겠지만, 이들은 서로 다르게 보일 뿐 모두 같은 본
> 질의 것들로 이루어져 있다. 당신의 몸에 어떤 변화를 주게 된다면, 당
> 신의 생각과 느낌도 변화하게 된다. 반대의 경우도 마찬가지다.[48]

그렇습니다. 몸과 마음은 하나입니다. 우리의 몸과 마음은 한 나무의 뿌리에서 뻗어나간 두 개의 가지와 같습니다. 한의학이나 대체의학을 하시는 분들의 말을 들어보면, 몸의 병을 예방하고 치료하는 방법은 몸만 아니라 마음도 함께 해야 한다고 합니다. 몸이 아프면 가만히 마음에 집중하여 바라보고 어루만져 다스려야 합니다. 또한 마음이 아프면 몸의 건강을 점검해보고 적절한 운동으로 건강한 몸 상태를 만들어가야 합니다. 그러므로 잊지 말아야 할 것은 몸과 마음이 하나라는 사실입니다. 어느 한쪽이 무너지면 다른 한쪽도 무너지고 맙니다. 그러니 몸과 마음 두 가지 모두가 건강하도록 노력해야 합니다.

우리는 눈에 보이는 몸의 건강을 위해서는 예방차원에서 주사도 맞고 약도 먹고 각종 검사도 하고 치료를 위해 돈과 시간을 아끼지 않습니다. 눈에 보이는 겉모습을 위해서는 돈과 시간을 아끼지 않습니다. 사람들 앞에서나, 사람들에게 보이는 말과 행동은 아름답고 훌륭하게 가꾸면서 삽니다. 우리는 다른 사람이 나를 어떻게 볼까 하는 시선을 의식하기에, 때로는 긴장하고 때로는 지나칠 정도로 외모와 옷맵시에 신경을 씁니다. 그리고 다른 사람들에게 보여줄 학력과 권

---

48) 리처드 브레넌, 『자세를 바꾸면 인생이 바뀐다』, 최현묵·백희숙 옮김(서울: 물병자리, 2012) 참조; 이 책은 알렉산더 테크닉 교사로 20년간 활동 중인 지은이가 알렉산더 테크닉을 이해하는 데 필요한 역사적 정보부터 테크닉의 원리와 적용 방법을 꼼꼼하게 짚어줍니다. 자연스러운 아이 때의 자세가 학교교육을 통해 뒤틀리는 과정을 사진과 함께 실례를 들어 설명하며 자세 개선의 비밀이 의식을 바꾸는 데 있음을 강조하였습니다. 또한 의자와 책상 등 가구가 자세에 미치는 영향, 하이힐을 통해 왜곡되는 자세 등 잘못된 습관을 지적하며, 알렉산더 테크닉 기술을 통해 자세와 호흡을 바로잡는 방법을 상세히 알려주고 있습니다.

력과 명예를 추구합니다. 필요에 따라서는 많은 돈이 드는 성형수술
도 마다하지 않습니다. 물론 이러한 노력들이 결코 나쁜 것은 아닙니
다. 이런 노력들로 인해 끊임없이 한 걸음 한 걸음 도약할 수 있고,
다른 사람들과의 관계를 돈독하게 할 수 있습니다. 이로 인해 어제보
다는 오늘이 그리고 내일의 모습이 좀 더 발전적인 모습으로 성장하
고 성숙으로 나아갈 수 있습니다.

그러나 지나치면 모자람만 못하다는 말처럼 다른 사람들에게 보이
는 겉모습에 치중한 나머지 다른 사람에게 쉽게 드러나지 않고 보이
지 않는 자신의 성품이나 동기, 생각 같은 감춰진 부분은 무시하고
쉽게 지나쳐버립니다. 어느 때는 이러한 내면의 자신을 잊고 사는 듯
합니다. 눈에 보이지 않는 마음, 즉 내면의 모습에 대해서는 별다른
주의를 기울이지 않습니다. 마치 마음은 전혀 없는 것처럼 생각조차
안 하는 것만 같습니다.

다양한 국제단체 리더로서, 천부적인 연설가, 저술가이자 삽화가로
활동하고 있는 팀 엘모어의 고백입니다. 그는 어느 날 문득 자신의 집
뒤편에 있는 테라스에 서서 가꾸지 않은 정원을 바라보다가 하나의
중요한 깨달음을 얻게 되었습니다. 그는 이 깨달음으로 지금까지의 자
신의 삶을 되돌아보면서 반성하고 새로운 삶의 자세를 다짐했습니다.

나와 아내는 지금 살고 있는 집에서 6년쯤 살았습니다. 3년 전부
터 우리는 골프 연습장으로 집 뒤뜰을 사용하고 있습니다. 우리가
집을 처음 장만하였을 때, 이곳은 흙덩이들과 명아주풀로 가득 채
워져 있었습니다. 가꾸지 않아 엉망이었습니다. 그러나 집 앞의 정
원은 분위기가 달랐습니다. 그곳은 깨끗하고, 멋있고, 온갖 색의 꽃
들로 채워져 있었습니다. 그러면 무엇이 이처럼 앞과 뒤를 다르게
한 것일까요? 그것은 간단합니다.

앞에 있는 정원은 사람들에게 보이는 곳이기 때문입니다. 많은 사람들이 매일 그 앞을 지나다닙니다. 결과적으로 우리는 그것이 좋아 보이게 하도록 동기를 부여받은 것입니다. 그러나 뒤쪽의 정원은 6피트 높이의 담장으로 둘러싸여 있습니다. 그곳을 보고 싶어 하는 사람은 하나도 없습니다.

팀 엘모어의 말처럼 우리는 다른 사람의 눈에 보이는 겉모습만 중요하게 여기고 그렇지 않은 것은 가볍게 여기곤 합니다. 그러나 하나님은 외모가 아닌 중심을 보십니다. 사무엘상 16장 7절입니다.

그러나 여호와께서 사무엘에게 말씀하셨습니다. "겉모습이나 키를 보지 마라. 나는 그를 이미 버렸다. 내가 보는 것은 사람이 보는 것과 다르다. 사람은 겉모습을 보지만 여호와는 마음의 중심을 보신다."

예레미야 17장 9-11절입니다.

마음은 모든 것보다 거짓되고 몹시 병들어 있다. 누가 그것을 이해할 수 있겠는가? "나 여호와는 마음을 살펴보며 생각을 시험해 각 사람을 그의 행동에 따라, 그의 행위의 열매에 따라 보상한다." 부당한 수단으로 부를 얻는 사람은 자기가 낳지 않은 알을 품은 자고새 같다. 그 인생의 반이 지나갈 때 부가 떠날 것이고 결국에 그는 어리석은 사람이 될 것이다.

겉으로 드러나는 겉모습 이전에 마음이 있고 이 마음에서 우리의 행동과 삶이 드러남을 알아야 합니다. 그러므로 우리는 몸의 건강, 정갈한 겉모양을 가꾸는 것 못지않게 아니 그보다 중요하게 마음의 건강, 내면의 성숙을 점검하고 주의를 기울여야 합니다. 왜냐하면 마음은 감정이나 생각의 중심이요, 근원이기 때문입니다.

3년 동안 프랑스 국립미술전문학교에 응시했다가 낙방한 젊은이가 있었습니다. 젊은이는 먹고 살기 위해서 하고 싶은 일은 아니었지만 일단은 생활비를 벌기 위하여 어느 조각가의 조수로 일하게 되었습니다. 마지못해 주어진 일만 하던 그에게 어느 동료가 충고하였습니다. "눈에 보이는 나뭇잎만 만들려 하지 말고 내면을 보고 그것에 주의를 기울여보게."

그는 동료의 말을 듣고 그저 대충 눈에 보이는 대로 해오던 방식을 접고 눈에 보이지 않으나 중요한 것들을 떠올리면서 작업하기로 다짐하였습니다. 처음엔 잘 안 되던 것이 그렇게 하루 이틀 사흘 나흘…… 주의를 기울이면 어느 날 자신이 만드는 모형 나뭇잎이 생생하게 살아 있는 듯 보였습니다.

젊은이는 이때부터 겉으로 드러나는 것이 아닌 아주 깊은 내면의 근원적인 것을 탐색하게 되었습니다. 그는 1880년 "청동시대"라는 조각품으로 미술계에 데뷔했습니다. 24년 후 이 젊은이는 불후의 명작 "생각하는 사람"을 조각했습니다. 이 젊은이가 바로 근대 조각의 시조이며, 근대 조각 사상 가장 위대한 조각가로 일컬어지는 '오귀스트 로댕(Auguste Rodin)'입니다.

우리의 생각이나 종교적·윤리적 행위의 원천이 바로 마음의 작용입니다. 마음은 사람의 전부이며 그 사람에게서 흘러나오는 모든 것의 시작점입니다. 바로 이 마음에서 착한 행동이 나옵니다. 사랑의 열매를 맺게 합니다. 나누고 용서하는 삶도 마음에서 나옵니다. 동시에 나쁜 생각도 마음에서 나옵니다. 사악함, 시기심, 탐욕, 방탕함도 마음에서 시작됩니다. 그러므로 삼가 깨어 근신하면서 우리의 마음밭을 갈고 닦아야 합니다. 예수님은 종교적 의식으로 음식 먹기 전에 손을 씻는 것만 중요하게 여기고 눈에 보이지 않는 내면의 중요성을 깨닫지 못하는 바리새인을 향해 말씀하셨습니다. 누가복음 11장 37-41절입니다.

> 예수께서 말씀하실 때 바리새파 한 사람이 자기 집에서 잡수시기를 청하자 예수께서 안으로 들어가 식탁에 기대어 앉으셨습니다. 그런데 그 바리새파 사람은 예수께서 음식을 들기 전에 손을 씻지 않으시는 것을 보고 놀랐습니다. 그러자 주께서 그에게 말씀하셨습니다. "너희 바리새파 사람들은 잔과 접시의 겉은 깨끗이 닦지만 너희 속에는 욕심과 사악함이 가득 차 있다. 너희 어리석은 사람들아! 겉을 만든 분이 속도 만들지 않으셨느냐? 그 속에 있는 것으로 자비를 베풀라. 그러면 모든 것이 너희에게 깨끗해질 것이다."

우리의 마음속에 무엇이 있는지 진지하게 살펴보아야 합니다. 다른 사람의 눈 속에 있는 티를 말하기 전에 우리 자신의 눈 속에 있는 들보를 제거해야 합니다. 불결한 마음을 반성하고 돌이켜야 합니다. 마태복음 12장 33-35절 말씀입니다.

> 나무가 좋으면 그 열매도 좋고 나무가 나쁘면 그 열매도 나쁘다. 나무는 그 열매를 보면 알 수 있다. 독사의 자식들아! 너희가 악한데 어떻게 선한 것을 말하겠느냐? 마음에 가득 차 있는 것이 입 밖으로 흘러나오는 법이다. 선한 사람은 선한 것을 쌓았다가 선한 것을 내놓고 악한 사람은 악한 것을 쌓았다가 악한 것을 내놓는다.

내면의 것들은 얼마 동안은 인간적인 수완이나 권위로 감춘다고 할지라도 다른 사람들이 이를 발견하는 데는 오랜 시간이 걸리지 않습니다. 왜냐하면 사람들은 오래지 않아 본능적으로 사람의 참모습을 쉽게 구별할 수 있기 때문입니다. 또한 이런 부분은 알지 못하는 사이에 다른 사람에게 모델이 되기에 절대로 지나쳐서는 안 됩니다. 마태복음 15장 10-20절입니다.



> 예수께서 무리를 불러 말씀하셨습니다. "잘 듣고 깨달으라. 입으로 들어가는 것이 사람을 불결하게 하는 것이 아니라 입에서 나오는 것이 사람을 불결하게 하는 것이다." 그때 제자들이 예수께 와서 물었습니다. "바리새파 사람들이 이 말씀을 듣고 비위가 상한 것을 아십니까?" 그러자 예수께서 대답하셨습니다. "하늘에 계신 내 아버지께서 심지 않으신 식물은 모두 뿌리째 뽑힐 것이다. 그들을 내버려 두라. 그들은 앞을 못 보는 인도자다. 눈먼 사람이 눈먼 사람을 인도하면 둘 다 구덩이에 빠지게 된다." 베드로가 말했습니다. "그 비유를 설명해 주십시오." 예수께서 말씀하셨습니다. "너희가 아직도 깨닫지 못하겠느냐? 입으로 들어가는 것은 무엇이든 뱃속으로 들어가서 결국 밖으로 빠져나오지 않느냐? 그러나 입에서 나오는 것은 마음에서 나오는데 이런 것이 사람을 불결하게 한다. 마음에서 악한 생각, 살인, 간음, 음란, 도둑질, 위증, 비방이 나온다. 이런 것이 사람을 불결하게 한다. 이런 것이 사람을 불결하게 하지 씻지 않은 손으로 먹는 것이 사람을 불결하게 하는 것이 아니다."

이처럼 겉으로 드러나는 모습보다 내면의 수양에 힘써야 함을 우리 옛사람들은 중요하게 여겼습니다. 이를 '신독(愼獨)'이라고 합니다.[49] 신독은 다른 사람이 보거나 듣는 사람이 없는 곳에 혼자 있는 때도 도리에 어긋나는 행동이나 생각을 하지 않는 마음과 태도를 말합니다. 이를 옛사람들은 중요한 수양 방법으로 여겨왔습니다. 다산 정약용은 신독을 도덕적 규율을 넘어서는 종교적 개념으로 말하였습니다.

---

49) 신독은 두 군데에 나옵니다. 하나는 『중용』과 『천명』의 〈천명〉 제2장과 『대학』의 전(傳) 제6장입니다. 앞의 책에는 "故君子愼其獨也"로 나오고, 뒤의 책에는 "故君子必愼其獨也"로 '必'자가 추가되어 있습니다. 『중용』과 『천명』, 그리고 『대학』은 모두 공자의 손자인 자사(子思: B.C. 483~402)의 저작으로 알려져 있습니다. '신독'의 원문은 '신기독(愼其獨)'입니다. 가운데의 '其'자는 앞의 글에서는 '道'를 가리키고, 뒤의 글에서는 '명덕(明德)'을 가리키는 대명사입니다. 이 '道'와 '明德'은 사실상 같은 뜻입니다. 즉, '군자신기독'이란 말은 "군자는 그것(道 또는 明德)에 관하여 신중합니다"라는 뜻입니다.

야밤에 산속을 홀로 가는 사람
기약 없이 저절로 무서워하는 것은
산속에 호랑이가 있음을 앎이요

늦저녁에 묘 터를 홀로 가는 사람
기약 없이 저절로 두려워하는 것은
묘 터에는 도깨비가 있음을 앎인데

어두운 방에 홀로 있는 군자가
전율하며 감히 나쁜 짓을 못하는 것은
하느님이 함께하심을 알기 때문이다.

하느님의 강림을 믿지 못하는 사람
신독은 없다.

정약용은 하느님[50]은 형상도 소리도 없는 존재이나 또한 강림하여 항상 인간들을 낱낱이 굽어보고 있으니, 바로 이러한 사실을 알아 암실(暗室)이나 혼자 있을 때에도 계신공구(戒愼恐懼)하는 것이 바로 '신독'이라고 하여 하느님을 전통적인 개념의 '天·상제·귀신'과 관련하여 설명하였습니다. 이처럼 옛사람들은 누가 보든 보지 않든 자신의 몸과 마음을 정갈하게 하는 삶의 자세를 중요하게 여겼습니다.

이러한 신독의 삶을 실천하는 것은 결코 불가능한 것이 아닙니다. 어느 특정한 소수의 성인(聖人)들만 가능한 것이 아닙니다. 우리 주위에서도 작지만 알차게 이를 실천하는 하나님의 사람들이 많이 있습니다.

실제로 어느 작은 농촌의 학교에서 있었던 일입니다. 학교에 주인 없는 문구 판매대가 차려졌습니다. 여러 가지 문구가 진열된 판매대는 지키는 사람이 없었습니다. 대신 양심함이라고 쓰인 통 하나가 놓

---

50) 여기서 굳이 '하느님'이라고 한 것은 정약용이 천주교 신자이기에 그렇게 하였습니다.

여 있었고, 몸 전체를 볼 수 있는 양심 거울이 달려 있었습니다. 학생도, 선생님도 양심 문구점의 단골손님이었습니다. 어느 날 결산을 하던 학생이 2,000원이 부족한 것을 알게 되었습니다. 고민하던 학생의 염려는 이튿날 해결되었습니다. 누군가가 외상값을 정확히 갚았기 때문입니다. 그 뒤로 양심 거울이 흐려진 날은 단 한 번도 없었습니다. 이를 떠올리게 하는 예수님의 말씀입니다. 마태복음 5장 8절입니다.

> 복되도다! 마음이 깨끗한 사람들이여, 그들은 하나님을 볼 것이다.

사람의 됨됨이를 결정하는 것은 겉으로 드러나는 외모나 그가 지닌 학력, 경력, 재력, 실력과 같은 조건이나 지위가 아니라 보이지 않는 내면입니다. 우리가 관심을 기울이고 집중해야할 것은 사람들의 눈이 아닙니다. 매 순간 하나님 앞에 서 있음을 기억해야 합니다. 마음이 깨끗한 사람은 하나님의 시선을 의식하면서 자신을 바라봅니다. 그러기에 끊임없이 자신을 하나님의 성품에 맞추고자 합니다. 그분 앞에서는 숨길 수도, 감출 수도 없습니다. 시편 15편 1-5절 말씀입니다.

> 여호와여, 주의 장막 안에 살 사람이 누구입니까? 주의 거룩한 산에 살 사람이 누구입니까? 올바르게 행동하고 의를 행하며 마음으로 진실을 말하고. 혀로 헐뜯는 말을 하지 않으며 이웃에게 해를 입히지 않고 동료에게 누명을 씌우지 않으며 타락한 사람을 경멸하고 여호와를 경외하는 사람을 존경하며 손해를 봐도 맹세를 지키며 돈을 빌려주면서 이자를 많이 받지 않고 뇌물을 받지 않고 죄 없는 사람을 억울하게 하지 않는 사람입니다. 이렇게 행동하는 사람은 절대로 흔들리지 않을 것입니다.

  언제나 하나님의 마음에 합당한 삶으로 하나님과 함께하신 예수님
의 마음을 오늘 우리의 몸과 마음으로 다시금 살아내는 것이야말로
우리가 짊어질 우리의 십자가의 길이요, 참된 제자의 길일 것입니다.
이에 대한 우리의 곡조 있는 기도찬송입니다. 21세기 새찬송가 454장
'주와 같이 되기를'이라는 곡의 가사입니다.


  주와 같이 되기를 내가 항상 원하니 온유하고 겸손한 주의 마음
주소서
  세상에서 우리가 나그네로 있을 때 주의 형상 닮아서 살아가게
하소서

  비록 작은 새라도 돌보시는 나의 주 나와 함께 계시어 나를 지
켜주소서
  맘이 깨끗하기를 내가 항상 원하니 악한 맘을 버리고 살아가게
하소서

  주와 같이 되기를 내가 항상 원하니 주님 뜻을 따라서 살아가게
하소서
  주 은혜로 거듭나 말씀 위에 굳게 서 영원무궁하도록 주와 함께
살리라 아멘


  겉치장만 치중하지 말고 내면의 찌든 때를 벗겨내야 합니다. 그저
얼굴만 치장하지 말고 마음밭을 아름답게 가꿔나가야 합니다. 왜냐하
면 우리의 마음이 더러우면 사랑도, 맺는 관계도, 인생도 더러울 수밖
에 없기 때문입니다. 그 누구를 원망할 수 없는 우리의 양심은 우리
자신도 모르는 사이에 우리를 저울질하고 있습니다.
  오늘 우리가 기도할 것은 이러한 마음을 주시기를 간절히 바라고
그 마음을 품고 하루하루를 살아내야만 합니다. 언제 어디서나 하나

현) 익산 황등중학교 교목, 교사
　　익산 황등교회 아동부 목사
　　기독교수필가 활동(월간 창조문예신인작가상으로 등단)
　　종교학회와 서강대 생명문화연구소 학술 논문심사
　　고등학교 종교 교과서를 공동 집필(교육부 주관 사업)
　　주간 ≪크리스챤신문≫과 월간 기독교교육에 연재

**함께 글샘 아우른 공동집필본**
『공공성의 윤리와 평화』(손규태 교수 정년퇴임기념논문집, 공동집필)
『오직 한 분뿐인 스승 예수』(기장교목협의회 설교집, 공동집필

**혼자 글샘 아우른 단행본**
『사랑한다 내 딸 사랑아』
『아빠와 함께 읽는 성경이야기』
『사람은 잇대어 살아야 해요』
『사랑하며 살래요』
『참교육 참사랑의 학교』
『쉽게 읽는 기독교윤리』
『고령화사회의 현실과 효윤리』
『함께 읽는 기독교윤리』
『노동의 현실과 사회윤리』
『현실사회윤리학의 토대 놓기(근간)』

**소통 길잡이**
esea-@hanmail.net
http://cafe.daum.net/hanlove0602

하늘 향해
웃음 짓고

초 판 인 쇄 | 2013년 11월 4일
초 판 발 행 | 2013년 11월 4일

지 은 이 | 한승진
펴 낸 이 | 채종준
펴 낸 곳 | 한국학술정보㈜
주　　　소 | 경기도 파주시 문발동 파주출판문화정보산업단지 513-5
전　　　화 | 031) 908-3181(대표)
팩　　　스 | 031) 908-3189
홈 페 이 지 | http://ebook.kstudy.com
E - m a i l | 출판사업부　publish@kstudy.com
등　　　록 | 제일산-115호(2000. 6. 19)

ISBN　　978-89-268-5293-4 03230

이담Books 는 한국학술정보(주)의 지식실용서 브랜드입니다.

이 책은 한국학술정보(주)와 저작자의 지적 재산으로서 무단 전재와 복제를 금합니다.
책에 대한 더 나은 생각, 끊임없는 고민, 독자를 생각하는 마음으로 보다 좋은 책을 만들어갑니다.